職務著作之理論與實務

蕭雄淋　著

自序

依德國學者的統計，在人類文化經濟活動中，以個人職業身分從事作家、詩人、作曲家、雕刻家、畫家等活動之自由創作人，只占全部文化創作活動之人總數的22%。多數的創作者，是在聘僱狀態下，因報社、出版社、設計公司、電影公司、廣播電視、廣告公司等之出資而創作。尤其在電腦程式設計、多媒體、資料庫的編輯及創作之情形，職務著作更形普遍。然而著作權法理論，一般多僅重視著作人之權利，對於因職務創作產生之著作，其權利歸屬如何，並未予以應有之重視。

本書分兩大部分，第一篇係著作權法理論部分，該部分主要是著者受經濟部智慧財產局委託所作研究完成者。該部分，首先就針對世界各重要國際著作權公約及台美著作權保護協定，分析是否有法人著作之存在？並探討國際著作權公約對於職務著作之規範。

其次，深入探討美國、日本、中國大陸之著作權法對有關職務著作之立法及實務，並從我國著作權法職務著作之立法沿革及現行法實務運作產生之問題，探究我國著作權法第11條、第12條規定應修正之處，並提出修正條文草案。

此外，理論部分亦探討實務上發生困擾的有關學校教師、公司經理人、派遣員工的職務著作的著作權歸屬問題，以供實務上解釋之參考。

第二部分係職務著作之實務見解部分，係針對現行著作權法法院判決、經濟部智慧財產局之函釋作分類整理，較易查詢，以供理論及實務界參酌。此部分得本所高級研究員李庭熙先生及張雅君律師之大力協助，又本書亦由張雅君律師負責校對，謹此誌謝。

著者　蕭雄淋律師

謹誌於北辰著作事務所

2015 年 3 月

著者簡介

蕭雄淋律師

（一）現任

1. 北辰著作權事務所主持律師
2. 國立台北大學法律系博碩士班兼任副教授
3. 財團法人台北書展基金會董事
4. 全國工業總會保護智慧財產權委員會委員
5. 經濟部智慧財產局著作權法修正諮詢委員會委員
6. 經濟部智慧財產局著作權諮詢顧問
7. 經濟部智慧財產局著作權審議及調解委員會委員
8. 台灣文化法學會理事

（二）經歷

1. 以內政部顧問身份參與多次台美著作權談判
2. 參與內政部著作權法修正工作
3. 行政院新聞局錄影法及衛星傳播法起草委員
4. 行政院文化建設委員會中書西譯諮詢委員
5. 台灣省警察專科學校巡佐班「著作權法」講師
6. 內政部、中國時報報系、聯合報系、自立報系等法律顧問
7. 內政部「翻譯權強制授權」、「音樂著作強制授權」、「兩岸著

作權法之比較研究」等三項專案研究之研究主持人

8. 財團法人資訊工業策進會「多媒體法律問題研究」顧問

9. 行政院大陸委員會「兩岸智慧財產權保護小組」諮詢顧問

10. 台北律師公會及中國比較法學會理事

11. 教育部國立編譯館、國史館等法律顧問

12. 內政部著作權法修正諮詢委員會委員

13. 內政部頒布「著作權法第四十七條之使用報酬率」專案研究之主持人

14. 南華大學出版學研究所兼任副教授

15. 國立清華大學科技法律研究所兼任副教授

16. 國立台北教育大學教育經營與管理系文教法律碩士班兼任副教授

17. 全國律師公會聯合會律師職前訓練所「著作權法」講座

18. 台灣法學會智慧財產權法委員會主任委員

19. 全國律師公會聯合會智慧財產權法委員會主任委員

20. 教育部學產基金管理委員會委員

21. 教育部「網路智慧財產權法律顧問小組」成員

22. 財團法人台灣省學產基金會董事

23. 行政院文化建設委員會法規會委員

24. 經濟部智慧財產局著作權法修正諮詢委員會委員

25. 國防部史政編譯室法律顧問

26. 經濟部智慧財產局委託「著作權法第四十七條第四項使用報酬率之修正評估」之研究主持人

27. 經濟部智慧財產局委託「國際著作權法合理使用立法趨勢之研究」之共同研究主持人

28. 經濟部智慧財產局委託「著作權法職務著作之研究」之研究主持人

29. 經濟部智慧財產局委託「出版（含電子書）著作權小百科」之獨立編纂人

30. 經濟部智慧財產局委託「中國大陸著作權法令暨判決之研究」之研究主持人

31. 應邀著作權法演講及座談七百餘場

（三）著　作

1. 著作權之侵害與救濟（民國（下同）68 年 9 月初版，台北三民書局經銷）。

2. 著作權法之理論與實務（70 年 6 月初版，同上）。

3. 著作權法研究（一）（75 年 9 月初版，78 年 9 月修正再版，同上）。

4. 著作權法逐條釋義（75 年元月初版，同年 9 月修正再版，同上）。

5. 日本電腦程式暨半導體晶片法令彙編（翻譯）（76 年 9 月初版，資訊工業策進會）。

6. 中美著作權談判專輯（77 年元月初版，78 年 9 月增訂再版，台北三民書局經銷）。

7. 錄影帶與著作權法（77 年 12 月初版，同上）。

8. 著作權法修正條文相對草案（79 年 3 月初版，內政部）。

9. 日本著作權相關法令中譯本（翻譯）（80 年 2 月初版，同上）。

10. 著作權法漫談（一）（80 年 4 月初版，台北三民書局經銷）。

11. 翻譯權強制授權之研究（80 年 6 月初版，內政部）。

12. 音樂著作強制授權之研究（80 年 11 月初版，同上）

13. 有線電視與著作權（合譯）（81 年 1 月初版，台北三民書局經銷）。

14. 兩岸著作權法之比較研究（81 年 12 月初版，82 年 9 月再版，同上）。

15. 著作權法漫談（二）（82 年 4 月初版，同上）

16. 天下文章一大抄（翻譯）（83 年 7 月初版，台北三民書局經銷）。

17. 著作權裁判彙編（一）（83 年 7 月初版，內政部）。

18. 著作權法漫談（三）（83 年 9 月初版，華儒達出版社發行）。

19. 著作權法漫談精選（84 年 5 月初版，月旦出版社發行）。

20. 兩岸交流著作權相關契約範例（84 年 8 月，行政院大陸委員會）。

21. 著作權裁判彙編（二）上、下冊（85 年 10 月初版，內政部）。

22. 著作權法時論集（一）（86 年 1 月初版，五南圖書公司發行）。

23. 新著作權法逐條釋義（一）（85 年 5 月初版，90 年 9 月修正版三刷，五南圖書公司發行）。

24. 新著作權法逐條釋義（二）（85 年 5 月初版，90 年 9 月二版二刷，五南圖書公司發行）。

25. 新著作權法逐條釋義（三）（85 年 12 月初版，88 年 6 月二版，五南圖書公司發行）。

26. 著作權法判解決議令函釋示實務問題彙編（88 年 4 月初版，90 年 10 月三版，五南圖書公司發行）。

27. 著作權法論（90 年三月初版，104 年 2 月八版一刷，五南圖書公司發行）。

28. 「著作權法第四十七條第四項使用報酬率之修正評估」（經濟部智慧財產局委託，97 年 12 月）。

29. 國際著作權法合理使用立法趨勢之研究（經濟部智慧財產局委託，98 年 12 月）。

30. 著作權法職務著作之研究（經濟部智慧財產局委託，99 年 6 月）。

31. 出版（含電子書）著作權小百科（經濟部智慧財產局，100 年 12 月）。

32. 中國大陸著作權法令暨判決之研究（經濟部智慧財產局，101 年 11 月）。

33. 電子書授權契約就該這樣簽（文化部補助，城邦出版，102 年 4 月）。

34. 著作權法實務問題研析（五南圖書公司，102 年 7 月）。

35. 中國大陸著作權法令暨案例研析（五南圖書公司，102 年 12 月）。

目 錄

第壹部分

職務著作之理論部分

第一章　緒論

第一節　研究之緣起

　　著作權法之立法目的，係在促進國家乃至於全人類之文化發展。著作權法欲達到促進國家或全人類文化發展目的，有二手段，其一為保障著作人之著作權益，二為調和社會公共利益。我國著作權法第 1 條規定，即明示斯旨。

　　有關著作人著作權益之保障，其所謂「著作人」，除自由創作者外，有極大部分屬於「職務著作」。尤其在工商發達、知識經濟掛帥的現代，職務著作在創作之比例，愈來愈高。

　　根據德國學者的統計，在人類文化經濟活動中，以自由職業身分從事作家、詩人、作曲家、雕刻家、畫家等活動，此種自由創作人，只占全部文化創作活動之人總數的 22%。多數的創作者，是在聘僱狀態下，因報社、出版社、設計公司、電影公司、廣播電視、廣告公司等之出資而創作[1]。尤其在電腦程式設計、多媒體、資料庫的編輯及創作之情形，職務著作更形普遍。

　　在保護文學及藝術著作上，「版權傳統」（copyright tradition）和「作者權傳統」（author's right tradition）是全世界兩個最大的著作權法傳統。版權傳統之國家為英美法世界—英國、英國先前的殖民地、及大英國協國家等。作者權傳統是根源於大陸法系，盛行於歐陸及先前的殖民地拉丁美洲、非洲、亞洲等國家[2]。

---

[1]　參見 Manfred Rehbinder 著，張恩民譯：「著作權法」（Urheberrecht），頁 327，法律出版社，2005 年 1 月。

[2]　二次大戰後之社會主義國家，如蘇聯、東歐國家等，其法律雖亦有特色，但未如上述版權與作者權傳統壁壘分明，而且源遠流長。

　　在概念上，作者權傳統與版權傳統，在著作權理論上，有著不同的前提。版權傳統的哲學基礎，是根據功利主義，版權之目的，係刺激以最可能極低的代價作最大可能的不同的生產。版權保護的目的，係在鼓勵新著作的創作。但相反的，作者權傳統是根源於自然權利哲學，著作人有權利保護其著作，係基於權利及正義的要求[3]。

　　有關職務著作之規定，版權傳統與作者權傳統，亦有顯著差異。在以英美法系為中心之版權傳統，較強調勞力和技術的程度，重視投資之保護，而以大陸法系為中心的作者權傳統，則重視創作的水準高度，須達一定的創作高度，方賦與著作有關著作權的保護。此創作力較高或較低的需求不同，導致決定法人或自然人為著作人，有所不同[4]。在作者權傳統的國家，自然人方為著作人[5]，在版權傳統國家則否，法人亦得為著作人[6]。

　　又在職務著作權利歸屬上，版權傳統與作者權傳統，亦有所不同。在版權傳統國家，重視投資人的投資，故有關職務著作的權利歸屬上之規定，往往有利於出資者。反之，在作者權傳統，重視著作人之自然權利，故有關職務著作的權利歸屬上之規定，較有利於實際之創作者。

　　然而在特別的情形下，例如視聽著作，個別自然人的角色被縮小。雖然這時候，自然人仍為著作人，但是以法人為最原始的著作財產權人（通常在僱傭關係或委任契約的情形下）[7]。此外，在有關著作鄰接權部分，錄音物之製作人及廣播企業，通常為權利人。

---

[3]　Paul Goldstein, International Copyright, Principle, Law, and Practice, 3-4, Oxford (2001).

[4]　Ibid, 4.

[5]　德國著作權法第 7 條規定：「著作人，係指著作之創作人。」此創作人限於自然人。參見 Manfred Rehbinder 著，張恩民譯，同註 1，頁 181-182。另見 Delia Lypzic 著，德利婭‧利普希克譯：「著作權和鄰接權」（Copyright and Neighboring Rights），頁 90-92，中國對外翻譯出版公司，2000 年 7 月。

[6]　參見美國著作權法第 201 條（b）項：「就本篇之目的而言，聘雇著作以雇用人或委託創作之人為著作人，並擁有著作權之所有權利。但相關當事人簽訂書面文件另有不同之明示約定者，不在此限。」

[7]　例如伯恩公約第 14 條之 2（2）規定、日本著作權法第 16 條、大陸著作權法第 15 條。

　　理論上，我國為大陸法系國家，應依循作者權傳統，著作人以自然人為限。然而我國自前清宣統二年（西元 1910 年）著作權律開始，即承認法人得為著作人[8]。在民國 74 年著作權法，主管機關函釋亦承認法人得為著作人[9]。然而民國 81 年著作權法立法，法人得否為著作人，竟然發生極大之爭論[10]。最後雖然承認法人得為著作人，但我國現行著作權法第 11 條及第 12 條有關職務著作之規定，對法人著作之成立，主要係依賴契約約定。如果無契約特別約定，法人無得為著作人之可能，此與世界各國立法大相逕庭。

　　又有關職務著作，除在僱傭關係，雇用人得擁有著作財產權外，其他情形，除非透過契約約定，出資者不論在何種條件下，無從擁有著作財產權。此一立法，是否過於嚴格？尤其在電腦軟體及大百科全書、資料庫、地圖等企業集體創作十分盛行的現代工商社會，有需重新檢視世界各國立法，而加以評估之必要。尤其我國無著作鄰接權之規定，在大陸法系國家多有著作鄰接權之規定，在有著作鄰接權規定之國家，其關於錄音物權利之歸屬，一般上大抵歸屬於「製作人」。我國現行法仍應適用第 11 條及第 12 條規定。此第 11 條及第 12 條規定適用之結果，又與各國立法通例相違。

　　再者，我國現行著作權法出資者就職務著作為出資後，除係在僱傭關係完成之著作擁有著作財產權外，僅能依著作權法第 12 條第 3 項規定，得利用著作。此「得利用著作」，其利用權之範圍多大？實務見解如何？國內實務見解揆諸外國立法及實務，是否有失偏頗，亦值得探討。

　　此外，學校教師之著作，是否屬於職務著作？依公司法適用委任規定之

---

[8]　第 8 條規定：「凡以官署、學堂、公司、局所、寺院、會所出名發表之著作，其著作權得專有至三十年。」本條規定，依其草案說明謂：「按官署、學堂、公司、局所、寺院、會所等類，在法律上認為無形人格。就理論而言，無形人格似不能著作，然而官署等類發行著作，實際上往往見之，如各部院統計表冊、鐵路公司報告，即其例也。」有關著作權律亦承認法人得為著作人。見秦瑞玠：著作權律釋義，頁 15，上海商務印書館，民國元年七月初版。另詳本研究第壹部分第七章第一節壹之部分。

[9]　內政部 77、10、11 台（77）內著字第 637635 號函。

[10]　詳本研究第壹部分第七章。

經理[11]，其職務上完成之著作，究係適用第 11 條，抑或第 12 條？又派遣員工所完成之著作，是否適用著作權法第 11 條或第 12 條關係？以上諸多實務問題，均有待解決。

　　本研究主要針對世界各國有關職務著作之立法及學理，作深入比較分析，並對我國實務判決作檢討，提出我國未來修法的具體規定及實務見解的應有方向。

第二節　研究之內容

　　針對本次委託研究項目，本研究內容，包含下列重點：

一、提出公約及各國等立法例之比較及相關訴訟案例之分析

　　由於台灣已加入世界貿易組織（以下簡稱 WTO），應受 WTO 的相關附屬法規「與貿易有關的智慧財產權協定」（以下簡稱 TRIPS）的拘束。而依 TRIPS 第 9 條規定，會員原則上應遵守（1971 年）伯恩公約第 1 條至第 21 條及附錄之規定。又其他國際相關公約顯示國際著作權法的基本原理及規則，故本研究一併探討公約有關職務著作之規定。

　　其次，我國著作權法立法是否有當，須了解外國立法規定及其實務運作。基於外國文獻閱讀及取得的便利性，以及對我國影響較大的國家，本研究亦深入介紹美國、日本、中國大陸有關職務著作之立法及其學說、實務運作狀況。另將簡略介紹德國、英國、南韓、加拿大、香港等著作權法，以資比較。

---

[11] 公司法第 29 條規定：「公司得依章程規定置經理人，其委任、解任及報酬，依下列規定定之…。」第 192 條第 4 項規定：「公司與董事間之關係，除本法另有規定外，依民法關於委任之規定。」

二、 提出我國現行著作權法有關職務著作之運作及其發生之問題

　　我國現行著作權法第 11 條及第 12 條，係民國 81 年立法院匆促協商下之產物，其中在民國 87 年雖作修正，但仍有不少闕漏。目前實務上如何運作，本研究將以最高法院實務判決作基礎，輔以經濟部智慧財產局之相關函釋，加以分析，並提出立法及實務問題。

三、 提出未來著作權法制檢討之建議及修法之具體條文

　　在了解公約、外國立法例及我國實務運作之問題後，本研究將提出有關職務著作之法制檢討建議，並提出具體的建議修正條文，以供立法之參考。並配合經濟部智慧財產權局要求舉行討論會議，提出書面資料，應邀報告研究成果或針對問題提出諮詢意見。

第三節　研究方法及步驟

　　一、 將各重要公約、美國、日本、德國、英國、南韓及其他重要國家之著作權法有關職務著作規定譯成中文。

　　二、 廣泛蒐集、研讀美國、日本、中國大陸有關職務著作之重要教科書、論文及案例。

　　三、 廣泛蒐集、研讀我國學者有關著作權法著作、期刊論文、重要函釋、判決有關職務部分，分別摘要問題及分析比較相關見解。

　　四、 由公約、各國立法例、我國實務發生的困難，交叉比較，分析我國立法及實務問題之所在。

　　五、提出修正方向及具體的修正條文。

第二章　國際公約有關職務著作之規範

第一節　伯恩公約 [12]

　　伯恩公約係全世界最早之著作權公約，被喻為著作權法之大憲章，目前參加國已經超過 160 國，是國際上最重要之著作權公約。我國於 2002 年 1 月 1 日加入世界貿易組織（以下簡稱 WTO）。由於加入 WTO，應受 WTO 的相關附屬法規「與貿易有關的智慧財產權協定」（以下簡稱 TRIPS）的拘束。而依 TRIPS 第 9 條規定，會員原則上應遵守（1971 年）伯恩公約第 1 條至第 21 條及附錄之規定。故在此有必要先探討伯恩公約與職務著作之關係。

　　伯恩公約第 3 條第 1 項規定 [13]：「下列著作適用本公約之保護：(a) 著作人係本聯盟會員國之國民者，其已發行及未發行之著作。(b) 著作人非係本聯盟會員國之國民者，其於本聯盟任一會員國內首次發行，或於非屬本聯盟之任一國家及本聯盟任一會員國境內同時首次發行之著作。」第 2 項規定：「著作人非係本聯盟會員國之國民，但於任一會員國境內有慣常居所者，視同本公約所稱之該會員國國民。」第 5 條第 1 項規定：「著作人就其受本公約保護之著作，於源流國以外本聯盟各會員國境內，應享有本公約特別授予之權利，以及各該國家法律現在或將來對其國民授予之權利。」伯恩公約係保護一定條件之「著作人」之著作。另伯恩公約在第 8、9、11、11 之 2、11 之 3、12、14

---

[12] 即關於文學及藝術著作保護之伯恩公約（Berne Convention for the Protection of Literary and Artistic Works），最早於 1886 年在瑞士首都伯恩成立，最近在 1979 年修正。

[13] 以下使用伯恩公約之譯文，參見經濟部智慧財產局網站之譯文，http://www.tipo.gov.tw/ct.asp?xItem=202399&ctNode=7014&mp=1（最後瀏覽日：2015/03/19）

條等有關伯恩公約例示之權利，均規定「著作人」享有。足見「著作人」係最原始之權利人。

然而伯恩公約第2條第6項規定：「本條之著作，在所有同盟國家，均受保護。其保護之範圍，及於著作人及其承繼人（the author and his successors in title.）。」此所謂承繼人（successors），不限於繼承人，尚包含因任何原因取得著作權之其他人在內。此所提到之權利不具人格性，因其得經由契約加以處置。著作人得對其權利為全部或部分之轉讓，權利之受讓人亦得與著作相同，享有著作人轉讓之權利。本項保證著作人之繼承人與受讓人得取得著作之權利地位[14]。

再者，伯恩公約並未規定何人為著作人，何人為承繼人，轉讓之一般原則為何。而有關著作人、權利人、權利之移轉，均委由締約國之內國法決定。蓋各國立法通常為分歧的，而由於公約規定的缺乏，主張權利者必須依賴內國法院去尋找合宜的方法，以解決有關著作人身分和權利人的衝突問題[15]。

其次，第2條及第2條之2，開始談到受保護之著作，此受保護之著作，無須履行一定的形式，且無須具有新穎性，即受保護。新穎性是專利的要件，不是著作權的要件。伯恩公約之著作，只要具備智能的創作即可，並未規定一定的創作的質量，它可以是單一的作者，亦可以是複數的作者。伯恩公約並未明確告訴我們有關智能的創作物，其創作者為自然人或法人。伯恩公約亦未說明，內國法之規定，應將著作定義為自然人或法人。同盟中許多國家明示或暗示，著作限於自然人（如法國法 §111-1(3)、德國法 §7），但有重要的例外，特別是英美法系國家（如荷蘭法 §6-8、美國法 §201(b)、澳洲法 §97-9、英國 §9(2)a）。

---

[14] 參見 WIPO 撰，劉波林譯，《保護文學及藝術作品伯爾尼公約指南》（Guide to the Berne Convention for the protection of Literary and Artistic Works, Paris Act, 1971），頁20，中國人民大學出版社，2002年7月。

[15] See Sam Ricketson & Jane C. Ginsburg, International Copyright and Neighbouring Rights: The Berne Convention and Beyond, Vol and Beyond, Vol I, 357=3, 357-358（2006）.

　　伯恩公約所以對於何為著作人未清楚規定，係因伯恩公約國家內國法紛歧，已如前述。其一個特別點在於英美法系、大陸法系國家對於所謂智能的創作的真實程度，有所不同。在英美法系較強調勞力和技術的程度，重視投資之保護，而大陸法系則重視創作的水準高度，須一定的創作高度，方賦與著作的保護。此創作力較高或較低的需求不同，導致決定法人或自然人為著作人，有所不同。在作者權傳統的國家，自然人方為著作人，在英美法系國家則否。然而在特別的情形下，例如視聽著作，個別自然人的角色被縮小，雖然這時候，自然人仍為著作人，但是以法人為最原始的著作財產權人（通常在僱傭關係或委任契約的情形下）。例如伯恩公約第 14 條之 2（2），即是如此。

　　由於內國法的分歧，伯恩公約試圖去對作者來源作定義，但受到抵抗[16]。最近的挫折是 1990 年 WIPO 的「著作權領域的模範規定」（Model Provisions for Legislation in the Field of Copyright）。此模範法，是渴望使及於全世界的著作權保護更有效，起草者努力使習慣法的規定較伯恩公約早期的精神更普及。雖然伯恩公約經過多次的修正，伯恩公約的性質沒有改變，仍然是大陸法系著作權法的思想統治了該公約，然而伯恩公約的締約國屬於習慣法國家，由一個變多個，因此起草者乃尋求設計可以和習慣法傳統相容的規定。事實上，從結果來看，二者之相似大於不相似。其原因之一，為伯恩公約溝通了彼此的分歧，伯恩公約規定了最低保護標準，使此二陣營彼此有相同的規則。相同的政治、經濟、社會的架構亦可解釋其趨同性。例如電腦程式著作，這兩大傳統，都以文字著作加以保護[17]。

　　基於伯恩公約最早主要係由大陸法系國家組成，其中英美法系國家漸漸增加，為因應成員國法規之不同，伯恩公約未對成員國硬性規定，受保護之著作人，限於自然人，抑或法人亦得為著作人，亦對職務著作之要件未作規

---

[16]　在布魯塞爾會議，澳洲代表曾經提案過，但是遭到否決，而突尼斯模範法第 11 條第 1 項第 2 款則假定著作人為自然人。Id, at 361.

[17]　Id.

定，委由其他成員國內國法自行規定。但由伯恩公約第 14 條之 2 規定觀之，顯然承認職務著作之情況，出資人亦得爲最原始之著作權人。

第二節　世界著作權公約 [18]

　　世界著作權公約成立於 1952 年，係因在二次大戰後，美國以伯恩公約規定與美國國內著作權法立法諸多不合爲理由，遲未加入。爲使美國成爲國際著作權公約之成員國，在聯合國教育、科學、文化組織（UNESCO）之督促下成立以美國爲主的公約。

　　由於美國爲版權傳統之國家，較強調勞力和技術的程度，重視投資之保護，而與大陸法系爲中心的作者權傳統，重視著作人之自然權利不同，故世界著作權公約較具有版權傳統，不以著作人爲中心。在世界著作權公約第 1 條規定：「締約國承諾，凡文學、科學及藝術著作（包括文字著譯、音樂、戲劇及電影、繪畫、版畫及雕塑等著作）之著作人及著作權人（authors and other copyright proprietors）之權利，給予充分而有效之保障。」此將著作人與著作權人併列，而著作權人多爲受讓或因職務著作而產生者。

　　又世界著作權公約第 3 條第 1 項：「締約國依國內法之規定，要求送備樣本、註冊、標示、公證人之證明、註冊費之支付，或在國內製造或發行等手續以作爲著作權保護之條件者，對於依本公約應受保護之外國人之著作物而在本國領域以外第一次發行者，如係由原著作人或其他著作權人（the author or other copyright proprietor）授權而發行之任何版本，自第一次發行時即刊有 © 標記、著作權人（copyright proprietor）姓名及第一次發行之年者，應視爲已符合國內法之要件。但該標示、著作權人之姓名及發行之年，爲保留著作權之標示，應以適當的方法刊印於適當之地方。」上述世界著作權公

---

[18] 即 Universal Copyright Convention, as revised at Paris on 24 July 1971. 以下譯文參見經濟部智慧財產局網站：http://www.copyrightnote.org/statute/cc0005.html（最後瀏覽日：2015/3/19）。

約有關保護之條件，僅重視著作權人，而不特別強調重視著作人，乃具有版權傳統之色彩。故在世界著作權公約，雖未明文承認法人得為著作人，亦未明文規定職務著作，然而並不排斥法人為著作人，且亦不否認各成員國得因職務著作而產生原始之著作權人。

第三節　羅馬公約

在作者權傳統的著作權保護制度，原則上只限於文學及美術的著作，有關演奏、歌唱、表演之本身則不在保護之列。但實際上，演奏、歌唱及表演之本身，具有相當的獨創性，尤其在錄音、錄影及傳播技術十分發達的今天，更有加以保護之必要。然而，著作的表演、錄音及傳播與作為素材而使用的原著作物不同，因而產生著作鄰接權（Neighboring Right）制度。換言之，原著作之使用，屬於著作權保護之範圍，著作之表演、錄音及傳播本身之使用，屬於著作鄰接權保護之範圍。

著作鄰接權保護制度，始於 1926 年國際勞動局（International Labour Office）對表演家保護之研究，其後各國漸漸重視。1961 年 10 月 26 日，有 39 個國家正式在羅馬締結表演家、發音片製作人及傳播機關保護之國際公約（International Convention for the Protection of Performers, Producers of Phonograms and Broadcasting Orgnization，又稱「鄰接權公約」），德國 1965 年修正著作權法，日本 1970 年修正著作權法，南韓 1987 年修正著作權法，均根據本公約制定著作鄰接權保護制度。

依羅馬公約規定第 4 條至第 6 條規定，公約係對成員國之表演人、錄音物製作人、廣播企業加以保護。在羅馬公約第 7 條、第 10 條、第 13 條係規定表演人、錄音物製作人、廣播企業之權利。而所謂「錄音物製作人」，係指最初固定表演之音或其他之音的自然人或法人（第 3 條 (c) 項）。此所謂「最初固定表演之音或其他之音」之錄製品，其強調乃一工業活動，而非個人活動。法人之受雇人在其職務範圍內錄製聲音，應認為作為僱主的法人為

製作人[19]。

第四節　與貿易有關之智慧財產權協定（TRIPS）

1993 年 12 月 15 日，關稅暨貿易總協定（GATT）歷時七年之久的烏拉圭回合談判完成，其成員國並在 1994 年 4 月 15 日正式簽署最終協議（Final Act），根據最終協議規定，GATT 的成員國決定成立「世界貿易組織」（WTO），以取代 GATT，成立世界貿易組織協定，並成為最終協議的最重要附件。而成立世界貿易組織協定並有一個附件——「與貿易有關之智慧財產權協定」（Agreement On Trade-Related Aspects of Intellectual Property Rights, Including Trade in Counterfeit Goods，簡稱 TRIPS）。因此，加入 WTO 須受 TRIPS 的拘束，亦即 WTO 之成員國其智慧財產權法律須符合 TRIPS 之規定。台灣於 2002 年 1 月 1 日加入 WTO，即目前我國須受 TRIPS 之拘束。

TRIPS 一共有 73 條，其內容涵蓋整個智慧財產權，其中專門屬於著作權的條文，只有第 9 條至第 14 條，內容僅係對成員國作最低標準之要求，除了規範電腦程式及資料庫（第 10 條）、出租權（第 11 條）、保護期間（第 12 條）、限制及例外（第 13 條）外，主要係依伯恩公約（第 9 條）及羅馬公約（第 14 條）之規定。

故有關 TRIPS 中是否有關於法人著作及職務著作之規定，主要還是應從伯恩公約及羅馬公約之規定去探討。然而 TRIPS 第 12 條規定：「著作之保護期間，除攝影著作或應用美術著作以外，在不以自然人之生存期間為計算標準之情況下，應自授權發行（publication）之年底起算至少 50 年，如著作

---

[19]　參見 WIPO，劉波林譯：羅馬公約和錄音製品公約指南（Guide to the Rome Convention(1961), International Convention for the Protection of Performers, Producers of Phonograms and Broadcasting Organizations），頁 17，北京中國人民大學出版社，2002 年 8 月。

完成後 50 年內未授權發行（publication）者，應自創作完成之年底起算 50 年。[20]」此為有關著作權之保護期間之規定，此規定與伯恩公約 7 條有關保護期間規定不同。

伯恩公約第 7 條第 1 項規定：「本公約所賦與之保護期間，為著作人之生存期間，及自其死亡後經過 50 年。」第 2 項規定：「電影著作物之保護期間，同盟國得規定，自得著作人之同意將著作物向公眾提供後經過 50 年。如電影著作物未向公眾提供者，自電影著作物製作後經過 50 年。」第 3 項規定：「匿名或別名之著作物，本公約所賦與之保護期間，為自著作物合法向公眾提供後經過 50 年。但著作人所用之別名能毫無疑問地表示其本人時，保護期間依第 1 項之規定。匿名或別名之著作物，在本項前揭期間內，明示其著作人之真名者，保護期間依第 1 項之規定。對於匿名或別名之著作物，有相當的理由，足以推定其著作人業已死亡 50 年者，不得要求同盟國予以保護。」第 4 項規定：「攝影著作物及以美術著作物加以保護之應用美術著作物之保護期間，依同盟國之法令定之。但其保護期間不得短於自著作物製作之時起 25 年。」第 5 項規定：「著作人死亡後之保護期間及依第 2 項至第 4 項規定之保護期間，自著作人死亡之時或事件發生之時開始。但保護期間之計算，自著作人死亡之年或事件發生之年的翌年之 1 月 1 日起算。」上述規定，均未提及法人著作之保護期間，而事實上法人著作無生存期間之問題。

---

[20] 此部分 TRIPS 第 12 條有譯為：「著作之保護期間，除攝影著作或應用美術著作以外，在不以自然人之生存期間為計算標準之情況下，應自授權公開發表之年底起算至少 50 年，如著作完成後 50 年內未授權公開發表者，應自創作完成之年底起算 50 年。」（參見：http://www.tipo.gov.tw/ct.asp?xItem=202401&ctNode=7014&mp=1（最後瀏覽日：2015/03/19））然而 publication 似宜譯為「發行」或「出版」，而非譯為「公開發表」。此與伯恩公約第 7 條第 3 項、第 4 項，用 made available to the public 字眼不同。而 made available to the public，包含公開演出、公開播送及其他對公眾的流通（參見：Carlos M. Correa, Trade Related Aspects of Intellectual Property Rights, 131-132 (2007).），宜譯為「對公眾提供」。日本著作權法第四之「公開發表」，英譯為 Making public of works，我國著作權法第 3 條第 1 項第 15 款公開發表，則譯為 Public release。日本對伯恩公約第 7 條第 3 項及第 4 項之 made available to the public，譯為「向公眾提供」（參見：日本著作權法令研究會：著作權關係法令集，頁 313，著作權情報センター，平成 19 年）。我國著作權法第 32 至第 34 條規定，與 TRIPS 第 12 條規定，似有不同。

然而 TRIPS 第 12 條規定：「在不以自然人之生存期間為計算標準之情況下，應自授權公開發表之年底起算至少 50 年」，學者認為此規定明白承認允許法人著作之存在，而與伯恩公約大抵以自然人生存期間為計算基礎不同[21]。

第五節　世界智慧財產權組織著作權條約（WCT）

世界智慧財產權組織著作權條約（WIPO Copyright Treaty（1996），以下簡稱 WCT），此條約我國雖非成員國，但因其為晚近國際最重要之著作權條約，亦值得重視。

由於伯恩公約第 27 條規定：「本公約因改進同盟制度之必要，應隨時為修正（第 1 項）。」「為達第 1 項之目的，應順次在各同盟國，舉行同盟國之代表間的會議（第 2 項）。」「除適用第 26 條而為第 22 條至第 26 條規定的修正外，本公約（包含附屬書）之修正，應經全體投票之同意行之（第 3 項）。」伯恩公約的修正，原則上應經全體會員國的同意，任何一個國家對於伯恩公約的修正，都有否決權[22]。這樣在有爭議性的修法上，就發生困難。

然而依據伯恩公約第 20 條規定：「同盟國政府保留其相互間締結特別協定之權利。但其協定，須賦與著作人較本公約更廣泛之權利或不牴觸本公約之其他規定。滿足本條件之現行協定之規定，仍適用之。」依此規定成立的專門協定，無須伯恩公約全體成員同意。而在伯恩公約難以全體同意修正下，為因應伯恩公約的不足，WCT 被以伯恩公約第 20 條的專門協定來定位[23]。因此，WCT 是以伯恩公約為基礎發展的，此由 WCT 第 1 條第 4

---

[21] Carlos M. Correa, Ibid, 132.

[22] 參見 WIPO 撰，劉波林譯，同註 14，頁 94。

[23] 參見 Jorg Reinbothe & Silke von Lewinski 撰，萬勇、相靖譯，《WIPO 因特網條約評注》(The WIPO Treaties 1996: The WIPO Copyright Treaty and the WIPO Performances and Phonograms treaty)，頁 6，中國人民大學出版社，2008 年 1 月。

項規定：「締約方應遵守伯恩公約第 1 條至第 21 條及附屬書的規定。」即可明白。

而依 WCT 第 6 條至第 8 條之規定，亦賦與著作人權利，基本上，亦承襲伯恩公約大陸法系作者權傳統（author's right tradition）的立法精神，有關職務著作之規定，解釋上與伯恩公約規定相同。

第六節　世界智慧財產權組織表演及錄音物條約（WPPT）

世界智慧財產權組織表演及錄音物條約（WIPO Performances and Phonograms Treaty（1996），以下簡稱 WPPT），此條約與 WCT 相同，原係因羅馬公約不單純由 WIPO 管理，而係由 WIPO 與國際勞工組織（ILO）、聯合國教科文組織（UNESCO）共同管理。除了組織結構困難外，亦因此三國際團體利益不同，因此羅馬公約修正困難，為因應時代的需要，乃有 WPPT 的出現 [24]。故 WPPT 承襲羅馬公約的立法精神。

值得注意者為，WPPT 第 11 條規定：「錄音物製作人應享有將其錄音物授權他人以任何方法或形式加以直接或間接重製之專屬權利。」第 12 條第 1 項規定：「錄音物製作人應享有將其錄音物之原件或重製物授權他人以銷售或其他移轉所有權之方式提供予公眾之專屬權利。」第 13 條第 1 項規定：「錄音物製作人應享有將其錄音物之原件或重製物授權他人對公眾予以商業性出租的專屬權，即令該原件或重製物由製作人散布或經其授權而散布後亦同。」第 14 條規定：「錄音物製作人應享有將其錄音物授權他人以有線電或無線電提供予公眾，使公眾得於其所各自選定之時間與地點接觸之專屬權利。」足見 WPPT 有關錄音物之專屬權利，均屬於「錄音物製作人」。而所謂「錄音物製作人」，依 WPPT 第 2 條第 4 項，係指：「主導表演或其他聲

---

[24] 參見 Jorg Reinbothe & Silke von Lewinski 撰，萬勇、相靖譯，同註 23，頁 4-6。

音之首次固定，或者聲音之呈現之首次固定並負其責之自然人或法人。」法人亦得為製作人，已被確認，此與羅馬公約相同。

第七節　台美著作權保護協定

台美著作權保護協定全名為「北美事務協調委員會與美國在台協會著作權保護協定（AGREEMENT FOR THE PROTECTION OF COPYRIGHT BETWEEN THE COORDINATION COUNCIL FOR NORTH AMERICAN AFFAIRS AND THE AMERICAN INSTITUTE IN TAIWAN），於 1989 年 7 月 14 日在華盛頓草簽，1993 年 7 月 16 日正式簽定，因其在 1993 年 4 月 22 日曾經立法院通過，故有相當於法律之效力。

依台美著作權保護協定第 1 條第 1 項規定：「北美事務協調委員會與美國在台協會即本協定之締約雙方，同意各依其國內法暨本協定，賦予文學與藝術著作之著作人、著作權人充分及有效之權益。」第 3 項規定：「『受保護人』係指：甲、依各該領域法律認定為公民或國民之個人或法人，及乙、於該領域內首次發行其著作之個人或法人。」第 4 項規定：「以下各款對象，倘符合本段乙款以下之規定者，於本協定雙方領域內，亦視為『受保護人』：甲、上述 (三) 項甲款所稱之人或法人。乙、上述第 (三) 項甲款所稱之人或法人，擁有大多數股份或其他專有利益或直接、間接控制無論位於何處之法人。第 4 項所規定之人或組織，在締約雙方領域內，於下開兩款條件下，經由有關各造簽訂任何書面協議取得文學或藝術著作之專有權利者，應被認為係『受保護人』：甲、該專有權利係該著作於任一方領域參加之多邊著作權公約會員國內首次發行後一年內經由有關各造簽署協議取得者。乙、該著作須已可在任一方領域內對公眾流通。本項所稱之間接控制，係指透過不論位於何處之分公司或子公司加以控制之意。」上述規定，已充分體現台美著作權保護協定具有英美法系「版權傳統」（copyright tradition），與大陸法系的「作者權傳統」（author's right tradition），已有不同。

　　尤其是該協定第 5 條第 1 項規定：「保護期間不得短於著作人終身及其死亡後五十年。」第 2 項規定：「如著作人係非自然人，其保護期間不得短於五十年，自著作完成之日或首次發行之日起算，以先到期者為準。」如著作人係非自然人，其保護期間不得短於五十年，自著作完成之日或首次發行之日起算，以先到期者為準。」該協定明文承認法人著作存在，值得注意。

第八節　小結

　　在保護文學及藝術著作上，版權傳統（copyright tradition）和作者權傳統（author's right tradition）是全世界兩個最大的著作權法傳統，已如第一章第一節第一項所述。本章所述上述公約及協定，大抵上伯恩公約、羅馬公約以「作者權傳統」中心，以伯恩公約處理著作權問題，以羅馬公約處理鄰接權問題。接下來 WCT 與 WPPT 亦承襲此種傳統。然而世界著作權公約則為版權傳統之產物。至於 TRIPS 則重在處理爭端解決，是對伯恩公約精神加以延伸，但是未對作者權傳統更作發揮。台美著作權保護協定則因草案係由美國提供，美國以標準較高的伯恩公約為基礎，但是有關受保護之人及保護期間等，則有版權傳統，重視職務著作及法人著作。

　　上述伯恩公約、WCT 雖以作者權傳統為中心，但是有關職務著作則委由各締約國內國法及彼此之契約自行訂定，該二國際公約並未硬性規定著作必須為自然人，即使在伯恩公約國家，亦有甚多承認法人得為著作人者。

　　上述分析，於我國法值得注意者為：

　　一、民國 81 年我國著作權法全面修法時，有立法委員主張法人不得為著作人，只有自然人方得為著作人[25]，此於公約並無依據。而與台美著作權保護協定第 1 條第 3、4 項、第 5 條第 2 項規定，明顯有違。如果我國立法亦

---

[25]　參見立法院秘書處編印：著作權法修正案（下冊），頁 576-586，民國 82 年 2 月初版；另詳見本研究第壹部分第七章第一節。

採取如同德國法僅承認自然人得爲著作人之立法例，則將違反台美著作權法協定之立法精神。

　　二、依台美著作權保護協定第 2 條第 1 項規定，錄音物將以「著作」保護之，此爲我國著作權法立法無法將錄音物以鄰接權保護之最重要原因[26]，因而我國錄音物以著作加以保護。然而無論羅馬公約或 WPPT，對錄音物之保護，均以「製作人」爲專有權利之賦與對象。而製作人係指「最初固定表演之音或其他之音的自然人或法人」（羅馬公約第 3 條 (c) 項、WPPT 第 2 條第 4 項參照）。一方面法人得爲最原始之權利人，無須透過契約，一方面則提出動議並負責任之人，即使並非雇用人，亦擁有最原始之權利，此與我國著作權法並不相同。

　　我國繼受作者權傳統國家之立法，然而因爲未有鄰接權專章，著作權法有關錄音物權利之取得，仍然以「著作人」爲權利人，而非以「製作人」爲權利人，與「作者權傳統」之國家立法精神相異，係我國當時立法之疏漏，未來是否須對此加以單獨特別處理，值得斟酌。

---

[26] 參見蕭雄淋下列三文：
　一、「著作權與著作鄰接權」，民國 79 年 7 月 9 日自立晚報 16 版。
　二、「爲什麼會有雙重標準」，民國 79 年 7 月 16 日自立晚報 16 版。
　三、「作者權傳統與版權法系的爭執」，民國 79 年 7 月 23 日自立晚報 16 版。
　以上三文蒐錄於蕭雄淋，「著作權法漫談（一）」一書，頁 83-94，著者發行，民國 80 年 4 月。

第三章　美國著作權法上之職務著作

第一節　簡單沿革

　　美國的職務著作原則至少可上溯 1903 年，當時最高法院認為系爭著作「是由原告所雇用並支酬的人、在原告的營業體內所創作　」（produced by persons employed and paid by the plaintiffs in their establishment to make those very things），足以證明該著作之著作權歸原告所有[27]。此一見解透過 1909 年著作權法第 26 條規定而具有法律效力，蓋美國 1909 年著作權法第 26 條規定，其中規定：「著作人一語，應包含職務著作之雇用人在內（the word "author" shall include an employer in the case of works made for hire.）。」1909 年著作權法施行下的諸多法院判決則賦予它交易上的重要性。

　　1976 年著作權法的職務著作規定，究竟在多大範圍內含納了法院在 1909 年著作權法下所適用的職務著作規則，各法院對此問題看法不一，不過所有法院似乎都同意，1976 年著作權法至少長久保存 1909 年著作權法下所適用的一些規則。1909 年著作權法下所適用的規則之所以現在仍然有相關性，另一個理由是，受到 1976 年著作權法所保護的著作，有許多是創作於 1909 年著作權法施行期間，這些著作是否屬於職務著作，應依 1909 年著作權法，而非 1976 年著作權法認定之[28]。

第二節　1909 年之美國著作權法

　　1909 年著作權法第 26 條規定：「『著作人』一詞包括職務著作之

---

[27] See Bleistein v. Donaldson Lithographing Co., 188 U.S. 239, 248(1903).
[28] See Paul Goldstein, Goldstein on Copyright, 4:36-4:37, Volume I, 3rd Edition (2008).

雇用人」，已如前述。然而 1909 年著作權法並未就「職務著作」加以定義，
此「釐清這些用詞的工作便落到法院身上」[29]。基本上，逐漸發展出的原則，
是讓雇用人享有其受雇人在通常業務範圍內所創作之著作的著作權保護。不
過有關第 26 條的第一代司法判決卻按字義適用該條，認為領有薪酬的受雇
人，在其職務範圍內所創作之任何著作，均構成職務著作[30]。

　　有關第 26 條的第二代司法判決戲劇性地擴張職務著作的定義，不僅包
含傳統僱傭關係中所創作的著作，更擴及獨立承包人為其客戶所完成的著
作。依此見解，如果獨立承包人係依客戶之請求、並由客戶支付費用而完成
著作，客戶可成為該著作之著作人[31]。客戶不須實際監督或控制該著作之創
作，只須享有監督及控制的權利。

　　一則當代的判決，在艾森豪將軍對第二次世界大戰的知名著述 Crusade
in Europe 一書，即適用 1909 年著作權法的「請求及付費測試」（instance and
expense test）。從「在本院所確立的是：獨立承包人的著作，只要是因委託
一方之請求、並且由其支付費用而創作完成，就可以構成職務著作」此一命
題出發，第九巡迴上訴法院支持地方法院就該測試之兩大重點所做的認定。
在本案中，一位不太情願的作者艾森豪，「過去一直拒絕寫書，在出版商的
勸說下開始振筆疾書，足以證明一項事實：該書是因出版商的『請求』而
生」。另外一項「毫無疑問」的事實，是該書的寫作乃由出版商 Doubleday
負擔費用：藉由支付艾森豪一筆定額費用、而非權利金，「Doubleday 承擔
該書能否成功的一切財務風險」。Doubleday 亦支付艾森豪製作原稿所需之
費用——「沒有任何證據顯示艾森豪將軍有支付與該書之寫作及出版有關的
任何一筆費用」。再者，法院認定 Doubleday 對於艾森豪創作過程的監督，
它參與創作計畫的程度比一般情形還深，在寫書過程中亦提供給艾森豪廣泛

---

[29]　See Community for Creative Non-Violence v. Reid, 490 U.S. 730, 744 (1989).

[30]　See e.g., Shapiro, Bernstein & Co. v. Bryan, 123 F2d 697, 700, 51 U.S.P Q.422 (2d Cir.1941).

[31]　See e.g. Seigel v. National Periodical Publns. Inc., 508 F.2d 909, 914, 184 U.S.P Q.257 (2d
Cir.1974).

的註解及評論，符合請求及付費測試的要求。

　　將第 26 條擴張適用於傳統雇用關係以外的法院，是把「職務著作」當成由權利歸屬（ownership）之推定、而非由著作人身份（authorship）之推定所導出的法律結論。簡言之，1909 年著作權法第 26 條提供一個媒介，把著作權之推定轉成著作人之推定，使法院得以將委託客戶視為著作人，即令他們在著作的實際創作上扮演著不如傳統雇用人那樣直接的角色。特別委託之著作推定以雇用人或委託客戶為著作人，此一推定可透過明示或默示約定著作權（著作人地位），自始歸屬受雇人或獨立承包人，加以反證推翻 [32]。

第三節　1976 年之美國著作權法

第一項　著作權法上職務著作之特別意義

　　美國現行著作權法第 201 條 (a) 項規定：「原始歸屬：本篇所保護之著作之著作權，自始歸該著作之著作人所有。共同著作各著作人為該著作之著作權之共有人。」同條 (b) 項規定：「聘雇著作：就本篇之目的而言，聘雇著作以雇用人或委託創作之人視為著作人，並擁有著作權之所有權利。但相關當事人簽訂書面文件另有不同之明示約定者，不在此限 [33]。」

　　在現行美國著作權法上，職務著作（Made for Hire）有下列特別的法律待遇：

---

[32] See Paul Goldstein, supra note 28, 4:39 -4:40.1.

[33] 17U. S. C. §201. Ownership of copyright

　　(a) INITIAL OWNERSHIP. — Copyright in a work protected under this title vests initially in the author or authors of the work. The authors of a joint work are coowners of copyright in the work.

　　(b) WORKS MADE FOR HIRE. — In the case of a work made for hire, the employer or other person for whom the work was prepared is considered the author for purposes of this title, and, unless the parties have expressly agreed otherwise in a written instrument signed by them, owns all of the rights comprised in the copyright.

一、職務著作之出資者，無論是僱傭關係（employee within the scope of his or her employment），或由於特別定製或委託關係（a work specially ordered or commissioned），均由出資之雇用人或委託創作之人視為「著作人」，而非僅是著作財產權人而已，係進一步擁有最原始全部著作權之人。易言之，除非另有約定，著作權的原始擁有者是出資者，而非實際創作者，除非實際創作者可以提出不成立職務著作之主張。

二、當著作是否享有著作權之保護，繫於著作人之國籍或住所時，職務著作之規定意味著雇用人的國籍或住所是關鍵所在。例如依美國著作權法第104條第b項規定：「已發行之著作—第102及第103條所定之著作已發行，受本法之保護：(a) 若於首次發行日，一個以上之著作人為美國國民或在美國有住所之人；或美國亦為締約國之著作權條約之締約國之國民、在該國有住所之人或主權機關，或無國籍之人，不論其住所在何地[34]。」在職務著作關係上，此「著作人」是否為受保護之國民、有住所之人等，係以雇用人或委託創作之人是否具備此條件來決定，不以實際創作人是否具備此條件決定。同樣的，著作人為不受保護之人，受讓人為美國公民，該著作亦同樣不受保護[35]。然而在職務著作之情況，實際創作人為不受保護之人，而雇用人為美國公民或公司，因雇用人被視為著作人，該著作則受保護。

三、美國國內製造條款之排除，僅適用於著作人是美國國民或居住於美國境內，在涉及職務著作時，係指雇用人之國籍與住所：美國著作權法第601條規定：「(a) 除本條第 (b) 項另有規定外，主要係由英文非戲劇性文學資料所構成且依本法應受保護之著作重製物，西元一九八六年七月一日前禁止輸入美國或於美國境內公開散布。但由上述資料所構成之

---

[34] 美國著作權法原文參見：http://www.copyright.gov/title17/92chap1.html#104（最後瀏覽日：2015/03/19），譯文參見孫遠釗：美國著作權法令暨判決之研究，頁29，經濟部智慧財產局，97年12月30日。以下同。

[35] 參見 Bong v. Alfred S. Campvell Art Co,. 214 U.S. 236 (1909).

部分已於美國或加拿大境內製造者，不在此限。(b) 本條第 (a) 項規定，於下列情形不適用之：(1) 於輸入美國或於美國境內公開散布之日，前述資料任何實質部分之著作人非美國國民或居民，或雖該著作人為美國國民，但其於前述日期之前已持續居住於美國境外期間至少一年。受雇完成之著作不適用本款之例外規定，但該著作之實質部分係為非美國國民、居民、本國法人或本國企業之雇用人或他人完成者，不在此限 [36]。」有關美國著作權法第 601 條的製造條款，在美國公民或法人作為職務著作之出資人，特別有排除規定。

四、在職務著作關係中完成之著作，如果雇用人是美國政府，不得主張任何著作權：美國著作權法第 105 條規定：「本法所定著作權之保護，不適用於美國政府之任何著作。但美國政府因轉讓、遺贈或其他方式移轉而接受或擁有著作權者，不在此限 [37]。」著作人為美國政府之著作，不得主張著作權。如果係基於職務著作關係完成之著作，且符合美國著作權法第 101 條的職務著作的定義，而出資者為美國政府，則該著作不得主張著作權。

五、「視覺藝術家權利法」上對著作人格權之保護，在職務著作上，有所限制：以 1990 年所制訂「視覺藝術家權利法」上的「視覺藝術著作」之定義而言，職務著作並不能適用藝術家之權利。美國法上承認的其他著作人格權，對於職務著作的適用也有所限制 [38]。

六、在職務著作關係中完成之著作，其著作權存續期間也受到影響：其中最重要的，就是職務著作不適用第 203 條和第 304 條的著作權轉讓及終止。另外，職務著作的著作權保護期間存續至首次發行後 95 年，或

---

[36] 原文參見：http://www.copyright.gov/title17/92chap6.html#601（最後瀏覽日：2015/03/19）。中文譯文同註 34，頁 158。

[37] 原文參見：http://www.copyright.gov/title17/92chap1.html#105（最後瀏覽日：2015/03/19）。中文譯文同註 34，頁 37。

[38] 參見 Melville B. Nimmer & David Nimmer, Nimmer on Copyright, §8D06[A]2, §8D03[A]3 (2005).

至創作完成後 120 年，以先屆期者爲準，而非存續至著作人終生加 70
年。如果在 1978 年 1 月 1 日亦即 1976 年著作權法的生效日，著作仍在
其第一期 28 年的保護期間，則該著作是否爲職務著作，將決定何人有
權更新著作權保護期間[39]。

第二項　職務著作之判別因素一客觀要素

著作權法第 201 條 (b) 規定：「就本篇之目的而言，職務著作以雇用人
或委託創作之人爲著作人，並且除相關當事人簽訂書面文件另有不同之明示
約定外，擁有著作權之所有權利。」第 101 條定義「職務著作」爲「(1) 受
雇人於其受雇範圍內所爲之著作」或「(2) 爲以下用途而特別訂製或委託之
著作，若相關當事人簽訂書面文件明示同意該著作應被視爲職務著作：收錄
於集合著作（collective work）、使用於電影片或其他視聽著作、做爲翻譯作
品、補充性著作、編輯著作、教學著作、測驗、測驗之解答或地圖集[40]」。

一般而言，某著作是否爲職務著作，此問題嚴格地取決於若干客觀因
素，而非取決於推定的「雇用人」與「受雇人」建立職務著作關係的主觀意
圖。如果 A 與 B 的關係，以及著作創作的情況，不符合職務著作的客觀要

---

[39] 參見 Paul Goldstein, supra note 28, 4:36-4:37, Volume I, 3rd Edition (2008).

[40] A "work made for hire" is—

(1) a work prepared by an employee within the scope of his or her employment; or

(2) a work specially ordered or commissioned for use as a contribution to a collective work, as a
part of a motion picture or other audiovisual work, as a translation, as a supplementary work, as
a compilation, as an instructional text, as a test, as answer material for a test, or as an atlas, if the
parties expressly agree in a written instrument signed by them that the work shall be considered a
work made for hire. For the purpose of the foregoing sentence, a "supplementary work" is a work
prepared for publication as a secondary adjunct to a work by another author for the purpose of
introducing, concluding, illustrating, explaining, revising, commenting upon, or assisting in the
use of the other work, such as forewords, afterwords, pictorial illustrations, maps, charts, tables,
editorial notes, musical arrangements, answer material for tests, bibliographies, appendixes, and
indexes, and an "instructional text" is a literary, pictorial, or graphic work prepared for publication
and with the purpose of use in systematic instructional activities.

件，A 雖明示同意其創作之該著作構成為 B 所創作之職務著作，仍不足以使該著作成為職務著作，也不足以使 B 成為著作人。此原則的一個重要的例外，是第 101 條規定特別訂製或委託之著作，如屬於條文列舉的九種著作之一，且經當事人以書面明示同意者，亦構成職務著作[41]。

　　第 201 條 (b) 明定著作如屬於職務著作，雇用人或委託創作之人不但是著作權的原始擁有者，並且「視為著作人」。因此，如果 B 工作室委託 A 作家為 B 的電影撰寫劇本，且 A、B 雙方簽訂契約約定該劇本應視為職務著作，則 B 而非 A 應被視為該劇本之著作人。依第 201 條 (b)，受雇人 A 和雇用人 B 可以透過明示的書面契約，將著作權—有別於著作人之身份—歸給 A 擁有。更具體地說，雇用人和受雇人可以約定，雖然該著作為職務著作，但其著作權由受雇人取得，其結果即是受雇人、而非雇用人成為權利的原始所有人。為了獲致此一結果，當事人雙方必須依第 201 條 (b)「透過雙方簽訂的書面文件」明示同意權利之移轉[42]。

第三項　職務著作之兩大要件及其關係—最高法院 CCNV v. Reid 案

　　依美國著作權法第 201 條 (b) 及第 101 條規定，職務著作（work made for hire）有兩種：

　　一、受雇人於其受雇範圍內所為之著作（a work prepared by an employee within the scope of his or her employment）。

　　二、特別訂製或委託之著作（a work specially ordered or commissioned）。

　　其中第 2 項之「特別訂製或委託之著作」，須在相關當事人簽訂書面文件明示同意該著作應被視為聘雇著作，並在下列九種著作之情形，始能該

---

[41] See Paul Goldstein, supra note 28, 4:35.

[42] Ibid, 4:36.

當：收錄於集合著作（collective work）、使用於電影片或其他視聽著作、做為翻譯作品、補充性著作、編輯著作、教學著作、測驗、測驗之解答或地圖集。

如果依第 101 條之文義解釋，不屬於第 2 項所列舉的九種著作的委託著作會被排除於職務著作之外，即使委託客戶對承包人的監督和控制非常近似於傳統的僱傭關係。此似乎並不合理。

因此，法院對第 101 條條文亦支持「職務著作」之另一種功能性的解釋。此種解釋會將第 1 項擴張，不僅包含傳統的領有薪資的僱傭關係中所完成之著作，亦包含為客戶所完成之著作，只要客戶對承包人工作的監督和控制，連同其他的情況因素，都符合普通法定義下的雇主與雇員關係（master-servant relationship）之要件。即使客戶對承包人工作的監督和控制並不符合該等要件，著作之創作如果符合第 2 項之要件，仍可成立職務著作。舉例言之，為了收錄於集合著作而特別訂製或委託的著作，如果當事人間未簽訂書面文件明示同意該著作應視為職務著作，則該著作仍不成立第 2 項的職務著作。然而如果當事人間以口頭約定，委託或訂製該著作之客戶，有權監督和控制該著作之創作，則該著作可成立第 1 項所指的受雇人在職務範圍內所完成之著作[43]。

在 1976 年著作權法施行後，有許多下級法院做出解釋之後，最高法院在 Community for Creative Non-Violence v. Reid 一案[44]支持對 1976 年著作權法的「職務著作」定義採取一種功能性的見解。

Reid 案之事實簡要概要如下：原告 CCNV 係一個謀求遊民福利的非營利組織，原告支付被告 Reid 美金 15000 元，請被告創作一件「現代的耶穌誕生雕塑，有別於傳統的耶穌全家，雕塑中的兩位大人和一位嬰兒將改為當前的遊民，擠在街旁的一座蒸汽爐架上」。從事實來看，原告在某些細節上對

---

[43] Ibid, 4:42.
[44] 490 U.S.730 (1989).

Reid 的創作行為有所監督與指導，在創作的其他方面 Reid 則是獨立行為。

　　最高法院大法官們檢視了過去十年間各法院所提出的四種解釋後[45]，全體一致判定國會之所以使用「受雇人」和「職務範圍內」此等用詞，顯示國會有意訴諸於傳統的代理法則。因此最高法院採納普通法的一般代理法則（general common law of agency）做為判定職務關係（employment relationship）是否存在的標準[46]。

　　當最高法院採納普通法的雇主與雇員關係，做為第 1 項之職務著作的判斷標準時，是從各下級法院所持的四種不同的解釋中進行選擇。

　　持第一種解釋的判決認為，當雇用一方保有監督及控制創作人之著作的權利時，該著作就屬於第 101 條第 1 項定義的職務著作。

　　第二種解釋則要求雇用一方須實際上監督及控制創作人的工作。

　　第三種解釋認為，只有當雇用一方和創作人之間存在著普通法的雇主—雇員關係時，該著作才是職務著作。

　　第四種解釋在名義上將「受雇人」一詞限於正式且領有薪資的受雇人，但是選擇性地引入普通法的雇主—雇員關係之定義上所適用的若干因素，為所謂正式且領有薪資受雇人之定義留下一些功能性解釋的空間[47]。

　　在 Reid 案中，最高法院之所以採納普通法的雇主與雇員關係此一測試，部分理由在於「如果採用實際監督和控制之測試，會妨礙國會 1976 年修訂著作權法所追求的提升著作權歸屬之可預測性與明確性的至高目標」。更明確地說，由於實際監督和控制之測試「取決於雇用一方是否確有嚴密地監控創作過程，當事人就算沒有晚到著作完成時，也必須直到創作過程之後期，才能知道著作最終是否屬於第 101 條第 1 項[48]。」

---

[45]　各法院所提出的 4 種解釋標準，詳後述。

[46]　Melville B. Nimmer & David Nimmer, supra note 38, 5-20 to 5-21.

[47]　See Paul Goldstein, supra note 28, 4:44-4:45.

[48]　Ibid, 4:46.

　　最高法院在判決最後指出代理法則對於本案事實之適用，並以一句話加以摘要：「在認定受雇一方是否屬於一般代理法則下的受雇人時，要考量的是雇用一方對於完成作品的方式與手段的控制權（right to control the manner and means by which the product is accomplished）」。CCNV 欠缺此種控制權，此點可從幾個有關適用代理法則的列舉因素看出，最高法院遂認定 Reid 才是著作權人。

　　在該案中「CCNV 成員對 Reid 之工作施予足夠的指導，以確保 Reid 創作出符合他們所要求規格的雕塑，但雇用一方對於作品細節的控制程度並非決定性的因素。其實所有其他的事實情況都不利於僱傭關係存在之認定。Reid 是雕刻家，一種擁有特殊技藝的職業。他自己備置工具，在他自己位於巴爾的摩的工作室裡工作，從而實際上不可能遠從華盛頓對他的活動進行日常的監督。Reid 受聘用的期間不到兩個月，相對上是很短的時間。不管在這段期間或這段期間之後，CCNV 都無權指派其他工作給 Reid。Reid 除了須遵守完成雕塑的最後期限以外，有絕對的自由決定何時工作，以及工作多久。CCNV 支付 Reid 美金 15000 元，繫於「特定工作之完成，這經常是獨立承包人獲取報酬的方式」。Reid 在助手的聘用及支酬上享有完全的裁量權。「製作雕塑一點也不是 CCNV 的『平常事務』」，其實 CCNV 根本就不是營利事業。最後一點，CCNV 並沒有支付薪資或社會安全稅，沒有提供受雇人福利，也沒有貢獻分文給失業保險或受雇人補償基金[49]。」

第四項　受雇人在職務範圍內完成之著作

　　依據美國著作權法第 101 條規定，「受雇人於其受雇範圍內所爲之著作」爲「職務著作」，而職務著作原則上以雇用人爲著作人。然而何謂「受雇人」？何謂「於其受雇範圍內所爲之著作」？分述如下：

---

[49]　See supra note 44.

一、受雇人之意義及要件

（一）監督控制要件

在最高法院 CCNV v. Reid 案，最高法院在判決最後指出代理法則對於本案事實之適用，並以一句話加以摘要：「在認定受雇一方是否屬於一般代理法則下的受雇人時，要考量的是雇用一方對於完成作品的方式與手段的控制權，已如前述。而依代理法第 220 條第 1 項謂：『雇員係指受雇為他人之事務提供勞務，並且就其履行勞務之物理行為受到該他人之控制，或者該他人有控制之權[50]。』另外，法律重述舉出與雇主─雇員關係有關的第一項因素就是『雇主依據合約對於（雇員之）工作的細節所能予以控制的程度[51]』」。

上述所謂「控制」，究係指雇用人一方只要對客戶享有監督和控制的權利，就足以使創作人成為受雇人，不再需要符合其他要件[52]，抑或雇用一方必須實際上行使監督與控制權，如此創作出來的著作才能視為職務著作[53]。以前者為多數說。即欲使著作成為職務著作，雇用一方只須握有、而不須行使其對創作人工作的監督與控制權[54]。

第 101 條第 1 項的「職務著作」定義所稱的「受雇人」，是否限於領有薪資的長期工作者？抑或包含只領一次報酬的短期工作者。一般而言，在正式的、長期的僱傭關係中，通常在僱傭的條件中已經暗示（隱含）監督和控制的權利，不需再明示規定在僱傭契約中，也可以讓工作者被視為受雇人。相較之下，針對特定工作個案的短期契約中並非通常都會暗示（隱含）監督和控制的權利，若想讓工作者被視為受雇人，可能必須在契約中規定監督和

---

[50] Restatement (Second) of Agency §220(1).

[51] Restatement (Second) of Agency §220(1)(a).

[52] See, e.g., Martha Graham Sch. & Dance Found., Inc. v. Martha Graham ctr of Contemporary Dance, Inc., 380 F.3d 624, 642, 72 U.S.P.Q.2d 1143 (2d Cir 2004).

[53] See, e.g., Quintanilla v. Texas Television Inc., 139 F.3d 494, 496-498, 46 U.S.P.Q.2d 1707 (5th Cir. 1998)

[54] See Paul Goldstein, supra note 28, 4:49-4:50.

控制的權利[55]。

（二） 其他認定因素

在最高法院 CCNV v. Reid 案，在「雇用一方對於創作的方式與手段的控制權」的審究上，以下若干因素應該發揮指導性的作用[56]：

1. 所需要的技藝；

2. 器械和工具的來源；

3. 工作的地點；

4. 當事人間關係存續的久暫；

5. 雇用一方是否有權指派額外的工作給受雇一方；

6. 受雇一方對於何時工作、以及工作多久的自由裁量權限；

7. 付款方式；受雇一方在助手的聘請和付酬上扮演什麼角色；

8. 著作是否屬於雇用一方通常業務的一部分；

9. 雇用一方是否為營利事業；

10. 受雇人福利之提供；

11. 受雇一方稅務之處理。

最高法院係考量了這些因素後，認定雕刻家 Reid 並非 CCNV 的受雇人。

在 Reid 案以後，下級法院的判決一般都是把焦點集中在上述所提的十一個具證據力的因素。然而，非壓倒一切的監督或控制之問題。仍將斟酌其他因素，例如創作人如果是專業人士，諸如建築師或大學教授，此一事實大大有利於認定他才是他在受雇期間所創作之著作的著作人，而非他的雇主。又如法院在著作人身份的認定上，也可能比較有利於畫家和雕刻家。

---

[55] Ibid 4:50-4:51.

[56] 490 U.S. at 751-752.

二、職務範圍之要件

依美國著作權法第 101 條規定，「受雇人於其受雇範圍內所爲之著作」爲「職務著作」，而職務著作原則上以雇用人爲著作人，已如前述。然而，並非受雇人之所有著作，均爲職務著作，均以雇用人爲著作人。例如受雇人業餘在家中所創作之著作，即非職務著作，以受雇人爲著作人。

然而何謂「職務範圍」？一般可分爲契約有明定與契約無明定兩種：

（一）契約未明定受雇人所創作之著作，何者應視雇用人為著作人時：

此時究應如何判斷？一般而言，法院判斷標準，須同時符合下列三要件 [57]：

1. 著作屬於受雇人被雇用來創作的著作類型；

2. 基本上是在指定的工作時間及場所內創作；

3. 驅使創作的動力至少有部分是爲了服務雇用人的目的。

（二）契約明定受雇人所創作之著作，何者應視雇用人為著作人時：

此時，一般爲尊重契約條文所約定。例如當契約條款似乎意指受雇人所創作的一切均歸雇用人擁有時，是否也包括那些固然是受雇人依職務所創作、但不曾被雇用人使用（甚至不曾由受雇人交付）的資料（因爲和最後完成的作品截然不同）？這可能發生在雇用人不滿意受雇人的工作，或者受雇人從事了數次「錯誤的起步」之後才終於做出爲雇用人所接受的形式與內容。至少當僱傭契約的條文有提到包括「一切」資料時，這些未被使用的資料，是可能屬於雇用人所有的 [58]。

然而仍有例外，例如：

---

[57] City of Newark v. Beasley, 883 F. Supp. 3, 7 (D.N.J. 1995).
[58] Marvel Enter. Group, Inc. v. Ellioa, 169 A.D.2d 473, 564 N.Y.S.2d 720, 722 (1st Dep't 1991).

1. 雇用人與受雇人以契約約定，受雇人非在職務範圍內所創作的著作仍視同「職務著作」，此一約定本身並不會使該等著作轉為「職務著作」，此種約定可以認為等同於受雇人將其著作權單純轉讓給雇用人，但不會產生「職務著作」原本所會產生的著作人的法律效果。

2. 如果契約條文要求受雇人「付出他所有的時間來服務雇用人」，法院仍會解釋為並不容許雇用人對受雇人在工作之餘所創作的著作主張權利。

第五項　特別訂製或委託之著作

依據美國著作權法第 101 條定義「職務著作」為「(1) 受雇人於其受雇範圍內所為之著作」或「(2) 為以下用途而特別訂製或委託之著作，若相關當事人簽訂書面文件明示同意該著作應被視為聘雇著作：收錄於集合著作（collective work）、使用於電影片或其他視聽著作、做為翻譯作品、補充性著作、編輯著作、教學著作、測驗、測驗之解答或地圖集特別訂製或委託之著作」，已如前述。

基此，特別訂製或委託之著作（specially ordered or commissioned works），包含下列三要件：

1. 相關當事人簽訂書面文件。

2. 明示同意該著作應被視為聘雇著作

3. 限於特定著作：

茲分述如下：

一、相關當事人簽訂書面文件：

此即在「特別訂製或委託之著作」，同意須形諸書面文件，且該書面文

件須由雇用和受雇雙方簽署[59]。此與轉讓著作權所要求的文件不同。轉讓著作權只須著作權人簽署文件即可，無須雙方共同簽署。而此「特別訂製或委託之著作」，一定要雙方共同簽署。

　　至於第101條第2項的職務著作定義是否要求雇用人與受雇人須在著作創作以前就簽署書面文件，才能成為職務著作？各法院對此問題之意見分歧。有肯定說、否定說兩說：

　　（一）肯定說認為：「書面文件必須先於著作之創作，以便達到確認（非實際創作之）著作權所有人之目的[60]。」

　　（二）否定說認為，書面文件的要求「也可以在著作創作之後簽署書面文件來達成，如果該書面文件確認了一項在著作創作之前所做的——不管明示或默示的——約定[61]。」

　　上述二說，學者多採肯定說[62]。

二、明示同意該著作應被視為聘雇著作

　　所謂「明示同意該著作應被視為聘雇著作」，是否須明示約定該著作應視為「職務著作」（work made for hire）此一法定用語？抑或者只需在書面約定反映出該意圖即為已足？

　　學者認為如果依書面文件之證據清楚顯示當事人確實有意以該著作為職務著作，縱然未依法定用語「職務著作」，亦應有效適用著作權法第101條

---

[59]　Schiller & Schmidt, Inc. v. Nordisco Corp., 969 F.2d 410, 412, 23 U.S.P.Q.2d 1762 (7th Cir. 1992)

[60]　See Schiller & Schmidt, Inc. v. Nordisco Corp., 969 F.2d 410, 412 23 U.S.P.Q.2d 1762 (7th Cir. 1992).

[61]　Playboy Enters., Inc. v. Dumas, 53 F.3d 549, 559, 34 U.S.P.Q.2d 1737 (2d Cir.), cert. denied, 516 U.S. 1010 (1995).

[62]　See Paul Goldstein, supra note 28, 4:63；Melville B. Nimmer & David Nimmer, supra note 38, 5-20 to 5-21.

之「特別訂製或委託之著作」之關係[63]。然而，如果只有在支票上表明「轉讓」，而未提及「職務著作」，則不符著作權法第 101 條之「特別訂製或委託之著作」之關係[64]。

三、限於特定著作

此之「特定著作」，即：

1. 收錄於集合著作（collective work）之著作；

2. 使用於電影片或其他視聽著作中之著作（as a part of a motion picture or other audiovisual work）；

3. 翻譯作品（as a translation）；

4. 補充性著作（as a supplementary work）；

5. 編輯著作（as a compilation）；

6. 教學著作（as an instructional text）；

7. 測驗（as a test）；

8. 測驗之解答（as answer material for a test）；及

9. 地圖集（as an atlas）。

法條就上述兩個類型加以定義：「補充性著作」係指「為了介紹、總結、圖示、說明、修正、評論其他著作人之著作，或輔助該著作之使用，並供附屬於該著作而發行之著作，例如前言、後記、說明圖、地圖、圖表、表格、註解、音樂之改編、測驗之解答、參考書目、附錄及索引」。「教學著作」則指「為了使用於有系統之教學活動並供發行之文學、美術、攝影或圖形著

---

[63] See Paul Goldstein, Ibid 40, 4:62； Melville B. Nimmer & David Nimmer, supra note 38, 5-53 to 5-21.

[64] Playboy Enterprises, Inc. v. Dumas, 53 F.3d 549, 560 (2d Cir. 1995), cert denied 516 U.S. 10l0 (1995).

作」。

　　如果一著作不在上述合格的著作類型之列，即使係因特別訂製或委託而完成之著作，仍不屬「職務著作」，也就不會發生由「職務著作」此名稱所帶來的法律效果。上述九種著作之共通點，都是比較需要集體完成的，如果與委託人間有「職務著作」的書面契約，則以委託人或定作人爲著作人。

第四節　小結

　　美國著作權法係最典型的版權傳統（copyright tradition）的法律。依美國著作權法規定，無論是「受雇人於其受雇範圍內所爲之著作」或「特別訂製或委託之著作」，均以雇用人或委託創作之人視爲著作人，並擁有著作權之所有權利。

　　美國著作權法與我國著作權法，有下列差異之處及啓示之處：

一、我國著作權法第 11 條規定：「受雇人於職務上完成之著作，以該受雇人爲著作人。但契約約定以雇用人爲著作人者，從其約定（第 1 項）。」「依前項規定，以受雇人爲著作人者，其著作財產權歸雇用人享有。但契約約定其著作財產權歸受雇人享有者，從其約定（第 2 項）。」「前二項所稱受雇人，包括公務員（第 3 項）。」美國著作權法在「受雇人於其受雇範圍內所爲之著作」，原則上以雇用人爲著作人，我國則以受雇人爲著作人，明顯有差距。美國著作權法之職務著作，欲成爲著作人，須賴客觀的職務著作之要素是否具備，而非主觀的要素，亦非依賴約定。我國著作權法第 11 條規定，雇用人欲成爲著作人，須依賴約定。

　　　查法人著作，法人欲成爲著作人，應以客觀是否具備著作人要件爲判別標準，在理論上方可圓滿。無論是自然人，抑或是法人，著作人所以爲著作人，乃具備一定要件，而非約定。此爲世界各國著作權法之一定法理。依美國著作權法規定，如果雇用人具備一定法定要件，雇用人當然爲著作人，即使雇用人與受雇人有約定，亦僅受雇人爲著作權人而

已，而非使受雇人為著作人。我國著作權法，法人欲成為著作人，須依賴約定，似有檢討必要。

二、我國著作權法第 12 條規定：「出資聘請他人完成之著作，除前條情形外，以該受聘人為著作人。但契約約定以出資人為 著作人者，從其約定（第 1 項）。」「依前項規定，以受聘人為著作人者，其著作財產權依契約約定歸受聘人或出資人享有。未約定著作財產權之歸屬者，其著作財產權歸受聘人享有（第 2 項）。」「依前項規定著作財產權歸受聘人享有者，出資人得利用該著作（第 3 項）」。依美國著作權法規定，「特別訂製或委託之著作」。我國著作權法第 12 條之出資聘請他人完成著作，解釋上，亦應在職務範圍，亦應屬職務著作。類似美國著作權法之「特別訂製或委託之著作」，美國亦以定作人或委託人為著作人，擁有所有著作權利。我國著作權法此種情形，則以受聘人為著作人，原則上受聘人擁有所有權利，而出資者僅「得利用該著作」。而出資者之利用權，究竟多廣，範圍十分不明確，與美國法差距相當大。

當然，美國法係極端版權法之國家，其規定有利於資方，不能全盤採納。然而我國著作權法第 12 條規定，亦極端有利於原始創作者，且利用權不明，似亦應加以檢討。

第四章　日本著作權法上之職務著作

第一節　明治 20 年（1887 年）之版權條例

　　日本於明治維新以前，僅專門著眼於出版物的取締，如明治 2 年即訂有「出版條例」，但此乃有關出版物取締之規定，與著作人的保護無關。有關私法方面著作人或出版者的利益的保護，付諸闕如[65]。

　　明治 2 年之出版條例，經明治 5 年修正，此修正幅度不大。然至明治 8 年修正出版條例，變動較大，將取締法規定與著作權保護混同規定。例如該條例第 2 條規定，著作之圖書與外國圖書之翻譯出版者，賦與 30 年的專賣「版權」。並採註冊主義，未經註冊，並無保護。此外，明治 9 年 6 月，又公布「寫真條例」，規定經註冊的寫真（照片），賦與 5 年的專賣版權。

　　有關出版物的取締與著作權的保護的法律分離，各有個別的法律，係在明治 20 年（1887 年）的「版權條例」[66]。此為日本最早的著作權法。版權條例於明治 26 年 4 月以法律第 64 號修正，成為「版權法」。此修正內容不大，與版權條例無多大差異。

　　依版權條例第 2 條規定，以官廳、學校、會社、協會等名義出版圖書，亦承認其版權。第 10 條規定，版權保護年限為著作人終身加 5 年。如果從版權登記之月到死亡之月加 5 年，仍不足 25 年者，從版權登記之月開始 35 年。以官廳、學校、會社、協會等之著作名義出版者，及著作人死亡後方出版者，自版權登記之月起 35 年。

---

[65] 參見榛村專一，著作法概論，頁 5-16，巖松堂，昭和 8 年。

[66] 此外，同年尚公布劇本樂譜條例、寫真版權條例，以保護劇本樂譜之上演權及照片之複製權。此二規定，於明治 26 年版權法公布後廢止。詳細參見勝本正晃，日本著作權法，頁 27-29，巖松堂，昭和 15 年。

有關版權條例第 2 條及第 10 條規定，是否即屬於職務著作或法人著作，學者未見論及。然而在明治 32 年（1899 年）著作權法制定後，著作權法有類似規定，學者對此是否屬於職務著作或法人著作，多有討論，詳如後述。

第二節　明治 32 年（1899 年）之著作權法

第一項　概說

明治 32 年（1899 年）3 月，日本以法律第 39 號制定新著作權法。日本明治 32 年之著作權法，係日本與諸外國約定用修正著作權法及加入伯恩公約條件，來交換撤除領事裁判權。日本新著作權法將過去劇本樂譜條例及寫真版權條例、版權法等，統一納入著作權法中。將過去「版權」之名稱，均改為「著作權」[67]。明治 32 年之著作權法至昭和 45 年（1970 年）日本全面修正著作權法間，又經歷明治 32 年、大正 9 年、昭和 6 年、9 年、33 年、37 年、42 年、44 年諸多修正。

第二項　著作權的原始取得與繼受取得

依日本明治 32 年之著作權法，著作權之原始取得者，即第一次之著作權人為著作人。著作人以外之人，得由著作人移轉著作權而為承繼之著作權人。然而有下列例外，由非實際之著作人，擁有最原始之著作權[68]：

一、文藝、學術著作中插入之照片，特別為該著作之目的而拍照者，此照片之著作權歸屬於文藝、學術之著作之著作人（第 24 條）。例如植物學

---

[67] 參見榛村專一，前揭書，頁 23。
[68] 參見榛村專一，同前註，頁 92。

者創作與植物學有關之著作，而以自己或他人攝影之植物照片，該照片
之著作權歸屬植物學者，與植物學之著作享有相同的保護期間。即一般
著作之著作權保護期間爲終身加 30 年（第 3 條），而照片之著作權爲
10 年。文藝、學術著作中插入之照片，特別爲該著作之目的而拍照者，
此照片之著作權與一般著作同，爲終身加 30 年[69]。

二、因他人之囑託而拍攝之肖像照片[70]，其著作權歸囑託者所有（第 25
　　條）。此係爲保護創作之寫真肖像的囑託人的利益。蓋攝影師作肖像攝
　　影，一般皆不以攝影師自己公開發表爲目的，而如果此種情形著作權歸
　　攝影師所有，而被攝影的肖像本人反而不能擁有著作權，那麼被攝影的
　　肖像本人欲利用加洗作公開用途，反而必須徵得攝影師同意，此與社會
　　通念相違。此處所謂囑託者，係指肖像照片本人。又此處之著作權，包
　　含著作人格權在內。即未經授權而重製，除侵害肖像本人之著作財產權
　　之外，尚侵害其著作人格權[71]。此種肖像攝影與一般攝影家非肖像人像
　　之攝影不同，一般攝影家非肖像之攝影，由攝影家本人擁有最原始之著
　　作權，此處僅限於因他人之囑託而拍攝之肖像照片[72]，其著作權歸囑託
　　者所有。

三、以官署、公衙、學校、社寺、協會、公司或其他團體爲著作名義而發行
　　或上演之著作，其著作權當然歸發行或上演之團體。有關此點，法律雖
　　未明文規定，但已形成通說。然而此所謂發行或演出，以合法發行或演
　　出爲必要，非法的發行或演出，不得擁有著作權[73]。有關此點，詳如後
　　述。

---

[69] 參見城戶芳彥，著作權法研究，頁 262、300，新興音樂出版社，昭和 18 年。
[70] 此包含以類似攝影之方法而製作之著作，參見明治 32 年日本著作權法第 26 條。
[71] 參見城戶芳彥，前揭書，頁 263-264。
[72] 此包含以類似攝影之方法而製作之著作，參見明治 32 年日本著作權法第 26 條。
[73] 參見榛村專一，前揭書，頁 93。

第三項 法人得否為著作人

日本明治 32 年著作權法，是否承認法人得為著作人？如果承認，其依據為何？一般多依著作權法第 6 條規定，亦有學者依著作權法第 22 條之 7 規定，亦承認法人得為著作人[74]。

一、著作權法第 6 條規定

依明治 32 年舊著作權法第 6 條規定，以官署、公衙、學校、社寺、協會、公司或其他團體為著作名義而發行或上演之著作，其著作權保護期間自發行或上演起 30 年。此規定與著作權法第 3 條一般保護期間終身加死亡後 30 年，並不相同。

日本明治 32 年舊著作權法，是否承認法人得為著作人？原來有兩說，一說認為著作人僅自然人得為之，法人事實上無法為著作行為，故法人不得為著作人，法人僅得由自然人著作人中承繼著作權。一說認為法人得為著作人。

採法人擬制說者，認為日本明治 32 年舊著作權法第 6 條之規定，僅使法律人擁有著作財產權，而不能擁有著作人格權，蓋僅自然人擁有著作能力，法人無著作能力，法人之原始擁有著作財產權，乃法律上擬制的不得已措施[75]。而法人實在說認為，公司職員、受雇人於所為之職務著作，例如統計表、調查報告，依特約或職務規定，直接以官署、公司、雇用人為著作人，而預定以其名義公開發表，則其職員、受雇人，只是法人之機關（organ）、手足 (instrument)，而實際上直接以官署、法人、雇用人為著作

---

[74] 參見千野直邦，「法人著作の概念」一文，蒐錄於「民法と著作權法の諸問題」，半田正夫還曆紀念論集，頁 513，法學書院，1993 年。

[75] 參見榛村專一，前揭書，頁 93。

人[76]。從日本舊著作權法第 6 條之規定形式而言，應認為採法人實在說為有力之學說[77]。

　　日本司法實務亦予以肯認。例如東京地方法院明治 38 年 7 月 6 日判決即謂：「同法第 6 條可謂係非官公衙等非法人，若具著作權者則間接認定為法人之規定。是故第 6 條亦可謂間接認定官公衙等辦理著作物之發行或公演時，其著作權則歸屬於依官公衙所代表之本體即國家之其他公私法人。是故於本案則國家依自己之目的，依其機關著作，因此國家具有著作權[78]」。

二、 著作權法第 22 條之 27 規定

　　著作權法第 22 條之 27 規定：「凡以他人之著作，以聲音用機械而合法複製於機器者，應視為著作人，並對其機器具有著作權。」上述錄音著作之著作人，非演唱者、作曲者，而係將音錄入（寫調）機器之人，而此人一般多為企業者，此時錄音之製作企業，原始擁有錄音著作之著作權，而如以錄音製作公司為著作名義發行，則自發行日起 30 年，此時，可能得以錄音製作公司為著作人[79]。

第四項　其他勤務上之著作

　　有關公家機關之公務員、銀行、公司之職員及其他受雇人，在職務上作成之著作，除了前述情形外，其著作權之歸屬如下：

---

[76] 參見勝本正晃，日本著作權法，頁 78，巖松堂，昭和 15 年。又當時的滿洲國著作權法第 14 條規定，使用人或法人之職員，對屬於使用主或法人之業務範圍之事項，而以自己之任務為著作者，其著作之著作權，屬於使用主或法人。

[77] 參見半田正夫，著作權法概說｛第 13 版｝，頁 62-63，法學書院，2007 年 6 月 13 版。

[78] 參見陳清秀，日本著作權法令暨判決之研究 —— 判決（1），頁 558-560。

[79] 參見城戶芳彥，前揭書，頁 275；榛村專一，前揭書，頁 82。

一、公務員、職員、受雇人所為與職務無關之著作

如無特別約定，以公務員、職員、受雇人等實際創作者為著作人，擁有完整之著作人格權及著作財產權。例如受他人聘僱之畫家，所為職務以外之趣味圖案，或公務員出差所寫之隨筆，國家稅務員為一般人參考目的所寫的稅務的解說書等，著作權均歸實際之創作者[80]。

二、公務員、職員、受雇人所為與職務有關之著作

（一）有著作權之約定者

在勤務規則另有規定或契約另有約定者，完全按照勤務規則或契約之規定或約定。如果此規定或約定，權利歸實際之創作者，則創作者擁有完全之著作人格權及著作財產權。如果勤務規則另有規定或契約另有約定，著作權歸屬於法人或雇用人，但不預定以法人等名義公開發表者，此時法人或雇用人僅有著作財產權，而以實際創作者為著作人。有關著作權保護期間，仍適用終身加 30 年規定[81]。

（二）無著作權之約定者

無在勤務規則另有規定或契約另有約定者，如果預定以法人、團體等名義公開發表，此時回復到前述第 6 條規定，原則上以法人、團體等為著作人，由法人、團體等擁有著作人格權及著作財產權，其保護期間為自發行或上演時起 30 年。如果未預定以法人名義公開發表，此時，有認為依雇用等目的，解釋上著作財產權當然讓渡給法人，而著作人格權仍屬於實際創作人者[82]，有認為無論著作財產權或著作人格權均屬於實際之創作人者[83]。

---

[80] 參見城戶芳彥，前揭書，頁 261；勝本正晃，前揭書，頁 77-78。
[81] 參見城戶芳彥，前揭書，頁 260；勝本正晃，前揭書，頁 78。
[82] 同前註。
[83] 參見榛村專一，前揭書，頁 91。

第三節　昭和 45 年（1970 年）之著作權法

第一項　概說

日本現行著作權法於昭和 45 年（1970 年）作全盤修正。其主要理由，是因機械技術急速進步，著作複製手段多樣化，法律與社會事實隔絕甚久，再加上伯恩公約又作多次修正，日本亦加入羅馬公約，遂有著作權制度全面檢討之聲浪。

日本為因應著作權法的全面修正，於昭和 37 年（1062 年）成立文部大臣的諮詢機構—著作權制度審議會，在該審議會下再設五個小委員會[84]。在經過不斷研究，於昭和 41 年 10 月 22 日提出草案，其後草案不斷修改，於昭和 45 年終於通過。於昭和 45 年 5 月 6 日公布，46 年 1 月 1 日正式實施[85]。

日本昭和 45 年之著作權法於實施後，迄平成 21 年（2009 年）7 月 10 日之法律第 73 號之修正（以下稱日本「現行著作權法」），共有四十次之修正，可謂修正頻繁[86]。本文以下，即根據上述平成 21 年之修正著作權法版本作論述。

第二項　與職務創作相關之規定

日本現行著作權法與職務創作有關之規定，如下：

---

[84] 另有第六個小委會審議仲介團體。

[85] 詳見尾中普子、久々湊伸一、千野直邦、清水幸雄共著，全訂著作權法，学陽書房，1990 年 8 月 10 日全訂版；半田正夫，著作權法概説 { 第 13 版 }，頁 26-29，法学書院，2007 年 6 月 13 版。

[86] 有關詳細修正過程及內容，中文可以參閱黃銘傑，日本著作權法令暨判決之研究，頁 1-186，經濟部智慧財產局，98 年 12 月 15 日；日文詳見大橋正春，平成著作權法改正ハンドブック，頁 2-26，三省堂，2002 年 3 月 1 日第 1 刷；半田正夫，前揭書，頁 31-36。

一、法人著作（一般的職務著作）

　　依日本著作權法第 17 條規定，著作人享有著作權法第 18 條第 1 項、第 19 條第 1 項及第 20 條第 1 項之著作人格權[87]及第 21 條至第 28 條之著作權[88]。故依日本著作權法，原則上著作人擁有最原始之權利。

　　然而日本著作權法上之著作人，不限於自然人，尚包含法人在內。此與明治 32 年之舊著作權法理論上有所爭論，並不相同。而法人著作，係依法人之職員及其他從事該法人等之業務之人，在職務上完成之著作，在一定條件下，以法人為著作人。法人為著作人，則法人最原始擁有著作人格權與著作權（著作財產權）（第 15 條）。此詳如第 3 項。

二、視聽著作

　　依日本著作權法第 2 條第 1 項第 2 款規定：「著作人，即創作著作之人。」在視聽著作，何人為著作人？製作人抑或演員、導演、燈光、錄影、美術、劇本作者、小說作者、音樂作者？日本著作權法第 16 條規定：「視聽著作之著作人者，即除被改編或複製為視聽著作之小說、劇本、音樂或其他著作之著作人外，為擔任製作、監督、演出、錄影、美術等之有助於視聽著作物在全體上形成之人。但有前條規定之適用者，不在此限。」視聽著作之著作人，除有上述著作權法第 15 條法人著作之適用情形，以法人為著作人外，應為「為擔任製作、監督、演出、錄影、美術等之有助於視聽著作物在

---

[87] 即公開發表權（第 18 條第 1 項）、姓名表示權（第 19 條第 1 項）、同一性保持權（第 20 條第 1 項）。

[88] 日本著作權法上之「著作權」，係指著作財產權而言，不包含著作人格權。此與我國著作權法不同。而日本著作權法第 21 條至第 28 條之權利，包含複製權（第 21 條）、公開上演權及公開演奏權（第 22 條）、公開上映權（第 22 條之 2）、公眾送信權（第 23 條）、公開口述權（第 24 條）、公開展示權（第 25 條）、頒布權（第 26 條）、讓渡權（第 26 條之 2）、公眾出借權（第 26 條之 3）、第 27 條（改作權）及第 28 條（在第二次著作的利用上原著作人之權利）。

全體上形成之人」。

　　上述所謂「製作」，即影片生產行為；「監督」，即劇場用視聽著作之電影監督行為；所謂「演出」，即在攝影機前的表演行為；所謂「攝影」，即攝影監督行為；「美術」，即美術設計或特殊電影的監督行為。蓋作為視聽著作之著作人，電影監督為最重要之工作。其中電影導演以其藝術的表現力，將電影劇本中以語言表述之各個場景變成影像，將影像形成視聽著作。而攝影者與美術編輯者，亦可能成為著作人。再者，演員、電影中的建築者等，實質上對視聽著作全體的形成均有創作性貢獻，均為視聽著作之著作人[89]。然而，自小說、劇本改作之視聽著作。將音樂重製入視聽著作。其小說、劇本、音樂等，非視聽著作本身，而係視聽著作之原著作，非視聽著作之著作人。

　　然而視聽著作之著作財產權人為上述導演、演員、美術、燈光等「為擔任製作、監督、演出、錄影、美術等之有助於視聽著作物在全體上形成之人」？日本著作權法第29條有特別規定，即：

（一）視聽著作（有第15條、本條第2項或第3項之規定者除外），如由製作人與視聽著作之著作人約定，由視聽著作之著作人參加該視聽著作之製作者，其著作權屬於視聽著作之製作人[90]。（第29條第1項）

（二）專門的廣播事業人，以廣播目的之技術手段製作視聽著作（有第15條規定之適用者除外）者，下列所規定之權利，歸屬於作為視聽著作

---

[89]　參見半田正夫・紋谷暢男，著作權のノウハウ，頁75，有斐閣，1990年10月30日新裝第4版；半田正夫・松田正行，著作權法コンメンタール，第一冊，勁草書房，頁686，2009年1月30日。

[90]　日文原文為：「映画の著作物（第十五条第一項、次項又は第三項の規定のの適用を受けるものを除く。）の著作権は、その著作者が映画製作者に対し当該映画の著作物の製作に参加することを約束しているときは、当該映画製作者に帰属する。」英譯原文為："Copyright in a cinematographic work, to which the provisions of Article 15, paragraph (I), the next paragraph and paragraph (3) of this Article are not applicable, shall belong to the maker of that work, provided that the authors of the work have undertaken to participate in the making thereof."

之製作人之該廣播事業人：

1. 廣播其著作之權利及將被廣播之該著作有線播送，以及使用受信裝置公開傳達之權利。

2. 複製其著作或以其複製物由廣播事業人予以頒布之權利。（第29條第2項）

（三）專門的有線廣播事業人，以有線廣播目的之技術手段製作視聽著作（有第15條規定之適用者除外）者，下列所規定之權利，歸屬於作為視聽著作之製作人之該有線廣播事業人：

1. 有線廣播其著作之權利，及將被有線廣播之著作使用受信裝置公開傳達之權利。

2. 複製其著作或以其複製物由有線播送事業人頒布之權利。（第29條第3項）。

上述之「視聽著作之著作人」，即「在視聽著作之製作上，擔任開創及負責任之人[91]（第2條第1項第10款）」。視聽著作之最原始之著作權，非屬於視聽著作之「著作人」，而係視聽著作之「製作人」，而視聽著作之製作人，必須擔任「開創」（發意、企畫）及「負責任」。而其擁有第一次之著作權（原始取得），係一種著作權由著作人原始取得之例外。亦即在視聽著作之著作權歸屬於視聽著作之製作人，係屬「法定歸屬」[92]。

三、錄音物

日本於昭和45年（1970年）著作權法制定之初，雖未加入1961年在羅

---

[91] 日文原文為：「映画製作者 映画の著作物の製作に発意と責任を有する者をいう。」英譯文為："makers of cinematographic works" means those who take the initiative in, and the responsibility for, the making of a cinematographic work.

[92] 有關視聽著作與原著作之著作人之詳細權利義務關係，因經濟部智慧財產局另有委託專案，此處不再詳述。

馬締結的「表演人、錄音物製作人及廣播機構問題之羅馬公約」。然而在著作權法制，則參考該公約，導入著作鄰接權制度 。有關表演人、錄音物製作人及廣播企業的保護方面，係用鄰接權制度，而不以著作權加以保護。

依日本著作權法第 89 條第 2 項規定：「錄音物之製作人，享有第 96 條、第 96 條之 2、第 97 條之 2 第 1 項及第 97 條之 3 第 1 項規定之權利，及受領第 97 條第 1 項規定之第二次使用費及第 97 條之 3 第 3 項規定之報酬之權利。」依此規定，錄音物製作人享有之權利，如下：

（一）第 96 條之複製權。

（二）第 96 條之 2 之送信可能化權。

（三）第 97 條之 2 第 1 項之讓渡權。

（四）第 97 條之 3 第 1 項之出借權。

（五）第 97 條第 1 項規定之第二次使用費請求權。

（六）第 97 條之 3 第 3 項規定之報酬請求權。

以上權利，均由錄音物之製作人享有。而所謂錄音物之製作人，即在錄音物上之音最初固定之人（著作權法第 2 條第 1 項第 6 款）。而所謂「錄音物製作人」，係在主體上，為錄音行為之人，不問為自然人或法人[93]。

再者，錄音物製作人係將錄音物以自己計算及責任而錄音之人。例如公司之職員實施錄音者，其職員係為公司職務而實施，則以公司為錄音物製作人[94]。再者，此之將音固定，係指錄音物最初之固定，無論係自然音、人之聲音或動物之聲音均可。然而，如果係後來之商用壓片及複製，而非最初之音的固定，不能成為錄音物之製作人[95]。

---

[93] 參見半田正夫・松田正行，著作權法コンメンタール，第一冊，勁草書房，頁 96。

[94] 參見加戶守行，著作權法逐条講義，頁 28，著作權情報センター，平成 15 年四訂新版。

[95] 同半田正夫・松田正行，著作權法コンメンタール，第一冊，勁草書房，頁 96。

第三項　法人著作（一般職務著作）之規定

一、法律之規定

　　日本著作權法第 15 條第 1 項規定：「基於法人或其他使用人（以下各條稱「法人等」）之倡議（發意），而由從事該法人等之業務之人，在職務上作成之著作（電腦程式著作除外），如以法人等之名義公開發表，除作成時之契約、勤務規則或其他別有規定外，其著作人為法人等。」第 2 項規定：「基於法人等之倡議，而由從事該法人等之業務之人，在職務上作成之電腦程式著作，除作成時之契約、勤務規則或其他別有規定外，其著作人為法人等[96]。」

　　著作權法第 15 條第 1 項，係昭和 45 年（1970 年）所訂，而第 2 項係昭和 60 年（1985 年）為因應電腦程式不以公開發表之必要之社會實態所作的修正[97]。

---

[96] 第 15 條原文為：「法人その他使用者（以下この条において「法人等」という。）の発意に基づきその法人等の業務に従事する者．が職務上作成する著作物（プログラムの著作物を除く）で，その法人等が自己の著作の名義の下に公表するものの著作者は、その作成の時における契約，勤務規則その他に別段の定めがない限り，その法人等とする（第 1 項）。」「法人等の発意に基づきその法人等の業務に従事する者が職務上作成するプログラムの著作物の著作者は，その作成の時における契約，勤務規則その他に別段の定めがない限り，その法人等とする（第 2 項）。」第 15 條之英文譯文為：「(1) Article 15. -(1) The authorship of a work (except a program work) which, on the initiative of a legal person or other employer (hereinafter in this Article referred to as "legal person, etc."), is made by his employee in the course of his duties and is made public under the name of such legal person, etc. as the author shall be attributed to that legal person, etc., unless otherwise stipulated in a contract, work regulation or the like in force at the time of the making of the work.」「(2) The authorship of a program work which, on the initiative of a legal person, etc. is made by his employee in the course of his duties, shall be attributed to that legal person, etc.. unless otherwise stipulated in a contract work regulation or the like in force at the time of the making of the work.」

[97] 參見半田正夫・松田正行，著作權法コンメンタール，第一冊，勁草書房，頁 682-683。

二、法人著作（一般職務著作）之要件

日本著作權法第 15 條規定，其要件如下 [98]：（一）基於法人或其他使用人之倡議（發意）；（二）從事法人業務之人在職務上作成；（三）以法人等名義公開發表 [99]；（四）契約、勤務規則或其他別無規定。茲於以下分述如下：

（一）基於法人或其他使用人之倡議（發意）

1. 法人

日本之法人，固有如公司、基金會、私立學校等社團或財團，而有法人人格者。然而依日本著作權法第 2 條第 6 項規定：「本法稱『法人』者，包含無法人人格之社團或財團，而有規定代表人或管理人者。」在日本著作權法第 15 條之「法人」，包含無人格之社團或財團，而有規定代表人或管理人者。

所謂「無人格之社團」，其要件爲：「不以成立法人社團爲目的，具有作爲團體之組織，以實施多數決之原則，不管構成員之變動，團體依然存續，於其組織具備代表之方法、總會之營運、財產之管理等作爲團體之主要點」[100]。所謂「無法人格之財團」，其要件爲：「有從個人財產獨立分離之基本財產，且有營運目的之組織，而無法人格者」[101]。

上述社團應訂定「代表之方法」，而財團亦應有「營運之組織」，故均有代表人或管理人。上述「無法人人格之社團或財團」，例如「著作權法令研究會」之成員，基於著作權法令研究會之企劃，在職務上完成之「著作權

---

[98] 參見三山裕三，著作權法詳說，[第 8 版]，頁 185 以下，レクシスネクシス，ジャパン株式会社，平成 22 年（2010 年）2 月第 8 版第 1 刷。
[99] 電腦程式著作之法人著作，無須此一要件。
[100] 參見日本最高法院昭和 39 年 10 月 15 日判決，民集 18 卷 8 號 1671 頁。
[101] 參見日本最高法院昭和 44 年 11 月 4 日判決，民集 23 卷 11 號 1951 頁。

法解說」書，以著作權法令研究會爲著作人 [102]。

2. 其他使用人 [103]

「其他使用人」，在法律規定上，不限於團體，個人的使用主，亦包含在內 [104]。

又「法人或其他使用人」，此所以提及「使用人」，是否限於雇用人？有無包含定作人或委任人？亦即使用人之相對的「被使用人」，是否即屬「受雇人」？抑或包含委任或承攬之受任人或承攬人在內？

關於此點，學者一般認爲第 15 條之關係，僱傭關係固然是典型。然而不以僱傭關係爲限，實務見解亦然 [105]。如果與通常的從業人員一樣，在法人或其他使用人之指揮監督下，從事該著作之創作之人，均應解爲業務從事者。易言之，第 15 條之業務從事之人，不以受雇人爲限，尚包含委任或承攬關係之受任人及承攬人在內 [106]，然而應重視其實質的指揮監督關係 [107]，詳如後述要件。

3. 法人或其他使用人之倡議（發意）

---

[102] 參見加戶守行，前揭書，頁 71。

[103] 此「使用人」一語，係日本著作權法第 15 條原文之用語。依日本著作權情報センター有關日本著作權法之英譯用語為 "employer"，然而使用人不限於僱傭關係之雇用人，故此處保持原文用「使用人」。

[104] 參見半田正夫，著作權法概說，頁 64，法學書院，2007 年 6 月 25 日第 13 版；田村善之，著作權法概說，頁 379，有斐閣，2003 午 2 月 10 日第 2 版。

[105] 東京地方法院昭和 54 年 3 月 30 日判決，昭和 47 年（ワ）第 3400 号：「委託他人依其企畫指示製作地圖，並由委託人提供多數調查資料，並約定應以委託人之著作名義公開發表，則該地圖應以委託人為著作人，而受託人只是基於委託人指示，單純從事作為製圖家之製圖作業而已，其參與地圖的作成工作及努力，不能認為是著作權法上的思想或感情的創作的表現行為，因此，並非著作行為，不能享有著作權及作人格權。」

[106] 參見半田正夫・松田正行，著作權法コンメンタール，第一冊，勁草書房，頁 676。

[107] 參見田村善之，前揭書，頁 381。

　　所謂法人之「發意」[108]，須使用者有一定的意圖構想作成某一著作，而命被使用人爲具體之製作。如果非基於使用人之倡議，而係基於被使用人任意在職務上完成之著作，在法律上是否即否定著作權法第 15 條職務著作之適用？通說認爲，不宜嚴格對此作如此之解釋。如果被使用人在職務上完成之著作，使用人事後同意，或不違反使用人之意圖，均應解爲符合此要件[109]。

　　再者，此所謂法人「發意」，不以法人自體發意爲必要，即使如果非係由法人之意思決定機關（如股東會、會員代表大會）、執行機關（如董事會、董事長）之發意，而係由對被使用人有指揮監督關係權限之上司發意，甚至同級之同事之發意，亦應解爲此之發意[110]。再者，由職員甲提案，由法人代表人乙接受，乙命甲在職務上完成，此亦應解爲法人之發意[111]。易言之，法人等之「發意」，無須由使用者具體之命令，在僱傭關係下，即使是使用人間接之意圖下之創作，均包含在內[112]。然而，此係指在僱傭關係之情形下所爲，如果非屬在僱傭關係下完成，而係在委任、承攬或其他無名契約下完成，則此之「發意」，應作嚴格之解釋，即法人等對該著作之創作，須有明確具體之主導性，須有明確之意思之表示方可[113]。

---

[108] 日本學者多謂此之「發意」，乃 initiative 之意。參見三山裕三，前揭書，頁 185。再者，在日本著作權情報センター一有關日本著作權法之條文英譯，翻成 initiative，中文爲首先倡議，暫譯爲「倡議」。依黃銘傑教授譯爲「企劃」。參見黃銘傑，日本著作權法令曁判決之研究，頁 45，經濟部智慧財產局，98 年 12 月 15 日。

[109] 日本知財高判平成 18 年 12 月 26 日謂：「法人等企劃、構想作成著作，而命從事業務之人具體地作成，或從事業務之人得法人等之承諾而作成著作者，爲法人等之發意，此並無異論。進步言之，從事業務之人與法人等有僱傭關係，依從法人等之業務計劃，由從事業務之人遂行所定職務，而無法人等之具體指示與承諾，從事業務之人在職務上遂行上，該著作之作成上爲被預定或預期，亦解爲滿足法人等之發意之要件。」（人工衛星プログラム事件、判時 2019 号，頁 92）

[110] 參見半田正夫，著作權法概說，頁 65。

[111] 參見名古屋地方法院平成 7 年 3 月 10 日判決，判例時報，1554 号，136 頁。

[112] 參見中山信弘，著作權法，頁 175，有斐閣，2007 年 10 月；斉藤博，著作權法，頁 125，有斐閣，2007 年 4 月第 3 版。

[113] 參見半田正夫・松田正行，著作權法コンメンタール，第一冊，勁草書房，頁 676。

　　再者，此之「發意」，是否限於單純之創作動機之企劃？有無必須包含作品之完成之指揮監督（控制）之過程？學者多採肯定見解[114]。

（二）從事法人或其他使用人業務之人在職務上作成

1. 從事法人等業務之人

　　此之「從事法人等業務之人」，是否限於僱傭關係，抑或委任、承攬關係等，亦包含在內？一般解釋上，不以僱傭契約為限，應包含委任、承攬契約關係。然而不以僱傭契約之受雇人，而係以其他關係之被使用人，而欲完成第 15 條之要件，須使用人與被使用人間，有實質的指揮監督關係，已如前述。

　　日本最高法院平成 15 年 4 月 11 日判決[115]謂：

　　「日本著作權法第 15 條第 1 項規定，鑑於在公司內從事業務者乃是於指揮監督關係下而遂行其職務，並基於法人等之意思而完成著作物，此時以法人之名義公開係屬常態，因而於同條項才會有同項著作物著作人為法人之規範意旨。依據該項之規定，法人等為著作者之要件，須具備完成著作物之人為「從事法人等之業務者」之要件。雖然，與法人間具有僱傭關係者，即有前述條文之適用係屬明確，然而，若彼此間對於是否有僱傭關係之存在時發生爭執，則對於前述條文中所稱之『從事法人等之業務者』之要件是否該當，若從實質觀點檢視法人等與著作物完成人間之關係時，若其是在法人之指揮監督下提供勞務時，對於法人所提供之金錢是否與其所提供之勞務得評價為具有對價關係，則必須就業務形式、指揮監督之有無、對價之數額與支付方式等相關具體事項為綜合性之考量、判斷，始為妥適。

　　而就本案所涉及之事實觀察，被上訴人於第一次來日本之後，就一直住

---

[114] 參見佐野文一郎，新著作權法セミナー{第 3 回}，頁 98-99，ジュリスト，1971 年 1 月 15 日；半田正夫・松田正行，著作權法コンメンタール，第一冊，頁 675。

[115] 平成 13 年（受）第 216 号 RGB アドベンチャー事件，判決文刊登於「判例時報」第 1822 号，頁 133 以下，有斐閣，2003 年。

在乙公司（上訴人）職員之家中，並且於乙公司（上訴人）之辦公室作業，而且每個月還從上訴人受領基本月薪及薪水明細表，且被上訴人也是因為使用上訴人所企劃之動畫作品而完成本案相關之圖畫。本案之事實乃是被上訴人是在上訴人之指揮監督下提供勞務，其所受有之金錢給付乃是其對價。不過，前審法院卻是僅依被上訴人居留身分為何、是否有雇用契約書之存在、勞工保險費、所得稅等扣除之有無等形式之理由為主要之論述基礎，而未考量前開所提及之具體事項，再者，有關被上訴人至上訴人辦公室作業部分，在未確定上訴人對於被上訴人之作業內容、方法等是否具有指揮監督之關係前，即直接否定二者於被上訴人第三次來日本之前並未具有僱傭關係。前審判決係為誤解著作權法第 15 條第 1 項所稱『從事法人等之業務者』要件之違法判決，上訴人主張之理由係為可採[116]。」

　　上述日本最高法院判決，係從實質觀點檢視法人等與著作物完成人間之關係，而非嚴格的僱傭契約關係。有關從實質觀點檢視法人等與著作完成人間之關係，如果非屬於僱傭契約，而係委任、承攬等契約關係，學者認為，應檢視下列情形：當事人間契約關係多長、報酬的支付方法、有無福利制度、對該創作活動的指揮監督程度、資金與風險的負擔、對於該法人等業務該創作活動之組織性及通常業務性之程度、創作從事者之獨立性之程度、當事人之認識與社會評價之歸屬主體等多方面考察，以檢驗業務從事者要件的充足性。同時，此種非僱傭契約型的實質關係，在檢驗法人等發意的要件的充足性，其標準亦應比僱傭（從業員）類型的充足性，來得高一些[117]。

　　有關僱傭關係要素之檢驗，大阪地方法院平成 3 年 11 月 27 日有關「研究計畫之著作物的權利歸屬事件[118]」，很值得參考：

　　本件事實：

　　乙山大學於昭和 57 年 10 月，在商學部勞動問題研究所內設置產業科學

---

[116] 參見黃銘傑，前揭書，頁 315-316。
[117] 參見半田正夫・松田正行，著作權法コンメンタール，第一冊，勁草書房，頁 677。
[118] 昭和 62 年（ワ）第 3014、8507 號。

研究室，原告就任該研究室室長。該研究室分產業組與科學組，在該產業組以原告為中心，有講師一人之外，由研究生、學生、畢業生、實務家、企業技術人員等組成計劃小組，自設立以來一直進行無體財產法有關判例資料庫之製作作業。本件判例資料庫中之判例資料目錄、判決抄錄及判例評論（註解）係由該作業作成者，聞於判例資料目錄，大致在昭和 59 年 11 月該研究室完成，判決抄錄及判例評論（註解）之原稿亦完成相當數量。

　　法院判決 [119]：

　　「原告就本件判例資料庫之制作及各個資料 (判決抄錄、要旨、判例評論 [註解]) 之著作，雖經該計畫小組成員之協助，惟大多係在原告之指揮監督下輔助原告之製作、著作行為者，即使有超越輔助之創作性行為，在該行為當時已默示地轉讓其著作權與原告。

　　上述研究室雖屬乙山大學之研究室，除由乙山大學支給原告之個人研究費及以法學部研究費購買之通常備用品及文書處理機一臺、個人電腦一臺、影印機一臺之外，該研究室營運之特別費用乙山大學並未出資設置研究室之場所，當初亦由原告在校外向熟人無償借用，之後，以原告自行購置之公寓充當研究室，擔任輸入作業對工讀生之工資，亦由原告向株式會社雄松堂書店借款負擔，昭和六十年十二月以後，器材（佳能 NP 印表機、IBM-.5550、全錄 TALK-560 及影印機各一臺）也以 ABC 名義租賃進行輸入作業。又，募集本件判例資料庫之利用人所製作散發之小冊子上明記『編集、著作甲野太郎』，在連線方式檢索印製之資料末尾明示原告個人姓名為著作人。

　　綜合考慮上列各事實，不得不認為本件判例資料庫之中附件著作物目錄記載之資料庫及同目錄記載之判決抄錄之著作權人，均為原告。」

2. 在職務上作成

　　被使用人須在職務上作成之著作，方可能屬於法人著作。因此，如果利用閒暇作成與職務無關之著作，當然非屬法人著作（職務著作）。然而，如

---

[119] 參見陳清秀，前揭書，頁 518-557。

果係屬職務範圍，縱在自宅作成，或在勤務以外時間作成，亦屬於法人著作（職務著作）[120]。同理，如果係在勤務時間內，且在勤務場所上作成的非屬於職務上應完成之著作，亦非屬於第 15 條之職務著作[121]。

　　此職務上作成，應從實質觀點檢視法人等與著作物完成人間之關係，已如前述[122]。此外，東京地方法院平成 16 年 11 月 12 日判決亦謂：所謂「職務上作成之著作」應對下列因素作綜合的觀察判斷：法人等業務之內容；作成著作之人從事業務之種類及內容；對著作作成行為之時間及場所；於著作之作成法人等指揮監督之有無，如果有，其內容；著作之種類內容、著作公開發表之態樣等[123]。

（三）以法人等名義公開發表

　　在一般職務著作，須以法人等為著作名義公開發表。所謂「以法人等名義公開發表」，在已公開發表之著作，固無待論。在未公開發表之著作，未來預計以法人名義公開發表，亦即「假設公開發表的話，以法人之名義被公開發表」，亦包含在內[124]。然而電腦程式著作則屬例外，不以法人等著作名義公開發表為必要（日本著作權法第 15 條第 2 項）。蓋因電腦程式著作一般多不以何人之著作名義發表，故只要符合「基於法人等之倡議，而由從事該法人等之業務之人，在職務上作成」，除作成時之契約、勤務規則或其他別有規定外，其著作人即為法人等。此規定，係在昭和 60 年（1985）所增訂。蓋在電腦程式著作多未掛名，即非以法人名義出版，如果因此認為此非法人著作，而係自然人之電腦程式之設計者之著作，則開發者所花龐大開發費用，權利勢必落空。

---

[120] 參見半田正夫，著作權法概說，法學書院，頁 65。
[121] 參見齊藤博，著作權法，頁 128，有斐閣，2007 年 4 月第 3 版。
[122] 另參見東京地方法院平成 16 年 11 月 12 日判決，所謂「職務上作成之著作」應對下列因素作綜合的觀察判斷：…法人等業務之內容。
[123] 該判決未登載，見中山信弘，前揭書，頁 180，註 60 部分。
[124] 參見東京地方法院昭和 60 年 2 月 3 日判決（新潟鉄工事件、判例時報 1146 号 23 頁）。

在著名的「新潟鐵工」員工洩密瀆職案件，東京地方法院昭和 60 年 2 月 13 日判決謂 [125]：

「『以法人之著作名義公開發表之著作物』則有文化廳著作權審議會第六小委員會 (電腦軟體關係) 所解釋之『實際上在社會上以法人名義公開發表者以外，若公開發表，則可能以法人名義公開發表性格者亦包含之』(該委員會昭和五九年一月中間報告書三十九頁) 為妥當。本件資料當時係新潟鐵工之機密事項，故事實上並無公開發表之預定，惟將來機密被解除而公開發表，則當然具有以新潟鐵工之名義公開發表之性格者。」

「公司為開發新電腦系統，曾對所屬技術開發部門命令研究開發，研究人員於上班時間，使用公司預算，依從公司職務上指揮命令，有組織的協同辦理研究開發作業，研究開發過程之相關資料，由公司保管並列入機密文件，只供公司業務使用，禁止公開發表，由其資料之製作經過及性質，可解釋為其資料之著作人為公司而非參與開發之研究人員。」

在東京地方法院判決後，經被告上訴，東京高等法院維持原判，駁回上訴。判決理由針對未增訂著作權法第 15 條第 2 項規定前，適用法人著作，仍認為著作屬於公司所有。該判決 [126] 謂：

「原審証人中山信弘確於原審公判庭中陳述，著作權法第十五條通常被理解為例外規定，而應予嚴格解釋。同時該條中之『其法人等在自己著作之名義下公開者』，包含法人名義而預定公開者，惟對外秘密處理而預定不公開者則不包含等，惟如此解釋，則企業多年投入眾多人材與巨額開發費，以其企業活動之一環而開發之文件資料，即電腦關係程式或作業文書（working paper），在企業裡為企業防禦而列為機密，則從事於上述開發作業之從業員卻獲得著作權，而具有認定其公開內容之權利，如此則招來根本上違背防衛

---

[125] 昭和 58 年 (わ) 第 506 號。參見陳清秀，日本著作權法令暨判決之研究 —— 判決（1），頁 561、573。

[126] 東京高等法院昭和 60 年 12 月 4 日判決，昭和六○年 (う) 第五六二號。參見陳清秀，前揭書，頁 580 以下。

企業祕密之不合理，且達反常識性結論，如原判決所指摘者。」

有關「以法人之著作名義公開發表」或「預計以法人名義公開發表」，其名義人之確定，應以何時為準？以創作時為準，抑或以公開發表時為準？學者多主張以「創作時」為準。例如報社所屬的攝影師，在為報社拍了數張同主題的照片，其中報社僅選用一張登載，其他未登載，此未登載者，並未以法人名義公開發表，其著作權屬於報社，抑或屬於攝影師所有？亦即攝影師是否得以自己的名義出版攝影專輯？學者多數認為應屬於報社所有。未發表之照片，原來在創作時，即預計以報社名義公開發表，亦應屬於第 15 條之職務著作[127]。

又所謂「以法人名義公開發表」，如果係在業務分擔關係上掛名，例如報社記者，以「本報特派員○○○」名義發表，或公司經理以「○○公司經理○○○」名義發表，應認為係以公司名義發表，抑或以個人名義發表？一般認為此時應認為以公司名義發表，著作權應屬於公司所有。但是如果明顯表示執筆者為何人，不以公司職銜掛名，則應認為非屬法人著作[128]。

（四）契約、勤務規則或其他別無規定

如果就業規則、勞動契約或其他別有約定，則依約定。亦而如果符合：（一）基於法人或其他使用人之倡議（發意）；（二）從事法人業務之人在職務上作成；（三）以法人等名義公開發表等三要件，而使用人與被使用人約定，著作人為被使用人，自無不可。再者，如果未符合上述三要件，而使用人與被使用人間，約定以法人為著作人，此種情形，依日本著作權法第 59 條規定：「著作人格權專屬於著作人本身，不得轉讓。」其約定為無效[129]。

---

[127] 參見斉藤博，前揭書，頁 128；田村善之，前揭書，頁 382 至 383；加戶守行，前揭書，頁 146。但有異說，見文化庁，「コンピュータ．プログラムに係る著作權問題に関する調査研究協力者会議報告書」，民商 107 卷 4=5 号，頁 622 (1993 年)。

[128] 參見半田正夫・紋谷暢男，著作權のノウハウ，頁 70，有斐閣，昭和 60 年 8 月 30 日改訂版；田村善之，前揭書，頁 385。

[129] 文化庁，「コンピュータ．プログラムに係る著作權問題に関する調査研究協力者会議報告書」，頁 623，民商 107 卷 4=5 号，1993 年。田村善之，前揭書，頁 376。

三、法人著作（一般之職務著作）之效果

符合上述（一）基於法人或其他使用人之倡議（發意）；（二）從事法人業務之人在職務上作成；（三）以法人等名義公開發表；（四）契約、勤務規則或其他別無規定等四要件，則依著作權法第 15 條規定，以法人等為著作人。此時，依日本著作權法第 17 條第 1 項規定：「著作人享有第 18 條第 1 項、第 19 條第 1 項及第 20 條第 1 項所規定之權利（以下稱「著作人格權」），並享有第 21 條至第 28 條規定之權利（以下稱「著作權」）。」

因法人擁有著作財產權，則法人不僅有著作利用許諾之權利，尚有著作財產權之設質、轉讓及其他處分之權利。

另日本著作權法第 60 條規定：「著作物向公眾提供或提示之人，於著作人不存在後，不得侵害著作人如尚存在時之著作人格權。但依其行為之性質及程度、社會的變動或其他情事，認為不違反該著作人之意思者，不在此限。」

第 62 條第 1 項規定：「有下列情形之一者，其著作權消滅：（一）著作權人死亡，其著作權依民法（明治 29 年法律第 89 號）第 959 條（繼承財產之歸屬國庫）之規定應歸屬於國庫者。（二）著作權人為法人經解散，其著作權依關於一般社團法人及一般財團法人之法律（平成 18 年法律 48 號）第 239 條第 3 項（剩餘財產之歸屬國庫）或其他類似法律的規定，而歸屬於國庫者。」

第 116 條規定：「著作人或表演人死亡後，其遺族（死亡之著作人或表演家之配偶、子女、父母、孫、祖父母或兄弟姐妹，以下同）得就對該著作人或表演人為違反第 60 條或第 101 條之 3 規定之人，或有違反之虞之人，得依第 112 條請求救濟；對於以故意或過失侵害著作人格權或表演人之人格權之人或違反第 60 條或第 101 條之 3 規定之人，並得依前條請求救濟。」

第 120 條規定：「違反第 60 條或第 101 條之 3 規定者，處 500 萬以下罰金。」

依日本著作權法規定，法人成立法人著作後，擁有著作人格權，然而在法人解散清算後，著作財產權及著作人格權均消滅[130]。有關著作人格權消滅後，原著作人之著作人格之利益，得以永遠的文化遺產加以保護[131]。有關法人之著作人格權，無法依第116條請求救濟，僅能依第120條請求刑事救濟，而此規定為非告訴乃論罪（第123條）。

第四節　小結

日本著作權法於明治32年制定時，原受「作者權傳統」（author's right tradition）的影響。然而在昭和45年（1970年）著作權法，有關著作人格權的制定和重視，並建立著作鄰接權制度，均與大陸法系國家作者權傳統接軌。然而有關法人著作部分，則較接近英美法系的「版權傳統」（copyright tradition）的法制。

日本著作權法與我國甚為相像，我國於民國81年著作權法全面修正，極多規定係仿自日本著作權法。有關職務著作在民國81年著作權法修正草案時，原本係仿日本立法例。然而於二讀時，有關法人得否為著作人，發生爭議，乃加以修改。

日本著作權法於職務著作部分，有下列啟示之處：

一、我國著作權法第11條規定：「受雇人於職務上完成之著作，以該受雇人為著作人。但契約約定以雇用人為著作人者，從其約定（第1項）。」「依前項規定，以受雇人為著作人者，其著作財產權歸雇用人享有。但契約約定其著作財產權歸受雇人享有者，從其約定（第2項）。」「前二項所稱受雇人，包括公務員（第3項）。」第12條規定：「出資聘請他人完成之著作，除前條情形外，以該受聘人為著作人。但契約約定

---

[130] 參見半田正夫，著作權法概說，法學書院，頁67。
[131] 參見加戶守行，前揭書，頁358。

以出資人爲 著作人者，從其約定（第 1 項）。」「依前項規定，以受聘人爲著作人者，其著作財產權依契約約定歸受聘人或出資人享有。未約定著作財產權之歸屬者，其著作財產權歸受聘人享有（第 2 項）。」「依前項規定著作財產權歸受聘人享有者，出資人得利用該著作（第 3 項）。」

　　我國著作權法第 11 條係有關受雇之規定，第 12 條係有關受雇以外之出資的規定。此二規定，透過約定，法人均得爲著作人。然而，我國著作權法第 11 條或第 12 條，均原則上以實際創作人爲著作人，即使係職務著作，須約定以法人或其他出資者爲著作人，方得以法人或其他出資者爲著作人。依我國著作權法第 21 條規定：「著作人格權專屬於著作人本身，不得讓與或繼承。」著作人係因著作行爲而確認其爲著作人，而非因約定而成爲著作人。蓋著作人之著作人格權不能讓與或繼承。我國著作權法之法人爲著作人，竟然非因一定的職務著作之要件而當然將法人視爲著作人，而係透過約定，此在理論上，與著作權法第 21 條，有所矛盾。

　　日本學者已明白指出，未符合日本著作權法第 15 條之職務著作之規定，不能以約定而使使用人成爲著作人。我國之原則上以自然人爲著作人，須透過約定，方使法人或出資人成爲著作人，與各國的法人著作的理論有違。

二、依日本著作權法第 15 條成立的法人著作，法人擁有著作人格權及著作財產權。法人之著作人格權於解散清算後消滅，成爲永久的文化遺產，受到日本著作權法第 120 條罰則規定的保護。我國著作權法與日本著作權法規定類似，如果法人解散清算，其著作人格權消滅，但依著作權法第 18 條，仍以國家公益規定加以保護[132]。在自然人死亡而著作人格權消滅時，自然人之遺族尚得依著作權法第 86 條規定，尋求民事救濟。然而

---

[132] 參見蕭雄淋，著作權法論，頁 126-128，五南圖書公司，2015 年 2 月 8 版。

法人消滅後，無從依民法第 86 條規定尋求民事救濟，僅能依刑法規定加以保護。

　　我國於民國 81 年著作權法修正時，曾於 95 條規定：「有左列情形之一者，處 1 年以下有期徒刑，得併科新台幣 5 萬元以下罰金：一、違反第 18 條規定者。」此一規定，於民國 92 年 7 月 9 日修正著作權法時，予以刪除，其刪除之理由爲：「按違反現行條文第 18 條而侵害著作人格權之行爲，因其著作人業已死亡，對其著作人格權之保護，無須與著作人仍生存之救濟等量齊觀，以民事救濟應即已足，而無須科以刑事處罰，爰刪除之 [133]。」

　　此一理論，略嫌不足，一方面民國 81 年著作權法有關違反第 18 條規定與侵害一般著作人格權之刑事責任，即有差異。蓋侵害一般著作人格權，依第 93 條第 1 款規定，處 2 年以下有期徒刑，得併科新台幣 10 萬元以下罰金，而違反 18 條規定，侵害著作人死亡或消滅後著作人人格之利益，則依第 95 條第 1 款規定，處 1 年以下有期徒刑，得併科新台幣 5 萬元以下罰金，二者刑度不同。再者，著作權法第 86 條有關侵害著作人死亡或消滅後著作人人格之利益之民事救濟之規定，於法人不適用。於今法人於消滅後，如有第三者擅自改變其著作人姓名，或更改其內容，法律均無法得到任何救濟，有害於文化遺產的保護，立法實應檢討。至少應恢復民國 81 年著作權法原第 95 條第 1 款之規定。

三、日本於 1899 年著作權法第 6 條規定，無論學說及實務，均已承認其有法人著作之制度。再者，日本於 1970 年著作權法，實施著作鄰接權制度，有關錄音物以製作人爲權利人。而製作人又多係法人。我國於民國 81 年著作權法，既將錄音以著作權加以保護，尚在爭論法人是否得爲著作人，實在忽略作者權傳統（author's right tradition）之國家，所以得討論法人是否得爲著作人，係因將錄音例外討論。在台美著作權保護協定

---

[133] 參見經濟部智慧財產局編印，歷年著作權法規彙編專輯，頁 431，94 年 9 月。

效力仍然存在，且錄音以著作權保護之情形下，我國著作權立法，承認法人著作，仍屬必然。

四、依日本著作權法第 89 條第 2 項規定：「錄音物之製作人，享有第 96 條、第 96 條之 2、第 97 條之 2 第 1 項及第 97 條之 3 第 1 項規定之權利，及受領第 97 條第 1 項規定之第二次使用費及第 97 條之 3 第 3 項規定之報酬之權利。」此錄音物之製作人，多係在勤務上的企業主。又依日本著作權法第 29 條規定，對視聽著作之著作財產權，特別規定屬於「製作人」，而非屬於視聽著作之「著作人」，查視聽著作與錄音物在世界各國立法，大抵有特別規定，日本法即如此。此在我國立法，均付闕如，亦應予檢討。

第五章 中國大陸著作權法上之職務著作

第一節　中國大陸著作權法的大略沿革

　　我國在前清宣統 2 年（1910 年）就已經頒布一部「著作權律」。民國建立，該「著作權律」仍然沿用。民國 4 年，北洋政府頒布了一部著作權法。民國 17 年，國民政府又頒布著作權法。民國 17 年國民政府頒布的著作權法，民國 33 年、38 年都有修正。

　　民國 38 年（1949 年），國民政府於大陸撤退後，中國大陸當局不承認過去國民政府時代頒布的著作權法。但自 1949 年（民國 38 年）迄 1989 年（民國 78 年），中國大陸未頒布任何完整的著作權法。在這一段時期內，有關著作權法事項，大抵依一些「決議」、「命令」、「試行規定」、「試行條例」來解決。直到 1990 年 9 月 7 日中國大陸全國人代常委會第十五次會議才通過第一部「著作權法」，於 1991 年 6 月 1 日施行。另大陸國務院於 1991 年 6 月 1 日公布「著作權法實施條例」，於同日施行。此外，1991 年 6 月 4 日大陸國務院也公布「計算機軟體保護條例」。

　　另中國大陸於 2001 年 10 月 27 日第九屆全國人民代表大會常務委員會第 24 次會議通過「全國人民代表大會常務委員會關於修改《著作權法》的決定」，即著作權法作部分修正。此外，中國大陸國務院總理朱鎔基於 2002 年 8 月 2 日簽署中國大陸國務院令第 359 號，公布《著作權法實施條例》，自 2002 年 9 月 15 日起施行。原由國家版權局 1991 年 5 月 30 日發布的《著作權法實施條例》同時作廢。

第二節　中國大陸與職務著作有關的規定

第一項　概說

著作權除有特別規定外，歸屬於作者（著作權法第 11 條第 1 款），而著作權的歸屬，與職務著作有關者如下：

一、法人著作

大陸著作權法第 11 條第 3 款規定：「由法人或者非法人單位主持，代表法人或者其他組織意志創作，並由法人或者非法人單位承擔責任的作品，法人或者其他組織視為作者。」大陸著作權法，法人或非法人單位也可以視為作者，擁有著作權。

二、委託著作

大陸著作權法第 17 條規定：「受委託創作的作品，著作權的歸屬由委託人和受託人通過合同約定。合同未作明確約定或者沒有訂立合同的，著作權屬於受託人。」委託著作的著作權，不當然歸屬作者，其著作權歸屬，主要應依合同規定。

三、狹義職務著作

大陸著作權法狹義職務著作的著作權歸屬，分成下列兩種：

（一）一般歸屬：公民為完成法人或者其他組織工作任務所創作的作品是職務作品，除著作權法第 16 條第 2 款的規定以外，著作權由作者享有，但法人或者其他組織有權在其業務範圍內優先使用。作品完成兩年內，未經單位同意，作者不得許可第三人以與單位使用的相同方式

使用該作品（著作權法第 16 條第 1 款）。

（二）特殊歸屬：有下列情形之一的職務作品，作者享有署名權，著作權的其他權利由法人或者其他組織享有，法人或者其他組織可以給予作者獎勵（著作權法第 16 條第 2 款）：

1. 主要是利用法人或者非法人單位的物質技術條件創作，並由法人或者其他組織承擔責任的工程設計、產品設計圖紙及其說明、計算機軟件、地圖等職務作品。

2. 法律、行政法規規定或者合同約定著作權由法人或者其他組織享有的職務作品、設備或者資料。

四、視聽著作

　　大陸著作權法第 15 條第 1 款規定：「電影作品和以類似攝製電影的方法創作的作品的著作權由製片者享有，但編劇、導演、攝影、作詞、作曲等作者享有署名權，並有權按照與製片者簽訂的合同獲得報酬。」第 2 項規定：「電影作品和以類似攝製電影的方法創作的作品中的劇本、音樂等可以單獨使用的作品的作者有權單獨行使其著作權。」

　　除此之外，大陸著作權法第 41 條第 1 款規定：「錄音錄像製作人製作錄音錄像製品，享有許可他人複製、發行、出租、通過信息網路向公眾傳播並獲得報酬的權利；權利的保護期為 50 年，截止於該製品首次製作完成後第 50 年的 12 月 31 日。」錄音錄像製品之權利，屬於製作人，此製作人常常係基於職務集體完成，依我國著作權法，亦與職務著作有關。茲一一加以介紹 [134]。

---

[134] 由於視聽著作之研究，經濟部智慧財產局另有專案委託，本研究在此不另深入介紹。

第二項　法人著作

一、著作權法上作者的類型

　　大陸著作權法第 2 條第 1 款規定：「中國公民、法人或者其他組織的作品，不論是否發表，依照本法享有著作權。」第 2 款規定：「外國人、無國籍人的作品根據其作者所屬國或者經常居住地國同中國簽訂的協議或者共同參加的國際條約享有的著作權，受本法保護。」第 11 條第 1 項規定：「著作權屬於作者，本法另有規定的除外。」第 2 項規定：「創作作品的公民是作者。」第 3 款規定：「由法人或者其他組織主持，代表法人或者其他組織意志創作，並由法人或者其他組織承擔責任的作品，法人或者其他組織視為作者。」可見大陸著作權法承認公民、法人、其他組織都可以成為作者。分述如下：

（一）公民：即創作著作的自然人。此自然人，包含中國公民、外國人、無國籍之人。而創作是一種事實行為，與行為能力無關，幼稚園之兒童之繪畫，亦得享有著作權[135]。再者，此「創作」係指直接產生文學、藝術和科學作品的智力活動。為他人創作進行組織工作，提供咨詢意見、物質條件，或進行其他輔助工作，均不視為創作[136]。

（二）法人：法人即具有民事權利能力和民事行為能力，依法獨立享有民事權利和承擔民事義務的主體[137]。依大陸民法通則第 37 條規定，法人應當具備下列條件：

---

[135] 參見李雨峰、王遷、劉有東，著作權法，頁 87，廈門大學出版社，2006 年 8 月。另見大陸著作權法第 2 條。

[136] 參見大陸著作權法實施條例第 3 條。

[137] 參見大陸民法通則第 36 條。

1. 依法成立；

2. 有必要的財產或者經費；

3. 有自己的名稱、組織機構和場所；

4. 能夠獨立承擔民事責任。

（三）其他組織：即不具備法人條件，經核准登記的組織

有關「其他組織」一語，本來，在 1990 年制定的著作權法第 11 條原規定爲「非法人單位」。所謂「非法人單位」，大抵指大學的系、教研室、研究所的研究室、政府部門的處、室、科及臨時成立的編寫組或編委會等。由於它們既非自然人又非法人，而是處於自然人與法人間，爲將這些作品納入著作權的主體之中，著作權法特意創設了一個「非法人單位」術語[138]。其後舊「著作權法實施條例」第 9 條第 2 款，對此加以規定，「非法人單位」是指「不具備法人條件，經核准登記的社會團體、經濟組織或者組成法人的各個相對獨立的部門」。然而此一規定，概念仍不很清楚，尤其是許多非法人單位既沒有獨立的組織機構和辦公場所，又沒有獨立的財產和經費，因而不具備承擔民事義務的能力，不能成爲民事權利和義務的主體[139]。

由於實體法「非法人單位」的概念，僅出現於著作權法中，又由於修訂後的「民事訴訟法」已將「其他組織」增加爲自然和法人之外的新民事主體，故 2001 年修正著作權法時，乃將「非法人單位」改爲「其他組織」，具體指法人以外依法成立的組織，以與民事訴訟法規定一致[140]。

---

[138] 參見李明德・許超，著作權法，頁 136，法律出版社，2009 年 7 月。

[139] 鄭成思在「版權法」（中國人民大學出版社，1997 年 8 月 2 版）一書中說：「中國 1990 年著作權法中『非法人團體』版權人，在世界上是較少有的。在該法的實施條例中對『非法人團體』的『窮盡式解釋』，則是世界上更少有的。有多數場合，它的權利與義務，可以『上推』給法人；在少數場合，可以『下卸』給自然人。在確實遇到糾紛而法人或自然人『兩不沾邊』，從而需要求助於『非法人團體』靠攏時（例如當認為非法人的『編委會』確實應承擔責任時），卻發現實施條例倒把這些『兩不沾邊』的團體排除了。」見該書頁 26。

[140] 同註 138。

　　此「其他組織」，係指不具備法人條件但經核准登記的社團團體、經濟組織和依法成立的法人內部的不具備法人條件的各個相對獨立的部門。例如中國社會科學院各研究所的各研究室、大專院校的各科系、各學院，國務院各部委中的各司局及其各處室，若干研究會、學會、協會下設的秘書處及各專業委員會等均是。然而未經有關部門核准登記的社會團體、經濟組織、法人為完成某一具體事項而臨時組成的組織如課題組、編委會，法人設立的非實體的研究機構及組織例如沒有編制的研究中心之類，並非「其他組織」，亦非「法人」[141]。

二、法人著作 [142] 之爭論

　　在大陸學者，對是否訂定法人著作，頗有爭論。主要有三說 [143]：

（一）否定說

　　理由主要如下：

1. 作者是在直接創作的作品的基礎上產生的，這種創作能力是自然賦與人類的一種特性，只有自然人才具有這種智力創造能力。法人或其他組織作為一種組織體，其本身不具有思維能力，沒有自己的意志和情感，也不可能有自己的創作行為 [144]。

2. 從著作權的歷史發展來看，著作權源於法國大革命時代提出之天賦人權理論，特別是著作權中的人身權 [145]，而此人身權僅指自然人之權利。[146]

---

[141] 參見劉稚主編，著作權法實務與案例評析，頁 53，中國工商出版社，2003 年 8 月。

[142] 有學者稱此為「單位作品」，為使本研究用語一致起見，在此仍暫稱「法人著作」。

[143] 參見李雨峰、王遷、劉有東，前揭書，頁 89-90。

[144] 丁麗瑛，知識產權法，頁 51，廈門大學出版社，2002 年；張曉秦‧楊帆，著作權法概論，頁 56，蘇州大學出版社，2007 年 9 月。

[145] 此相當於我國著作權法之「著作人格權」。

[146] 參見李明德‧許超，前揭書，頁 135-136。

3. 一般國家之著作權法，著作權保護期間以自然人終身爲計算基礎，而如果法人比照訂定保護期，則如果法人經營良好，可能存續甚久，此不僅對社會不公平，對其他保護期，亦不公平[147]。

4. 國家作家、作曲家聯盟 1956 年通過之「著作權憲章」明確承認只有自然人才能成爲作者，且許多國家法律明確不承認法人得爲著作人。例如西班牙著作權法第 5 條、義大利著作權法第 11 條、法國著作權法第 111 條之 1 及德國著作權法等[148]。

（二）肯定説

理由主要如下[149]：

1. 民法的「法人實在説」，認爲法人和自然人一樣，是實實在在的，或擬制的人，具有意思活動能力，並且其意思是獨立的，它不同於其他組織成員的意思。

2. 在實際情況中，有些大型作品，如地圖、報刊、百科全書及計算機軟件等需要大量的自然人的集體勞動和單位的資金投入才能完成，而且有的作品在創作過程中，要體現單位的意志，而非具體執筆人的意志，如政府工作報告等。

（三）折衷説

原則上認爲，只有自然人方得爲作者，法人僅在一定要件下，得被「視爲作者」。學者多認爲，大陸著作權法折衷説，即僅有血有肉之自然人才是作品的創作者，而作爲無生命的法人等社會組織，不是作品的作者，只是在某些情況下視爲作者[150]。

---

[147] 參見沈仁幹主編，鄭成思版權文集，第一卷，頁 41，中國人民大學出版社，2008 年 4 月。
[148] 參見王遷，著作權法學，頁 151-152，北京大學出版社，2007 年 7 月。
[149] 張曉秦、楊帆，前揭書，頁 57；王遷，前揭書，頁 153；康生主編，「中華人民共和國著作權法釋義」，頁 70，法律出版社，2002 年版。
[150] 李明德、許超，前揭書，頁 137。

三、法人著作之要件

依大陸著作權法第 11 條第 3 項規定:「由法人或者其他組織主持,代表法人或者其他組織意志創作,並由法人或者其他組織承擔責任的作品,法人或者其他組織視爲作者。」依此規定,法人著作之要件爲[151]:

（一）由法人或者其他組織主持:即代表法人或其他組織的人員,負責組織該創作,而不是由該法人或其他組識的工作人員自發進行。如作品的選題、內容、發表方式,都由法人或其他組織主持[152]。

（二）代表法人或者其他組織意志創作:即創作思想和表達方式代表、體現法人或者其他組織的意志。而法人或者其他組織的意志,一般是通過法人或其他組織的領導機構（如公司的董事會）和法定代表人（如行政機關的首長）,依法或按照章程執行職務而體現出來[153]。

（三）由法人或者其他組織承擔責任的作品:即非由實際的執筆人負責。例如某公司研制的程序軟件在運行上存在缺陷,該缺陷的責任,由該公司承擔,而非由直接設計者承擔[154]。

四、法人著作之實務案例

（一）由他人執筆,本人審閱定稿,並以本人名義發表的報告或講話

1. 最高人民法院關於由別人代爲起草而以個人名義發表的會議講話作品其著作權（版權）應歸個人所有問題的批覆謂[155]:「『漢語大詞典』主

---

[151] 李雨峰、王遷、劉有東,前揭書,頁 91。

[152] 徐東海、唐匯西、戈晨編著,著作權法實用指南,頁 153,山西人民出版社,1992 年 2 月。

[153] 參見全國人代會常務委員會法制工作委員會編,中華人民共和國著作權法釋義,頁 70,法律出版社,2002 年 1 月。

[154] 同前註。

[155] 1988 年 6 月 9 日（1988）民他字第 21 號,引自馬原主編,著作權法分解適用集成,頁 107,人民出版社,2003 年 3 月。

編羅竹風，在中國語言學會成立大會上關於介紹『漢語大詞典』編纂工
作進展情況的發言稿，雖然是由『漢語大詞典』編纂處工作人員金文明
等四人分頭執筆起草，但他們在起草時就明確是爲羅竹風個人發言作準
備的；羅竹風也是以主編身分組織、主持擬定發言提綱，並自行修改定
稿，嗣後以其個人名義在大會上作發表。因此，羅竹風的發言稿不屬於
共同創作，其著作權（版權）應歸羅竹風個人所有。羅竹風同意在其他
刊物署名刊載發言稿全文，不構成侵害他人著作權。對金文明等人在執
筆起草發言稿中付出的勞務，羅竹風在獲得稿酬後，可給予適當的勞務
報酬[156]。」

2. 最高法人民法院關於審理著作權民事糾紛案件適用法律若干問題的解釋
   第 13 條：「除著作權法第十一條第三款規定的情形外，由他人執筆，
   本人審閱定稿並以本人名義發表的報告、講話等作品，著作權歸報告人
   或者講話人享有，著作權人可以支付執筆人適當報酬[157]。」上述「著作
   權法第十一條第三款」，即「如無相反的証明，在作品上署名的公民、
   法人或者其他組織爲作者。」最高人民法院上開解釋，極類似日本著作
   權法第 15 條第 1 項職務著作之屬於個別自然人爲「使用人」之情形。
   而此解釋，依解釋之日期推斷，似因最高人民法院關於由別人代爲起草
   而以個人名義發表的會議講話作品其著作權（版權）應歸個人所有問題
   的前述批覆而來。

---

[156] 上述批覆，似乎以羅竹風爲著作人，不僅擁有署名權，而且亦擁有著作財產權。查大陸著
作權法不似日本著作權法第 15 條規定，自然人個人也可以成爲「使用人」，因職務著作而
享有著作人資格。我國著作權法第 12 條，個人亦可透過約定，而使非創作者之自然人因職
務著作之約定而成爲著作人。大陸著作權法第 11 條第 2 項僅限於「法人」及「非法人組織」
得由非實際創作者，而視爲「作者」。在自然人個人並無類似規定，故此解釋在法理上頗
爲奇怪。

[157] 2002 年 10 月 15 日施行，法釋（2002）31 號。引自馬原主編，著作權法分解適用集成，頁
106，人民出版社，2003 年 3 月。

（二）第十世班禪大師雕塑頭像著作權糾紛 [158]

1. 事實摘要 [159]

　　被告日喀則地區行署修建靈塔辦公室為塑造一尊班禪大師頭像，於 1992 年 5 月與原告相識，並答應讓其先試塑。在原告試塑大師頭像過程中，被告為其提供了大師的各種照片五張，提供大米五十斤，柴禾二車，黃果樹香菸二條。被告還向原告的塑造提出了六次修改意見。雙方在塑造過程中，未提到該作品歸屬及使用費的支付問題。

　　1993 年 1 月 15 日，原告試塑大師頭像基本成功，雙方簽訂了「研製班禪大師塑像合同書」，其內容是：一、原告在已塑出的大師頭像的基礎上，按從頭頂到腮骨高二十七公分複製第二個泥頭像，技術效果不低於現已塑出來的頭像；二、塑好第二個頭像後，造好銀頭像的內外模型，並參與鑄造工作；以上兩項勞務酬金為 7,000 元人民幣，驗收合格後付獎金 3,000 元人民幣。雙方對合同無爭議，並已經完全履行完畢。另外，該作品由被告使用並鑄造成銀頭像的九個月，中原告未提出任何異議，更未談到使用費的要求。

2. 法院判決

　　本案第一審，法院認為：「原告係按照被告的意志進行構思創作，作品所要表達的思想、觀點和內容，都反映了被告的意志，該作品的責任由被告全部承擔」，因此著作權應歸被告所有。

　　本件第二審對於應認為法人著作（單位）或委託著作，法官意見不一，乃向最高人民法院請示意見。最高人民法院針對本案又徵求其他機關意見。全國人代法工委民法室認為，從特殊政治考慮應認為是法人著作，著作權歸被告所有，但是從研製合同書來看，屬於承攬合同。中央統戰部認為應維持原判。國家版權局認為應是委託著作，著作權歸受託人。最後最高人民法院

---

[158] 本件主要引自大陸最高人民法院民事審判第三庭編，大陸知識產權判例評解，頁 178-185，財團法人資訊工業策進會科技法律中心，2001 年 12 月。

[159] 此為第一審調查之事實。

認為應維持一審判決。其理由，亦頗有政治考慮。

第三項　委託著作

一、委託著作之要件

　　委託著作，是指作品受他人的委託而創作的作品。一般情形是，依據合同，作者按照委託人的要求創作某一具體作品，委託人則按照雙方同意的標準支付作者一定報酬。例如一對新婚夫婦請攝影師拍攝婚紗照片，雙方可以約定照片的著作權歸該夫婦享有，也可以約定歸攝影師享有，雙方未約定，其著作權屬於攝影師[160]。

　　委託著作，有三個特點：

1. 作者是按照委託人的思想和要求進行創作，作品往往不反映作者的思想，而僅僅表現作者的創作才能和創作技巧[161]；易言之，委託作品不是按照受託人的意志進行創作，而是要按照委託人的要求創作作品，即受託人需要將委託人要求要通過自己的創作表現出來，但是委託人的思想、觀點只能為受託人的創作限定範圍，並不能取代受託人的創造性智慧勞動，而且委託人也沒有參與具體的創作過程。如果委託人參與作品的構思和具體創作，而雙方又有共同創作的意願，即屬合作作品，而非委託作品[162]。

2. 作品由委託人承擔責任，而不是由受託人承擔責任，此為委託著作與法人著作之不同。

3. 委託者與受託者之間是一種臨時性的勞務關係，不是恒常性、反覆性的

[160] 參見全國人代會常務委員會法制工作委員會編，前揭書，頁 86。

[161] 參見沈仁幹・鍾穎科：著作權法概論，頁 73，商務印書館，2005 年修正版。

[162] 參見參見全國人代會常務委員會法制工作委員會編，前揭書，頁 85-86。

僱傭關係。易言之，它一般不是本單位工作人員爲完成本職工作而創作的，而是由本單位以外的人創作完成的[163]。一般上，委託人與受託人之間是平等的民事關係，即使法人與自然人之間的委託關係，也是屬於平等主體的關係[164]。此爲委託著作與職務著作之不同。

大陸著作權法第 17 條規定：「受委託創作的作品，著作權的歸屬由委託人和受託人通過合同約定。合同未作明確約定或者沒有訂立合同的，著作權屬於受託人[165]。」委託著作的著作權，不當然歸屬作者，尚得另外約定。

委託著作相當於我國著作權法第 12 條的「出資聘人完成之著作」，係在委任或承攬關係所完成之著作。大陸著作權法第 17 條的委託著作與我國著作權法第 12 條的出資聘人完成之著作，其著作財產權的歸屬，規定相當，即無約定，均屬受聘人（受託人）。其不同者，我國著作權法第 12 條第 3 項規定，如果著作財產權未明確約定或約定著作財產權歸受聘人所有，則出資人得利用該著作，大陸著作權法未明確規定，僅由「最高人民法院關於審理著作權民事糾紛案件適用法律若干問題的解釋」[166]第 12 條規定：「依照著作權法第十七條規定委託作品著作權屬於受託人的情形，委託人在約定的使用範圍內享有使用作品的權利；雙方沒有約定使用作品範圍的，委託人可以在委託創作的特定目的範圍內免費使用該作品。」其意義類似。然而前述「最高人民法院關於審理著作權民事糾紛案件適用法律若干問題的解釋」第 14 條又規定：「當事人合意以特定人物經歷爲題材完成的自傳體作品，當事人對著作權歸屬有約定的，依其約定；沒有約定的，著作權歸該特定人物享有，

---

[163] 參見梁書文、黃赤東主編：著作權法及配套規定新釋新解，頁 296，人民法院出版社，2000 年 4 月。

[164] 參見全國人代會常務委員會法制工作委員會編，前揭書，頁 85。

[165] 大陸「計算機軟件保護條例」第 11 條亦規定：「接受他人委託開發的軟件，其著作權的歸屬由委託人與受託人簽定書合同約定；無書面合同或者合同未作明確約定的，其著作權由受託人享有。」

[166] 2002 年 10 月 12 日公佈。

執筆人或整理人對作品完成付出勞動的，著作權人可以向其支付適當的報酬。」此解釋與我國著作權之適用有異。

　　有大陸學者對大陸著作權法有關委託著作的規定，頗有異論，而認為：「無論雙方有無約定委託作品著作權的歸屬，受託人仍然是委託作品的作者。那麼委託人能否在合同約定其享有委託作品著作權的情況下取得著作人身權呢？從我國著作權法第 16 條有關『特殊職務作品』的作者享有署名權，著作人通過合同約定中的著作權，似乎應包含人身權和財產權。即委託人和受託人可以通過合同使委託人原始取得包括人身權在內的全部著作權。但這種解釋將實際上使委託人享有署名權，與署名權應由作者享有的基本原則不符。而且，這種解釋會導致學生出資雇用他人為『槍手』撰寫畢業論文的行為合法化，應當是不足取的[167]。」

二、委託著作之實務案件

（一）「世界風采東方情」廣告用語案[168]

1. 事實摘要

　　1992 年 7 月 3 日，被告上海某商廈有限公司在上海「每周廣播電視報」刊登廣告用語有獎徵集活動啟事，向社會公開徵集企業廣告用語。原告王某某見該徵集啟事後，在規定投稿期限內，以「世界風采，東方情韻—上海某商廈」而應徵。經初評、複評、終評，原告應徵廣告用語經潤色改為「世界風采東方情」而得獎，被告刊登廣告宣佈獲獎者，並同時在公告中刊有「獲獎作品版權歸公司所有」。事後原告也獲得獎金及榮譽証。後來原告發現該廣告用語在各媒體到處使用。原告認為並未讓渡著作權，仍對被告提出訴

---

[167] 參見王遷，著作權法學，頁 157，北京大學出版社，2007 年 7 月。另亦有學者認為此委託人與受託人的約定，應限於著作財產權，不包含著作人格權在內，因為著作人格權（精神權利），是不能移轉的。參見齊愛民、周偉萌等著，著作權法體系化判解研究，頁 15，武漢大學出版社，2008 年 4 月。

[168] 以下事實摘要及法院判決，均摘自梁書文、黃赤東主編，前揭書，頁 253-255。

訟。

2. 法院判決

本件上海市徐匯區受理案件後，就廣告用語是否屬於「中華人民共和國著作權法」第三條所指文字作品範疇，曾致函國家版權局，該局法律處以書面形式明確答覆：廣告用語如果具備文字作品的要件，也應屬於文字作品；廣告語「世界風采東方情」，具有作者的創作個性和法律規定的其他要件，因此，認為此一廣告語，屬於著作權法保護的文字作品[169]。

此外，法院認為被告之徵集廣告用語，而原告應徵，雙方之間因此已形成實踐性的委託創作合同關係，由於事先未有著作權歸屬的明確約定，而原告在投稿應徵時也未作出放棄或轉讓著作權的允諾，依法規定，著作權屬於原告所有，而從雙方之間所形成的委託創作合同關係看，被告通過錄用、授獎等方式，已當然、合法地取得對獲獎廣告語的使用權，被告只要是在本企業廣告業務範圍內使用「世界風采東方情」廣告語，並不構成對原告之侵權。而被告在評選結果公告中單方面宣布「獲獎作品版權歸公司所有」，超出雙方之間委託創作合同約定的內容，應屬無效行為。

（二）韓建華與上海生物科技公司糾紛案[170]

1. 事實摘要

2000 年 4 月 18 日，韓建華應北京中視台藝術廣告中心負責上海健特生物科技公司「腦白金」產品平面廣告的拍攝人員郭燕琪的要求，以姜昆、「大山」為拍照對象。韓建華拍攝後，除自己存留 5 張外，將其餘的反轉片交給了郭燕琪，並從郭燕琪處令取了酬金 1000 元人民幣。2001 年 12 月 5 日至 2002 年 2 月 8 日，北京晚報刊登「送禮當然還送腦白金」照片和文字廣告，

---

[169] 依我國著作權法第 9 條第 1 項第 3 款規定，「標語」無著作權。而「短句」在美國著作權法，亦認為認缺「最低創作力標準」（a minimal requirement of creativity），像「世界風采東方情」是屬於公平交易法的不正競爭的範圍，抑或屬於著作權範圍，各國有爭論。

[170] 以下本件事實及法院判決摘自齊愛民、周偉萌等著，前揭書，頁 13-14。

所使用的照片爲韓建華所拍攝系列照片中的一張。

　　韓建華認爲其所拍攝之照片擁有著作權，其向郭燕琪處領取 1000 元酬金，只是拍攝照片的勞務費，拍攝的照片僅供作爲資料使用，不包含平面廣告。

2. 法院判決

　　本件一審、二審均被告勝訴，二審法院認爲，涉案廣告照片屬於委託著作，因雙方未約定著作權的歸屬，其著作權依法屬於受託人韓建華所有。至於上海健特公司以廣告形式使用涉案照片，屬於在委託創作涉案照片的特定目的範圍內之使用作品，該使用行爲不構成對韓建華著作權的侵害。

第四項　職務著作

一、職務著作之立法理由

　　有關大陸職務著作的立法，依 1989 年 10 月 20 日國家版權局局長宋木文關於《中華人民共和國著作權法（草案）》的說明，其理由如下：

　　「作者的創造性勞動，是作品產生著作權的源泉。因此，《草案》第十條規定，除本法另有規定的以外，作品的著作權屬於作者。在我國，相當一批作者是領取工資的機關、團體和企業、事業單位的工作人員，從事文學、藝術和科學作品的創作活動是他們的本職工作或工作任務，他們創作的作品屬於職務作品。妥善解決職務作品著作權的歸屬和合理行使，既有利於調動作者的積極性，又有利於調動作者所在單位支持和幫助作者從事創作積極性，因此，《草案》第十二條規定，作爲本職工作或工作任務所創作的作品，除法律、法規另有規定或者合同另有約定的以外，著作權由作者享有，但作者所在單位有權在其正常業務活動範圍內無償使用，無須作者同意；作品完成兩年之內，未經單位同意，作者不得許可第三人以與該單位使用的相同方式使用該作品。這樣規定，既能保證作者作爲著作權所有者的地位，又可滿

足作者所在單位開展正常業務活動使用作品的需要。

由於某些科學作品往往涉及技術成果權的歸屬和行使，為了更有利於保護國家和單位的利益，《草案》規定，當科學作品的著作權人行使著作權時，不得妨礙該作品涉及的技術成果權的歸屬和行使（第十四條）」[171]。

二、職務著作之種類

職務著作：大陸著作權法職務著作的著作權歸屬，分成下列兩種：

（一）一般歸屬

公民為完成法人或者其他組織工作任務所創作的作品是職務作品，除第16條第2款的規定以外，著作權由作者享有，但法人或者其他組織有權在其業務範圍內優先使用。作品完成兩年內，未經單位同意，作者不得許可第三人以與單位使用的相同方式使用該作品（著作權法第16條第1項）。上述的「工作任務」，是指「公民在該法人或者該組織中應當履行的職責（著作權法實施條例第11條第1項）。職務作品完成兩年內，經單位同意，作者許可第三人以與單位使用的相同方式使用作品所獲報酬，由作者與單位按約定的比例分配。作品完成兩年的期限，自作者向單位交付作品之日起計算（著作權法實施條例第12條）。

有關著作權法第16條第1項的作品，例如學校教師為教學編寫的教材，社會科學研究人員為本單位研究課題所寫的論文，記者為本報社、雜誌社撰寫的稿件，劇團創作人員為創團編寫的創本、曲譜等職務作品均是[172]。

依大陸國家版權局版權管理司的批覆意見，上述「職務作品」，著作權法第16條有明確的規定：「公民為完成法人或者非法人單位工作任務所創作的作品是職務作品。」顯然，職務作品主要由兩個要件構成：

---

[171] 參見馬原主編，前揭書，頁 129-130。
[172] 參見參見全國人代會常務委員會法制工作委員會編，前揭書，頁 84。

　　第一，作品的作者同單位之間必須是一種職務性的上下級關係，即勞動法或者類似勞動法（例如國家公務員同國家機關或者事業單位之間的）法律關係；

　　第二，作品必須是履行單位工作任務的結果。所謂單位工作任務，指職工根據單位下達的書面或者口頭指示創作與本單位工作業務範圍有關的作品。也就是說，單位工作任務又可分為兩部分：

　　第一，創作的作品必須與單位的業務範圍有關；

　　第二，單位應當有明確的工作指示，至少有口頭指示。

　　儘管職務作品通常同本單位的工作業務範圍有關，但是，並非凡是與本單位工作業務範圍有關的都是職務作品。不是為履行單位工作任務創作的作品，即使其內容與單位的工作業務範圍有關，也不是職務作品。因此，在認定職務作品時，上述有關職務作品的要件以及關於單位工作任務的兩個部分缺一不可，否則，不能視為職務作品[173]。

（二）特殊歸屬

　　有下列情形之一的職務作品，作者享有署名權，著作權的其他權利由法人或者其他組織享有，法人或者其他組織可以給予作者獎勵（著作權法第 16 條第 2 項）：

1. 主要是利用法人或者非法人單位的物質技術條件創作，並由法人或者其他組織承擔責任的工程設計、產品設計圖紙及其說明、計算機軟件、地圖等職務作品。

　　上述所稱「物質技術條件」，指為該法人或者該組織為公民完成創作專門提供的資金、設備或者資料（著作權法實施條例第 11 條第 2 項）。

　　而所以會有如此之規定，主要是：「在實踐中，工程設計圖、產品設

---

[173] 1998 年 12 月 24 日權司 [1998] 第 64 號。參見馬原，前揭書，頁 157。

計圖、地圖、計算機軟件等職務作品的創作僅靠一兩個人的努力是很難完成的，需要由法人或者其他組織提供物質技術條件，而創作出的作品有關責任，也需要由法人或者其他組織負責。在這種情況下創作的的職務作品，其著作權主要由法人或者其他組織，作者僅享有署名權。同時法人或者其他組織可以對作者的創作給予獎勵[174]。」

2. 法律、行政法規規定或者合同約定著作權由法人或者其他組織享有的職務作品。上述「法律、行政法規規定著作權由法人或者其他組織享有的職務作品」，例如：

（1）《地方志工作條例》（2006年5月18日）第15條規定：「以縣級以上行政區域名稱冠名的地方志書、地方綜合年鑑爲職務作品，依照《中華人民共和國著作權法》第16條第2款的規定，其著作權由組織編纂的負責地方志工作的機構享有，參與編纂的人員享有署名權。」

（2）《計算機軟件保護條例》（2001年12月20日）：

第12條規定：「由國家機關下達任務開發的軟件，著作權的歸屬與行使由項目任務書或者合同規定；項目任務書或者合同中未作明確規定的，軟件著作權由接受任務的法人或者其他組織享有。」

第13條自然人在法人或者其他組織中任職期間所開發的軟件有下列情形之一的，該軟件著作權由該法人或者其他組織享有，該法人或者其他組織可以對開發軟件的自然人進行獎勵：

（A）針對本職工作中明確指定的開發目標所開發的軟件；

（B）開發的軟件是從事本職工作活動所預見的結果或者自然的結果；

---

[174] 參見全國人代會常務委員會法制工作委員會編，前揭書，頁84。

（C）主要使用了法人或者其他組織的資金、專用設備、未公開的專門信息等物質技術條件所開發並由法人或者其他組織承擔責任的軟件。

（3）《工程勘察設計諮詢業知識產權保護與管理導則》（2003 年 10 月 22 日）

第 3.1 條勘察設計諮詢業著作權及鄰接權的歸屬，一般按以下原則認定：

（A）執行勘察設計諮詢企業的任務或主要利用企業的物質技術條件完成的，並由企業承擔責任的工程勘察、設計、諮詢的投標方案和各類文件等職務作品，其著作權及鄰接權歸企業所有。直接參加投標方案和文件編制的自然人（包括企業職工和臨時聘用人員，下同）享有署名權。建設單位（業主）按照國家規定支付勘察、設計、諮詢費後所獲取的工程勘察、設計、諮詢的投標方案或各類文件，僅獲得在特定建設項目上的一次性使用權，其著作權仍屬於勘察設計諮詢企業所有。

（B）勘察設計諮詢企業自行組織編制的計算機軟件、企業標準、導則、手冊、標準設計等是職務作品，其著作權及鄰接權歸企業所有。直接參加編制的自然人有署名權。

（C）執行勘察設計諮詢企業的任務或主要利用企業的物質技術條件完成的，並由企業承擔責任的科技論文、技術報告等職務作品，其著作權及鄰接權歸企業所有。直接參加編制的自然人享有署名權。

（D）勘察設計諮詢企業職工的非職務作品的著作權及鄰接權歸個人所有。

三、職務著作之特徵

依上述著作權法第 16 條所述，所謂職務著作，即指機關、社會團體、企業、事業單位等法人或非法人組織的工作人員、借調人員和臨時招募人員，為完成本單位的工作任務而創作的作品[175]。此職務著作具有下列四個特徵[176]：

（一）作者為法人或非法人組織的工作人員

作者為法人或非法人組織的工作人員，與法人或非法人組織具有勞動關係，有權從法人或非法人組織領取勞動報酬，享受該法人或非法人組織為其工作人員提供的工作條件，同時有義務遵守該法人或非法人組織的勞動規則和各項規章制度，接受法人或非法人組織在勞動契約範圍內安排的工作任務，並受法人或非法人組織在工作上必要的監督和指導。法人或非法人組織的工作人員，包含在編人員、借調人員以及臨時招聘人員等各類為該法人或非法人組織工作或服務之人員。職務著作的作者，通常是本單位職工。

（二）創作作品是法人或非法人組織依單位的性質而提出的工作任務

此即依著作權法實施條例第 11 條第 1 項所規定：「著作權法第 16 條第 1 項關於職務作品的規定中的工作任務，是指公民在該法人或者該組織中應該履行的職責。」職務著作的性質必須符合有關單位工作任務的性質，應是作者工作單位的正常工作或業務所必需要活動或直接服務於工作單位的法定業務宗旨。如果工作人員在職務範圍以外，主動創作了與工作無關的作品，如某報社記者，利用業餘時間創作了一部小說，不屬於職務著作[177]。

---

[175] 參見全國人代會常務委員會法制工作委員會編，前揭書，頁 82-83。

[176] 以下參見梁書文、黃赤東主編，前揭書，頁 287-288；唐德華、孫秀君主編，著作權法及配套規定新釋新解，頁 180-181，人民法院出版社，2003 年 1 月。

[177] 參見全國人代會常務委員會法制工作委員會編，前揭書，頁 83。

（三）創作作品必須屬於作者的職責範圍

作者只有在勞動契約明確規定的職責範圍內所創作的作品，才是職務著作，法人或非法人組織在職責範圍外，在法人或非法人組織的正常業務之內委派作者完成某些作品，除非雙方另有新的約定，否則不能認為職務著作。例如某法制部門可以依據其有宣傳法制的任務，要求其工作人員編寫一份宣傳法制的宣傳材料。但是該部門不能要求工作人員創作與其工作任務無關的作品，如果該部門的法定代表人要求所屬的某工作人員幫他寫小說，即不屬於職務著作[178]。

（四）作品基本上是依自己的意志創作，而非法人或非法人組織的意志創作

依大陸著作權法第 11 條第 3 項規定：「由法人或者其他組織主持，代表法人或者其他組織意志創作，並由法人或者其他組織承擔責任的作品，法人或者其他組織視為作者。」故職務著作基本上需要代表自己的意志創作，而非按照法人或者其他組織意志創作，如果按照法人或者其他組織意志創作，是屬於法人著作（單位著作），其著作人為法人或者其他組織。而職務著作除非在著作權法第 16 條第 2 項之情形，否則著作權歸作者，僅法人或者其他組織在業務範圍內得優先使用。而此乃法人著作與職務著作之區別。然而仍有學者認為，法人著作與特殊的職務著作難以區別[179]。

---

[178] 同前註。

[179] 在王遷的「著作權法學」一書中，即謂：「要真正區分"法人作品"與"特殊職務作品"，絕非易事。試舉一例：某計算機軟件公司組織其程序員開發了一套計算機軟件，該軟件究竟屬於法人作品還是特殊職務作品呢？一方面，該軟件當然是由軟件公司這個法人主持開發的，也代表了軟件公司的意志。因為程序員必須根據軟件公司管理人員的要求設計程序。如果軟件上市後出現問題，責任自然是由軟件公司承擔，而並非由程序員直接承擔。該軟件似乎完全符合法人作品的定義。另一方面，軟件是由軟件公司的程序員編寫的，程序員編寫軟件時，往往離不開公司提供的高性能計算機，特定資料、技術與同事的經驗等，即單位的物質技術條件。軟件的責任也自然由軟件公司承擔。該軟件也完全符合特殊職務作品的構成要件。而且我國著作權法在界定特殊職務作品時還專門將計算機軟件作為實例列出。那麼軟件公司程序員在公司的組織下，為了完成公司交付的任務所編寫完成的軟件，究竟是法人作品還是特殊的職務作品呢？」（見該書頁 151，北京大學出版社，2007年 7 月）。

四、職務著作之實務案例 [180]

（一）本案事實

2000 年 10 月，爲培訓稅務幹部，某省稅務局業務培訓中心副主任周某某等人提議編寫一本《稅務幹部工作必讀》（以下簡稱《必讀》），作爲地市兩級稅務幹部業務進修的教材。經上級主管部門和局黨組會議同意，作爲培訓中心的一項工作任務，由周某某任主編負責組織培訓中心六名具有高級職稱的教師及某財經學院財金系的二位副教授劉某某、徐某某共同開始編寫。在此書的編寫過程中，周某某和培訓中心的六位編者曾多次持省稅務局的介紹信並以省稅務局的名義到本省的六個地級市和北京、上海、深圳等地作實地調查，掌握了大量的第一手資料。在作品編寫過程中，周某某曾以省稅務局的名義在本市及外地兩市召開了三次訂稿會和徵求意見會，其外出調研支出的全部費用及召開會議的費用均由省稅務局報銷。2001 年 6 月，該書編寫完成，在年底全局工作總結會議上，周某某以培訓中心的名義在大會上對編書工作進行了總結，經局黨組會議研究決定：該書出版後將作爲稅務幹部進修的主要教材。

2001 年 8 月，經劉某某介紹，周某某與某出版社簽訂了《必讀》一書的出版合同。合同約定該書由出版社於 2001 年 9 月 20 日前出版發行，周某某負責銷售。2001 年 9 月 19 日，《必讀》一書出版，周某某又以培訓中心的名義向全省 10 個地、市稅務局發出徵訂單。在徵訂過程中，省稅務局與周某某遂發生爭議，省稅務局認爲此書是周某某爲完成工作任務而作，編寫過程中又得到了單位的支持和幫助，因此著作權應歸省稅局所有。周某某則認爲此書是本人及其他人智力創作成果，省稅務局只是作爲一項工作任務交給他，至於搜集材料，編排體例，稅務局從未提過具體要求，因此此書著作權應歸周某某及其他 7 位作者享有，雙方各執己見，遂起訴到法院。

---

[180] 以下本案引自唐德華、孫秀君主編，前揭書，頁 182-184。

（二）法院判決

　　人民法院審理認為：《必讀》一書係省稅務局作為工作任務交給周某某編寫，該書係職務作品，周某某等人在編書過程中付出了創造性的勞動，省稅務局雖在編寫過程中提供了物質幫助，但並未就該書的編寫提供專款，對內容安排未做任何表示，並且周某某與稅務局之間也未就此書著作權歸稅務局有約定，著作權應歸作者周某某等人享有，但省稅務局享有對該書的優先使用權。依據《中華人民共和國著作權法》第 16 條的規定，判決：《稅務幹部工作必讀》著作權由周某某及其他 7 位作者享有；省稅務局享有在其業務範圍內對《稅務幹部工作必讀》的優先使用權。

第三節　小結

　　大陸著作權法於 1990 年正式制定，由於受到「版權傳統」（copyright tradition）和「作者權傳統」（author's right tradition）雙重的影響[181]，再加上基於民族尊嚴，又有若干屬於自己特色的獨創規定。此外，大陸著作權法規，不以著作權法為限，尚有其他法規，如「著作權法實施條例」、「計算機軟件保護條例」等，此其他法規，其規定雖屬補充性質，但具有實質上著作權法的規定效力。此外，最高人民法院之解釋，亦扮演一定之角色。故欲了解大陸著作權法，不能僅由著作權法規定去了解，而應了解相關法規及司法解釋。

　　大陸著作權法有關職務著作部份，有下列啟示：

一、大陸著作權法對是否成立法人著作，學說雖有所爭論，學者強力否認法
　　人得為著作人。然而基於「有的作品是在法人或者其他組織的主持下
　　創作的，體現了法人或者其他組織的意志，並不是執筆者的個人意志，

---

[181] 大陸的著作權主管機關為「國家版權局」，而法律又稱「著作權法」，名稱顯然不盡一致，可見受到「版權傳統」與「作者權傳統」雙重影響。

並由該法人或者組織承擔作品的責任。如某機關的年終工作總結報告、某計算機公司研製的程序軟件等。特別是有些作品的創作，需要投入大量人力、物力和財力，個人一般不能完成這項任務。而且從法律的角度講，法人作為法律擬制的人，同自然人一樣，具有民事權利能力和民事行為能力，所以能夠成為作者[182]。」大陸著作權法亦承認法人著作。此一理由，在我國著作權法亦屬存在，故我國著作權法承認法人著作，亦有其必要。

二、大陸著作權法承認法人或非人組織得為著作人，然而個人並非組織，如果個人為出資者，且一樣「由出資者主持，由出資者之意志創作，且由出資者承擔責任」，是否出資者得為著作人？日本及我國著作權法均承認個人之出資者。亦可能為著作人。依大陸著作權法第 11 條第 2 項似無可能。然而大陸最高法人民法院關於審理著作權民事糾紛案件適用法律若干問題的解釋第 13 條：「除著作權法第十一條第三款規定的情形外，由他人執筆，本人審閱定稿並以本人名義發表的報告、講話等作品，著作權歸報告人或者講話人享有，著作權人可以支付執筆人適當報酬[183]。」非創作者之自然人，亦得成為著作人。法律規定與司法解釋，似有矛盾之處。足見法律規定，有所不足。我國著作權法第 12 條允許自然之出資者，在一定條件下成為著作人，亦有必要。

三、大陸著作權法對視聽著作與錄音著作（錄音物）之權利歸屬，均有特別規定，均歸屬製作人，此與日本著作權法類似。我國視聽著作與錄音著作之著作權，並不規定歸屬原始歸製作人，在立法上似有瑕疵，似須修正。

---

[182] 全國人代會常務委員會法制工作委員會編，前揭書，頁 70。

[183] 2002 年 10 月 15 日施行，法釋（2002）31 號。引自馬原主編，著作權法分解適用集成，頁 106，人民出版社，2003 年 3 月。

四、依大陸著作權法第 17 條規定，委託著作之著作權歸屬，原則上歸受託人，與美國著作權法有異。而依「最高人民法院關於審理著作權民事糾紛案件適用法律若干問題的解釋」[184] 第 12 條規定：「依照著作權法第十七條規定委託作品著作權屬於受託人的情形，委託人在約定的使用範圍內享有使用作品的權利；雙方沒有約定使用作品範圍的，委託人可以在委託創作的特定目的範圍內免費使用該作品。」足見原著作權法第 17 條規定有所不足，由此規定，我國著作權法第 12 條第 3 項規定，在出資聘人完成著作之情形，如果雙方對著作權無約定，「出資者得利用該著作」規定有其必要，惟在文字上，須加以斟酌將「目的讓與理論」納入。

五、在大陸著作權法，法人著作與委託著作分離規定，此與美國、日本之規定不同。此規定有其優點。然而缺點為如部分學者所疵議者，有部分情形，究係為法人著作抑或職務著作，界限不明。然而此界限不明者，多係電腦程式著作之情形。如果在這個部分明確界定，屬於法人著作者，依法人著作處理，如果不屬於法人著作者，方依職務著作處理，此界限即屬清楚。大陸著作權法將法人著作與職務著作分立之情形，值得參考。

六、大陸的職務著作與委託著作之分立規定，與美、日規定不同，而類似我國著作權法第 11 條與第 12 條之分立規定，固有其優點。其缺點為無僱傭契約之約定，但有僱傭契約之實質者，如派遣工作人員或法人之董事、經理人之情形[185]，其著作權之歸屬，究係適用僱傭抑或委任，頗費爭議。依大陸全國人代會常務委員會法制工作委員會之解釋，著作權法第 16 條之職務著作之人員，包含借調人員，足見派遣人員在我國著作

---

[184] 2002 年 10 月 12 日公佈。
[185] 法人之董事、經理人，均適用民法委任之規定。

權法，如果接受派遣公司，對派遣人員有實質的指揮監督關係，應認為係著作權法第 11 條之關係，方屬合理，然而仍須在勞工法等相關法令對派遣員工所規範，較有妥當。至於有關法人之經理人之情形，亦宜解為著作權法第 11 條之關係較為適當。蓋此與公司之關係，乃上下隸屬關係，而非平行之對等關係，與 11 條相當，而非與 12 條相當。

七、依大陸著作權法第 16 條第 2 項第 1 款規定，「主要是利用法人或者非法人單位的物質技術條件創作，並由法人或者其他組織承擔責任的…計算機軟件等職務作品」，除署名權外，著作權原則上屬於組織所有。且大陸《計算機軟件保護條例》第 12 條規定：「由國家機關下達任務開發的軟件，著作權的歸屬與行使由項目任務書或者合同規定；項目任務書或者合同中未作明確規定的，軟件著作權由接受任務的法人或者其他組織享有。」第 13 條規定：「自然人在法人或者其他組織中任職期間所開發的軟件有下列情形之一的，該軟件著作權由該法人或者其他組織享有，該法人或者其他組織可以對開發軟件的自然人進行獎勵。（A）針對本職工作中明確指定的開發目標所開發的軟件；（B）開發的軟件是從事本職工作活動所預見的結果或者自然的結果；（C）主要使用了法人或者其他組織的資金、專用設備、未公開的專門信息等物質技術條件所開發並由法人或者其他組織承擔責任的軟件。」此對電腦程式著作之著作權，均有特別規定，與日本著作權法第 15 條第 2 項規定類似，足為我國立法之啟示。

第六章　其他國家著作權法上
之職務著作

第一節　德國法

一、一般職務著作之著作權歸屬

（一）僅自然人之創作者擁有著作權

　　依德國著作權法[186]第 7 條規定：「著作人為著作之創作人。」德國係最典型之「作者權傳統」（author's right tradition）之國家，德國著作權法第 7 條規定：「著作人，係指著作之創作人。」德國著作權法之著作人，必然為自然人，不包含法人在內[187]。而著作人原則上為最原始的著作權的擁有者。依第 29 條規定：「著作權不得轉讓，但因死因處分之理由，或遺產分割之方法而轉讓予共同繼承人，不在此限。」著作人在生存期間內，擁有著作權，此著作權不能轉讓，僅能為使用

---

[186] 德國著作權法參見：http://www.cric.or.jp/db/world/germany.html（最後瀏覽日：2015/03/19）。另參見內政部委託，蔡明誠譯：德國著作權法令暨判決之研究，頁 118 以下，85 年 4 月。德國著作權法嚴格來說，稱為「著作權法與鄰接權法」，然而簡單稱為「著作權法」。

[187] See Sam Ricketson & Jane C. Ginsburg , International Copyright and neighbouring Rights, The Berne Convention and Beyond, Vol I, 359, note 4（2006）；德利婭‧利普希克，著作權與鄰接權，頁 91，聯合國教科文組織‧中國對外翻譯出版公司，2000 年 7 月。

權的授權，而此授權得為專屬授權與非專屬授權（第31條）。而在授權的關係下，得依著作權法第39條規定，對作品予以修改[188]。

　　德國法上並無任何意義的「職務著作」概念，可以在著作權之原始歸屬上產生法律效果。如前所述，受雇或受委託所創作之著作的原始著作權人，總是實際創作著作的自然人。此等著作人與其雇用人或委託人之間的關係所涉及的種種問題，總是必須（不管明示或默示地）依據合約上之關係來解決。

（二）依勞動契約產生使用權的授權

　　此基本原則也由德國著作權法第43條加以確認。德國著作權法第43條規定：「本款之規定，以不違反僱傭關係或職務關係之內容或本質為限，亦適用於著作人為履行僱傭關係或職務關係所生之義務而創作之著作[189]。」該條為德國著作權法中唯一在表面上涉及與職務著作有關之規定。依第43條，有關著作權契約該款之其他規定，亦應適用於當著作人係基於受雇人之職務、或因受委託而創作著作之情形。但就如同第43條所定，該等規定是在「依僱傭關係之內容或本質並無得出相反之結果」時，方有適用。此有點模糊而令人不十分滿意之第43條規定，實際上只是用來更輕易地找出及解釋出有利於雇用人的默示條款[190]。

---

[188] 德國著作權法第39條規定：「使用權人如別無合意，不得對著作、著作之標題及著作人姓名為變更（第1項）。」「就著作及其標題之變更，著作人依誠實信用原則不得拒絕同意者，得准許之。」本條日譯為：「(1) 使用権の保有者は、別段の合意がないときは、著作物、その題号又は著作者表示（第10条第1項）を変更してはならない（第1項）。」「(2) 著作物及びその題号の変更で、著作者が信義誠実に照らしてその同意を拒むことができないものは、許される（第2項）。」參見：http://www.cric.or.jp/db/world/germany/germany_c1a.html#1_44（最後瀏覽日：2015/03/19）

[189] 本條日譯為：「この款の規定は、著作者が雇用関係又は職務関係から生ずる義務の履行において著作物を作成した場合においても、その雇用関係又は職務関係の内容又は本質から格別の事情が生じないかぎり、適用するものとする。」同前註。

[190] See Melville B. Nimmer & Paul Edward Geller, International Copyright Law and Practice, Vol.2, GER-55, Lexis Nexis (2009).

（三）　職務著作著作人負有授權義務

依德國法，所謂職務著作，係依建立在勞動契約的基礎上，凡受雇人具有依契約完成創作著作義務，則完成該特定之著作，不論係在工作時間內或工作時間外，亦不論係在工作地點內，或工作地點外，均係第 43 條之職務著作 [6]。而此職務著作受雇人依勞動法的交換原則負有將使用權授權給雇用人的義務，而此授權之類型、地域、時間及內容，依目的讓與理論解釋 [192]。

（四）　使用權授權之範圍

在勞動契約約定不明時，依企業經營的範圍來決定著作的使用類型、使用範圍，究係為專屬授權抑或非專屬授權，是否得轉授權等。如果涉及經營權轉讓，如果未發生勞動關係之移轉，則在企業移轉前所產生之使用權，均移轉到新經營者手中（著作權法第 34 條第 3 項）。在約定不明時，應認為雇用人擁有排他使用權。蓋受雇人之勞動力，僅係為雇用人而服務，而非為他人服務，故工作成果應為雇用人所得，如果將使用權授權給第三人，將構成對雇用人的競爭，而此係為勞動法所禁止的 [193]。

依德國實務見解，雇用人依「目的讓與理論」，得取得之最大權利範圍，可及於全部且無限制的專屬利用權，並得將該權利轉讓第三人，以及不經過受雇人同意而修改該著作。此一範圍，相當於將所有著作財產利益，以及具有人格性質之修改權，完全歸屬於雇用人 [194]。

二、電腦程式著作之著作權歸屬

然而在電腦程式上，有一個較強的有利於作者之雇用人或委託人的推

---

[191] 參見 Manfred Rehbinder 著，張恩民譯，著作權法（Urheberrecht），頁 410，法律出版社，2005 年 1 月。

[192] 同前註，頁 415-416。

[193] 同前註，頁 416-417。

[194] 參見陳曉慧，受雇人著作之研究，頁 140，台大法律研究所碩士論文，85 年 6 月。

定，依德國著作權法第第 69b 條規定：「如電腦程式著作係受雇人為執行職務或依雇用人之指示而創作，除非另有約定外，唯有雇用人得行使該電腦程式之全部著作財產權。此種情形，亦適用於公共僱傭關係」。

　　Koblenz 高等法院 1981 年 6U 294/80 號判決中，更進一步表示，雇用人關於電腦程式職務上著作，可以取得全部、無時間、地域限制之利用權（ein umfassendes zeitlich und räumilich nicht beschränktes Nutzungsrecht.），包含對抗第三人之專屬利用權，且可轉讓給第三人。雇用人並享有專屬改作權（ausschlieBliches Bearbeitungsrecht），可於僱傭關係終止後繼續發展該程式著作 [195]。

三、錄音物及視聽著作之特別規定

　　德國著作權法係採著作鄰接權之國家，對錄音物之權利，亦歸屬於製作人，羅馬公約、日本、中國大陸之法律相同（第 85 條）。另對視聽著作亦有特別之規定（第 88 條以下）。

第二節　英國法

一、受雇人之著作（Emlpoyee' Works）

　　依英國著作權法第 11 條規定：

　　著作權之原始歸屬：

1. 除以下另有規定外，著作之著作人係著作權之原始所有人。

2. 除契約有相反之約定外，受雇人於其受雇中所創作之文學、戲劇、音樂

---

[195] 同前註，頁 137。

或美術著作或電影片，以雇用人為著作權之原始所有人。

3. 本條規定不適用於皇家之著作權或國會之著作權（參見第 163 條及第 165 條）或依第 168 條而成立之著作權（若干國際組織之著作權）[196]。

在 1988 年著作權法上，文學、戲劇、音樂及美術著作、影片之著作權自始歸著作人所有，除非該著作係在僱傭關係中所創作。依第 11 條第 2 項規定，除有相反之約定外，在僱傭關係中所創作之著作或影片之著作權自始歸雇用人所有。

在認定是否存在僱傭關係時，法院傾向於把第一個重點放在是否存在雇用關係之成立上所必需的所謂「最低限度條件」（irreducible minimum）：亦即「互負義務」（mutuality of obligations）與「監控」（control）[197]。只有當雇用人必須提供工作及報酬，而受雇人必須提供勞務時，才有足夠的「相互性」。另外，僱傭關係如欲成立，一方（雇用人）必須能夠對另一方（受雇人）施行監控。在受雇人有相當程度之自由的行業中，如果存在著「足夠的監控架構」（sufficient framework of control）就符合監控的要件。如果相互性和監控此二因素均存在，該關係即為僱傭關係；如果此二因素並不存在，即非僱傭關係。

惟此二因素並非決定性的，法院尚須審查其他相關方面和規定來確定是否與僱傭契約相合。法院會斟酌僱傭的典型特徵是否存在。例如是否有定期

---

[196] 第 11 條原文為：「First ownership of copyright

　(1) The author of a work is the first owner of any copyright in it, subject to the following provisions.

　(2) Where a literary, dramatic, musical or artistic work, or a film10, is made by an employee in the course of his employment, his employer is the first owner of any copyright in the work subject to any agreement to the contrary.

　(3) This section does not apply to Crown copyright or Parliamentary copyright (see section 163 and 165) or to copyright which subsists by virtue of section 168 (copyright of certain international organisations).

[197] See Carmichael v. National Power Plc. [1999] 4 All E.R. 897 (House of Lords).

支付一定金額做爲工資或薪水；是否依照適用於受雇人的「有收入即須繳納」規則來扣繳所得稅；是否有共同負擔退休金之提撥；以及是否如同在一般受雇之情況，雙方都有支付全國性保險的保費等[198]。

二、受委託之著作（Commissioned Works）

　　在委託著作之情形下，一般係依契約約定。如果無契約約定，類似德國的默示授權理論。委託創作之一方，如符合著作權法第 91 條之要件，得確保取得未來著作之著作權。易言之，即使沒有明示的轉讓權利，法院亦可能推論著作人身爲獨立承攬人，有一項默示之義務將著作權轉讓給委託人：此一推論可以導致著作權之信託，使得委託人成爲衡平法上的權利人。此種轉讓權利的默示約定，在各種不同的案例中均曾被認爲存在[199]。

　　除此之外，在錄音及電影部分，權利歸屬亦有特別規定。

第三節　南韓法

　　南韓著作權法第 9 條規定，若符合以下所有要件[200]，雇用的法律主體、組織或其他人視爲著作之「著作人」而擁有其著作權：

　1.　受雇人在職務範圍內、在雇用人之監督下所創作之著作；且

---

[198] See, e.g., Robin Ray v. aassic FM Ltd [1998J F.S.R. 622.](Lightman J.)

[199] See Melville B. Nimmer & Paul Edward Geller, supra note 190, Vol.2, UK-61.

[200] 南韓著作權法第 9 條之日譯如下：

　　第 9 条（団体名義著作物の著作者）

　　法人、団体その他の使用者（以下この条において「法人等」という。）の企画のもとで法人等の業務に従事する者が業務上作成する著作物として法人等の名義で公表されたもの（以下「団体名義著作物」という。）の著作者は、契約又は勤務規則等に別段の定めのないときは、その法人等とする。但し、記名著作物の場合はこの限りでない。

　　（ 参 見：http://www.cric.or.jp/db/world/skorea/skorea_c1.html#2_2（ 最 後 瀏 覽 日：2015/03/19））

2. 並無合約或雇用規章規定該職務著作之著作人身分或著作權歸屬於受雇人。

依電腦程式保護法第 5 條，受雇人在企業經營過程中、依雇用人之企劃而創作之電腦程式，屬於職務著作，除非僱傭合約或規章另有規定外，雇用人視為該電腦程式之著作人並擁有著作權。此一規定適用於國家、公司、其他組織、或其他雇用人包括自然人。

委託著作之權利屬於受委託之作者所有，該作者可以透過合約將其權利移轉給第三人。

此外，南韓著作權法原則上採著作鄰接權制度，錄音物之權利，屬於製作人（67、68 條）。且對視聽著作，有特別之規定，視聽著作之製作人，擁有相當之權利（74 至 76 條）。

第四節　加拿大法

依勞務契約或學徒契約受雇之著作人，在受雇過程中所創作之著作，除契約另有約定外，以雇用人為該著作之著作權之最初擁有者。上述原則並不適用於獨立承攬人受委託創作之著作，故該著作通常仍以獨立承攬人為其著作權擁有者。不過在涉及版畫、相片、肖像畫和設計之情況，著作權是歸屬委託之一方。

並沒有萬能公式可藉以認定著作是否屬於一件由雇用人擁有著作權的著作，但有幾項因素可以看成指標：(1) 雇用人對（創作）工具之擁有；(2) 對著作人實際或可能的監控；(3) 著作利用之風險的承擔等等；(4) 如果受雇人之著作並不在雇用條款涵蓋之範圍內，或者從雇用人與受雇人之磋商互動中可推知雙方默示約定該著作應視為受雇人所有，那麼著作權歸受雇人保有；(5) 在僱傭關係或契約的解釋上，相關之背景情況以及習慣可扮演著一定的角色，例如大專教師所創作之著作的著作權的分配。不論雇用的條款為何，著

作人就其著作仍享有著作人格權。

　　向獨立承攬人訂製創作之著作，其著作權歸獨立承攬人而非訂製人擁有。依此推論，律師為客戶草擬契約，或電腦軟體顧問依客戶訂單而撰寫電腦程式，該律師或顧問保有其著作之著作權，可以重複使用該著作於其他客戶之委託案，除非著作權有轉讓，或者著作之重複使用會違反對於原始客戶所負的任何義務，例如保密義務。

　　在委託著作之情形，可以透過明示的約定來分配權利，或者在欠缺明示約定時，依據默示授權或禁反言來主張權利。法院有可能認為具體情況支持一項授權之存在，可以為當初訂製之目的而使用著作，（委託人）為該著作所支付的金額有可能影響法院做此認定。舉例而言，自由設計者受某圖像公司委託而創作之標誌，雖然標誌之著作權仍由該設計者保有，但委託該圖像公司製作包含該標誌之符號之人，可能被認為享有默示的權利可使用該標誌於其企業之一般行銷[201]。

第五節　香港法

　　依香港著作權法第 13 條規定，除第 14、15 及 16 條另有規定外，作品的作者是該作品的任何版權的第一擁有人。而香港著作權法第 14 條為受雇人之著作，第 15 條為委託著作[202]。

一、受雇著作

　　文學作品、戲劇作品、音樂作品、藝術作品或影片是由雇員在受雇工作

---

[201] See Melville B. Nimmer & Paul Edward Geller, supra note 190, Vol.1, CAN-45-46.
[202] 香港著作權法全文，詳：http://www.legislation.gov.hk/blis_ind.nsf/WebView?OpenAgent&vwpg=CurAllChinDoc*528*100*528.1#528.1（最後瀏覽日：2015/03/19）

期間製作的，則除下列二種情形外，以僱用人爲著作權人（第 14 條）：

（一）契約有相反之約定。

（二）如有關僱用人利用該等著作或在其允許下由他人利用該等著作，而利用的方式在該等著作創作當時是該僱用人及有關受僱人均不能合理地預料者。

　　在上述（二）之情形，則僱用人應就該項利用支付一筆償金予該受僱人，其金額由該僱用人及該受僱人協議之，如無法協議，則由著作權審裁處裁處。

二、委託著作

　　香港著作權法第 15 條規定，委託著作其著作權由雙方協議定之，如果無協議者，依著作權法第 13 條規定，著作權屬於著作人，即受委託人。

　　然而，委託製作人，有下列權利：

（一）在委託製作著作時，雙方得合理地預料之目的，委託人得專屬利用該著作。

（二）得在此目的之範圍內，反對他人利用。

第六節　小結

　　上述五個國家，其中德國、南韓係大陸法系國家，英國、加拿大與香港係英美法系制度。此五國著作權法，於我國有下列啓示：

一、德國雖然是典型的「作者權傳統」（author's right tradition）之國家。僅自然人得爲著作人，法人不得爲著作人，然而就利用權而言，德國著作權法係依勞動契約來決定利用權之歸屬，且在僱用人擁有利用權時，有實務之處理上，著作人之著作人格權受相當之限縮。我國著作權法第 11 條受僱人於職務上完成之著作，仍以受僱人爲著作人，受僱人仍有著作

人格權，在姓名表示權及禁止醜化權，仍有完整之保障。有關德國著作權法在出資關係所成立之著作，其著作人格權之處理，值得我國深思。

二、德國及南韓著作權法，均承認著作鄰接權制度，對錄音物之製作人，擁有錄音物之相關權利，此於我國著作權法既不採著作鄰接權制度，對錄音物之權利，仍屬著作人，此著作人非必為「製作人」，與世界各國共同的法理有異。又在德國、南韓、甚至英國著作權法，在電影部分，均有特別規定，對視聽著作之製作人，或認為係著作財產權人，或賦與若干權利，我國在此部分，仍然欠缺，立法需加以檢討。

三、德國、英國、加拿大著作權法，對於委託著作，雖然規定著作權屬於創作人，然而出資者應依勞動契約之本質觀察其利用權，受到契約目的解釋之拘束。我國著作權法第 12 條僅規定，「出資者得利用該著作」，依著作權法第 37 條規定，往往解釋上不利於出資者，與德國的「目的讓與理論」本質，不盡相同，在立法上值得思索。

第七章　我國法上之職務著作

第一節　民國 81 年以前著作權法之職務著作

第一項　前清宣統 2 年（1910 年）之著作權律

前清宣統 2 年之著作權律與職務著作有關者，有兩條規定：

一、法人或團體之職務著作

第 8 條規定：「凡以官署、學堂、公司、局所、寺院、會所出名發表之著作，其著作權得專有至 30 年。」本條規定，依其草案說明謂：「按官署、學堂、公司、局所、寺院、會所等類，在法律上認為無形人格。就理論而言，無形人格似不能著作，然而官署等類發行著作，實際上往往見之，如各部院統計表冊、鐵路公司報告，即其例也[203]。」

前清著作權律第 8 條規定，依當時學者解釋：「本條為法人所有著作權之規定。」「著作與發行，本屬兩事，一人兼之亦可，分屬於二人亦可。日本著作權法第 6 條云，以官公衙、學校等團體著作之名義而發行之著作物，其著作權專有至 30 年。本條不云以著作之名義而發行，只云以官署等出名發行之著作，似非官署等自己所有之著作，不過由官署居發行之名，為其發行者，而非為其著作者。然官署等難雖非自然人，而亦得如自然人之有著作。實例甚多，如各署統計年鑑、各校講義及一覽表等皆是。故本條所云，應解為官署學校等自己著作而自己發行之者，此等著作權為官署等法人所有，而法人非如有形，

---

[203] 參見前清政治官報，1069 號，頁 527。

得定其生存死亡期間，故只可於發行之始起算，共滿 30 年[204]。」

　　我國著作權法最早起源於前清宣統 2 年（1910 年）之著作權律，而學者秦瑞玠之見解，引日本著作權法第 6 條規定，認為本條係「法人著作」之規定，甚有啟示[205]。本條類似現行法第 33 條規定[206]，蓋如果不承認法人著作，無須有本條規定。因為宣統 2 年之著作權律第 5 條規定：「著作權歸著作人終身有之；又著作人身故，得由承繼人繼續至 30 年。」如果法人僅係承受自然人之著作權，而非著作人本身，則著作權應為著作人終身加死亡後 30 年，而非僅為 30 年。

二、一般出資聘人完成著作

　　第 26 條規定：「出資聘人所成之著作，其著作權歸出資者有之。」本條規定，依當時學者秦瑞玠解釋[207]：

（一）本條之出資聘人完成著作與出資購買著作，並不相同。出資購買著作，係針對已成之著作，出資聘人完成著作，係針對未完成之著作，由出資人之出資而完成。著作權律第 21 條規定：「將著作權轉售抵押者，原主與接受之人，應連名到該管衙門呈報。」出資而購得，完全依買賣契約而定，而出資聘人完成著作，雖亦優先依契約決定，然

---

[204] 參見秦瑞玠，著作權律釋義，頁 15，上海商務印書館，民國元年 7 月初版。

[205] 明治 32 年（1899 年）之日本著作權法第 6 條規定：「在著作之名義上，以官署、學校、寺廟、協會、公司或其他團體發行或上演者，其著作之著作權，自發行或上演起繼續三十年。」日本學者認為，公私法人或其他團體，因非自然人，本來不得為著作人，然而官署、學校、寺廟、協會、公司或其他團體，其職員、受雇人等因同時或繼續共同創作作成之著作，而以團體名義發行或上演，如果該團體恰亦為著作人，當然原始取得著作權，擁有三十年的保護期間。參見榛村專一：著作權法概論，頁 90-91，嚴松堂書店，昭和 8 年。即日本亦承認有「法人著作」或「團體著作」。

[206] 現行法第 33 條規定：「法人為著作人之著作，其著作財產權存續至其著作公開發表後五十年。但著作在創作完成時起算五十年內未公開發表者，其著作財產權存續至創作完成時起五十年。」

[207] 參見秦瑞玠，同註 204，頁 30-31。

契約未決定時，依本條規定，著作權歸出資者所有。

（二）有關出資者與著作人的關係，共有四種：

1. 依著作權律第 21 條規定，向作者出資購買著作之著作權，作者之著作之著作財產權依移轉而屬於出資者。

2. 以包工方式聘人完成著作，即民法之承攬契約。

3. 以計工方式聘人完成著作，即民法之僱傭契約。

4. 作者將著作交予出資者發行或出版，而出資者與作者間在契約中約定相互間的利潤分配。

　　上述四種情形，僅第 2、3 與著作權律第 26 條之出資聘人完成著作有關。在第 4 種情形，著作人擁有著作權，出資者僅擁有出版發行權。

（三）依著作權律第 5 條規定：「著作權歸著作人終身有之；又著作人身故，得由承繼人繼續至 30 年。」第 6 條規定：「數人共同之著作，其著作權歸數人公共終身有之，又死後得由各承繼人繼續至 30 年。」著作權之歸屬，原本為著作之著作人，但本條規定，本條之出資聘人所成之著作，著作權歸出資者有之，係第 5 條及第 6 條之例外。但本條僅適用於契約無另行明定之情形，如果契約另訂明著作權歸著作人所有，則依契約之約定。

（四）本條之「著作權歸出資者有之」，係著作財產權歸出資者，然而出資者並非即為著作人，有關著作之具名，仍應依雙方之契約約定。著作權律承認代筆行為，故雙方約定以出資者具名或實際作者具名均無不可。如果契約無約定，則應認為以實際之自然人創作者為著作人 [208]。

---

[208] 秦瑞玠於「著作權律釋義」一書中謂：「出資聘人者，有為法人，有為自然人。其為法人本有第八條官署、學堂、公司、局所、寺院、會所等可以包含。本條（按：即第二十六條）之適用，殆只為自然人而設。」似有誤會。蓋著作權律第八條謂：「凡以官署、學堂、公司、局所、寺院、會所出名發表之著作，其著作權得專有至三十年。」係以官署等為著作人，如果官署等非為著作人，而係出資聘人完成著作，則仍有第 26 條之適用。

秦瑞玠於「著作權律釋義」一書中認為，適用第 26 條之情形，為第二種之請負契約（即「承攬契約」）及第三種之僱傭契約，但是民法尚有委任契約。有關委任契約完成之著作，著作權歸屬出資者或實際之創作者，並未交待。

第二項　民國 4 年北洋政府之著作權法

民國 4 年北洋政府之著作權法，大抵沿襲前清著作權律規定。著作權原則上歸著作人所有（第 4 條至第 6 條）。而於第 7 條規定：「以官署、學校、公司、局所、寺院、會所之名義發行之著作，其著作權亦得享有 30 年。」與前清著作權律第 8 條規定，實質內容相同，僅文字作枝節之修正。

另民國 4 年之著作權法第 20 條規定：「出資聘人所成之著作或照片，其著作權歸出資者有之。」與前清著作權律第 26 條規定相較，僅將前清著作權律第 26 條「出資聘人所成之著作」，加「照片」二字。然而民國 4 年北洋政府之著作權法第一條規定：「下列著作物，依本法註冊專有重製之利益者，為有著作權：一、文書、講義、演述；二、樂譜、戲曲；三、圖畫、帖本；四、照片、雕刻、模型；五、其他有關學藝美術之著作物。」照片亦為著作物之一，何以民國 4 年之著作權法第 20 條規定，增加「照片」二字，殊難索解。

第三項　民國 17 年國民政府之著作權法

民國 17 年之著作權法，立法精神承襲北洋政府之著作權法，著作權原則上歸屬著作人（第 4 條、第 5 條）。而於第 7 條規定：「著作物係用官署、學校、公司、會所或其他法人或團體名義者，其著作權之年限亦為 30 年。」

本條規定，依司法院 24 年院字第 1366 號解釋：「著作物用著作人個人之真實姓名，由官署、法人或團體等，呈請註冊為該著作權之所有人者，究與著作物單純用官署等名義者不同，其著作權享有之年限，應依著作人就該

著作物於註冊後是否仍享有何種利益定之。若係由著作人將著作物全部轉讓於官署、法人或團體。不再享受何種利益，則著作權已全屬於官署、法人或團體，其享受之年限，應依著作權法第 7 條之規定，為 30 年。倘著作人於法人或團體呈誦註冊後，仍享受著作物之利益，（如抽收版稅等），則其著作權與原著作人並未脫雜關係，應依同法第 4 條、第 5 條之規定，為其享有之期間。」

司法院該項解釋，似認為如果著作係以官署、學校、公司、會所或其他法人或團體名義者，依第 7 條規定，其著作權之年限為 30 年。然而，如果著作非以官署、學校、公司、會所或其他法人或團體名義者，而係以創作者個人名義出版發行，僅著作權轉讓官署、學校、公司、會所或其他法人或團體名義者，其著作權之年限亦為 30 年。此項解釋，似乏依據。蓋著作如果非以官署、學校、公司、會所或其他法人或團體為著作人名義者，即不宜適用民國 17 年著作權法第 7 條之規定，何以其著作權之年限亦為 30 年？又民國 17 年著作權法第 17 條規定：「出資聘人所成之著作物，其著作權歸出資人享有之。但當事人間有特約者，從其特約。」本條規定與民國 17 年及其以前之著作權法相較，多出但書規定。然而即無但書規定，亦應與作同樣解釋。

民國 17 年著作權法第 17 條規定，內政部曾經作一函釋：「曾經刊載之譯作，如各該刊載之刊物已載明：『版權為本刊所有，不得再在他處發表』等字樣者，自不能再歸該原譯人享有著作權。如各該刊載之刊物已註明，『著作權仍歸投稿人所有』者，當可援用著作權法第 17 條後半段『當事人間有特約者，從其約定』之規定[209]。」在刊物上刊載譯作，有可能為出資聘人完成著作者，亦有可能為作者投稿，非屬於出資聘完成著作者。如果刊載之譯作，非屬於出資聘人完成著作，似不宜引第 17 條規定，認為著作權歸出資者所有。況報刊之稿約，不宜解釋為要約，而應解釋為要約引誘[210]。

---

[209] 內政部 23 年 9 月 12 日警字第 458 號。
[210] 有關刊物上之稿約，究係要約抑或要約引誘，另參見後述民國 53 年之著作權法部分。

第四項　民國 33 年之著作權法

民國 33 年之著作權法第 7 條規定：「著作物用官署、學校、公司、會所或其他法人或團體名義者，其著作權之年限為 30 年。」內容與民國 17 年之著作權法第 7 條同，僅少部分文字有修正。

民國 33 年著作權法第 16 規定：「出資聘人所成之著作物，其著作權歸出資人享有之，但當事人間有特約者，從其特約。」其內容與民國 17 年之著作權法第 17 條完全相同。

第五項　民國 38 年之著作權法

本次修正，對於前述著作權法第 7 條及第 16 條規定無修正。

第六項　民國 53 年之著作權法

本次修正，對於前述著作權法第 7 條及第 16 條規定無修正。

惟實務上值得注意者為，針對民國 17 年之著作權法，內政部 23 年 9 月 12 日警字第 458 號函釋，將稿約視為出資聘人完成著作之要約。然而針對民國 53 年之著作權法第 16 條規定，法務部 71 年 6 月 21 日法（71）律 7215 號函復內政部謂：「按著作向報社投稿，似屬出版之要約，其經報社採用刊載者，通常可認為因承諾而成立民法上之出版契約，報社不過享有利用該著作物之權利（出版權）而已，除有特約外，難認當然包括著作權之轉讓在內，尚與著作權法第 16 條所定受聘而為著作之情形有別[211]。」已經否定內政部 23 年 9 月 12 日警字第 458 號函釋將稿約作為出資聘人完成著作之要約，而將稿約當作要約引誘，作者之投稿行為方屬要約。

---

[211] 參見蕭雄淋編，著作權法判解決議、令函釋示、實務問題彙編，頁 99，五南出版公司，2001 年 10 月 3 版。

又針對民國 53 年著作權法第 16 條規定，實務上認爲，出資聘人完成之著作，應於出資時尚未創作，如果出資聘人完成著作，而於創作人交稿時，將部分出資聘人完成著作之約定前，已創作在先之著作，當作交稿內容的一部分，不得認爲係出資聘人完成著作[212]。

第七項　民國 74 年之著作權法

一、有關出資聘人完成著作

民國 74 年之著作權法第 10 條規定：「出資聘人完成之著作，其著作權歸出資人享有之。但當事人間另有約定者，從其約定。」本條規定，大抵承襲民國 53 年著作權法第 16 條規定，僅將民國 53 年著作權法第 16 條之「出資聘人所成之著作物」，改成「出資聘人完成之著作」而已。

民國 74 年之著作權法第 10 條規定，所謂「出資聘人完成著作」，實務上認爲，不僅包含出資者爲自然人，或實際著作人爲自然人，尚包含出資者爲法人，或實際創作者爲法人在內。實務見解如下：

（一）出資者為自然人，創作者為自然人

內政部 75、8、23 台（75）內著字第 429302 號函謂：「建築師受委託辦理建築物之設計，該著作之著作權，依著作權法第 10 條規定，歸出資人即

---

[212] 內政部 86、12、26 台（86）內著會發字第 8618199 號函：「

（一）貴公司前於民國 69 年間企劃並出資聘請某甲作者完成（語文）著作且無特別之除外約定，有關著作權歸屬則適用行為時（即民國 53 年）舊著作權法第 16 條之規定，即貴公司對某甲依雙方約定內容所完成之語文著作部分應享有著作權，殆無疑義。

（二）至來函又敘述事後發現，在某甲當時所交付之稿件中，竟含有部分某甲自行創作在先之內容，例如：貴公司於民國 69 年出資聘請某甲完成一本其內含有 20 篇文學創作短文之專輯，但在某甲所交付之稿件中，卻有十篇係某甲在 60 年至 68 年之間陸續完成之舊作乙節，緣查該 60 年至 68 年間某甲所完成之創作自不屬貴公司與某甲於 69 年間約定之範疇，貴公司就該部分稿件因而無法享有著作權。」蕭雄淋編，前揭書，頁 99-100。

委託人（業主）享有之。但當事人間另有約定者，從其約定 [213]。」

（二）出資者為法人，創作者為自然人

台灣高等法院 84 年上更（一）字第 27 號判決：「衡之被上訴人周 X 光係被上訴人寶 X 麗公司之設計師，如系爭著作物非屬該公司出資雇用其設計之作品，該公司豈會於其設計完成交與方 X 群鑲造成品時，提供鑲造用之材料及修改之意見，並負擔鑲造之工資，足見被上訴人寶 X 麗公司抗辯係其出資聘用周 X 光於八十年十二月間完成系爭著作物之設計乙節，應屬實在。則依八十一年六月十日修正公佈前之著作權法第 10 條規定：『出資聘人完成之著作，其著作權歸出資人享有之。』系爭著作物之著作權應屬被上訴人寶 X 麗公司所有 [214]。」

（三）出資者與創作者均為法人

台灣高等法院 79 年上易字第 3451 號判決：「系爭『充電器圖』圖形著作，係長炬公司出資聘請藍線廣告有限公司設計創作完成，有藍線廣告有限公司開立予長炬公司設計費用之統一發票及長炬公司支出証明單等件影本附卷可按，而質諸被告郭東俊對上述設計打印完稿費用係向長炬公司請款給付，該圖形乃為長炬公司伊負責部門之業務需要而製作等情，復不諱言，足見該圖形乃長炬公司出資聘人完成…[215]。」

（四）出資者為自然人，創作者為法人

目前實務上雖未顯示此案例，但理論上，並無不可。

又實務上認為出資聘人完成著作，其是否受我國著作權法保護之要件，以出資者之是否具備受保護之資格要件為準，與受聘人是否具備一定資格無關。例如民國 74 年著作權法第 17 條第 1 項規定：「外國人之著作合於下列

---

[213] 參見蕭雄淋編：前揭書，頁 282。
[214] 同前註，頁 281。
[215] 同前註。

各款之一者，得依本法申請著作權註冊：一、於中華民國境內首次發行者。二、依條約或其本國法令、慣例，中華民國人之著作得在該國享受同等權利者。」民國74年之著作權法，對外國人著作之保護，係採註冊主義，且除於中華民國境內首次發行者外，採互惠制度。然而在出資聘人完成著作之情形，如果出資者爲中華民國國民，而受聘人爲與我國無互惠關係之國民或雖有互惠關係，但是著作未經註冊，只要契約別無約定，我國出資者，仍能享有著作權[216]。

　　上述「出資聘人完成著作」，理論上，除了包含僱傭外，尚包含承攬和委任關係之出資情形在內。僱傭關係情形，如上述台灣高等法院84年上更（一）字第27號判決；承攬關係情形，如上述台灣高等法院79年上易字第3451號判決；委任關係，如果上述內政部75、8、23台（75）內著字第429302號函。

---

[216] 參見下列二例：
一、內政部76、7、22台（76）內著字第421526號函：「…三、著作權法第十條之『受聘人』無國別之限制，如中華民國之國民出資聘請與我國無互惠關係國家之國民完成某著作而未特別約定著作權歸受聘人享有者，得依該條規定享有著作權。」同前註，頁283。
二、法務部司法官訓練所司法實務研究會第二十六期第二十一案座談：
　（一）法律問題：
　　　某中國出版公司出資聘請英國人完成之著作，該著作未經註冊，有無著作權？
　（二）討論意見：
　　　甲說：依著作權法第十條規定，出資聘人完成之著作，其著作權歸出資人享有之；本案應享有著作權者既為中國公司，雖未經註冊，自仍有著作權。
　　　乙說：依著作權法第十七條規定，外國人之著作係採註冊保護主義，如未註冊，即不得享有著作權。本案固係中國公司出資聘英國人完成之著作，著作人仍為外國人，既未經註冊，當然無著作權。
　（三）研究結論：按依著作權法第八條規定，著作權原則上由著作人享有之。故同法第十七條所定外國人之著作須經註冊始取得著作權之規定，亦係就著作權由著作人享有之一般情形而設。至如出資聘人完成之著作，同法第十條既特別規定其著作權應歸出資人享有，即縱著作人為外國人，亦應排除第十七條註冊保護規定之適用，從而本題應以甲說為當。（同前註，頁283-284。）

二、法人或團體為出資者之保護期間

民國 74 年著作權法第 11 條規定：「著作權自始依法歸機關、學校、公司或其他法人或團體享有者，其期間為 30 年。」此較民國 53 年著作權法第 7 條規定：「著作物用官署、學校、公司、會所或其他法人或團體名義者，其著作權之年限為 30 年。」有很大的改變。民國 53 年著作權法，係法人或團體著作之規定，即著作之著作人為法人或其他團體，以法人或其他團體具名之著作，而民國 74 年著作權法第 11 條規定，則不一定以法人或其他團體為著作人，亦可能以自然人為著作人，法人或其他團體為出資人。蓋只要法人或其他團體依著作權法第 10 條規定，出資聘請自然人或法人創作，則出資之法人或其他團體，自始享有著作權。此時之著作權保護期間為 30 年。故亦可能自然人為著作人，法人或其他團體為出資人，此時因出資人為著作權人，而使法人或其他團體僅享有 30 年之著作權[217]。

民國 74 年著作權法第 11 條何以如此修正？依民國 74 年行政院草案僅謂：「配合修正條文第 14 條，明定著作權自始依法歸機關、學校、法人團體享有者，著作權期間為 30 年。其如非自始享有，則依第 14 條規定之處

---

[217] 參見行政院 76、2、6 台（76）內字第 2137 號函：「本院有關單意見：查本院五十二年十月五當台五十二內字第六五七一號令示：『因文字著作之受讓人與出資人均非著作人本人可比，核其情形與著作權法第七條所定內署學校等以他人之作品供自己登記著作權者相當，如其呈請註冊後著作人已不再享受何等利益，則其享有著作權之年限，似應類推適用上揭規定為牛年（司法院院字第一三六六號解釋參照）』，其中關於出資人享有著作權年限之解釋，雖係對修正前著作權法所為，惟查修正前著作權法第十六條所定：『出資聘人所成之著作物，其著作權歸出資人享有之。但當事人間有特約者，從其特約』，修正後著作權法改為第十條『出資聘人完成之著作，其著作權歸出資人享有之。但當事人間另有約定者，從其約定』，兩者間僅為文字修正，立法本旨並無不同，又修正前著作權法及修正後著作權法對於出資人享有之著作權年限均無明文規定，且本院上揭令示基於『出資人均非著作人本人可比，核其情形與著作權法第七條所定內署學校等以他人之作品供自己登記著作權者相當』，認出資人享有著作權之年限為三十年，法理上亦無不妥，故令示關於出資人享有著作權年限之解釋，似仍得繼續適用。」蕭雄淋編，前揭書，頁 282。

理[218]。」在立法院審查會或院會，無立委對此有任何異議或提出意見。亦無人認為此係一重大修正[219]。

第八項　民國 79 年之著作權法

民國 79 年修正之著作權法，對民國 74 年著作權法第 10 條及第 11 條規定，並無任何修正。

第二節　民國 81 年著作權法之職務著作

第一項　民國 81 年著作權法第 11 條及第 12 條之立法過程

一、由內政部至行政院草案

民國 74 年有關職務著作之規定，在當時之主管機關內政部草案第一稿時第九條原為：「受法人或其他類似長期僱傭關係下雇用人之指示，基於職務作成之著作，如以法人或雇用人之名義公開時，除作成時契約、職務規則或其他法令別有規定外，著作權人為法人或雇用人[220]。」

第一稿規定「著作權人為法人或雇用人」，法人並非著作人，無著作能力。因此筆者建議內政部採日、韓立法例，確認法人之著作能力，筆者建議條文為：「法人或其他使用人之從業人員，基於法人或其他使用人之企劃，在職務上作成之著作，如以法人或使用人名義公表者，除作成時之契約、職務規則或他別有規定外，以法人或使用人為著作人。前項著作如為電腦程式著作，前項規定之適用，無須以法人或使用人名義公表。」其理由為：「‧‧‧

---

[218] 參見立法院秘書處，著作權法案，頁 13，法律案專輯，第 82 輯，內政（23），民國 74 年 9 月。
[219] 參見立法院秘書處，前揭書，頁 74-75、227。
[220] 參見「內政部著作權法修正草案第一稿」，頁 10。

（二）日著及韓著，從事創作之人，均限於法人及使用人之從業人員，第一稿對此規定並不明確，本草案乃規定『法人或其他使用之從業人員』。（三）第一稿規定『長期僱傭關係之僱傭人』（其實應為『雇用人』，見民法第484條），與日著有異。日著之『使用人』包含學校、國家、地方公共團體，故教授與學校、公務員與國家間，亦有本條之適用。本草案乃使用『使用人』此一名稱。（四）本條第一稿規定法人之『指示』，此日文原文為『發意』乃『首先倡議』之意，譯為『企劃』可能較精當，本草案從之。（五）日著第15條第2項對電腦程式著作有特別規定，乃基於電腦程式之特殊性，不易有『公表』之行為，本草案乃於第2項增加電腦程式特殊性之規定。（六）本條日著、韓著直接以法人為『著作人』，該案以法人為『著作權人』，本草案從日韓立法[221]。」

內政部在草案第4稿第12條規定：「在法人之企劃下，其從業人員職務上作成之著作，如以法人名義公表者，除另有法令契約、職務規則或其他規定外，以法人為著作人。前項著作如為電腦程式著作者，無須以法人名義公表。」第13條規定：「受聘人在出資人之企劃下完成之著作，準用前條之規定[222]。」其後因在各機關會商時，有人對「以法人名義公表」一語有意見，因此至行政院函送立法院時之條文乃改為：

第11條：「法人之職員或其他受雇人，在法人之規劃及監督下，其職務上完成之著作，以法人為著作人。但法令另有規定或契約另有約定者，不適用之。」第12條：「受聘人在出資人之規劃及監督下完成之著作，除前條情形外，以出資人為著作人。但法令另有規定或契約另有約定者，不適用之[223]。」

其第11條之立法理由為：「（一）本條新增。（二）按法人之職員或其他受雇人於職務上完成之著作，如係在法人之規劃及監督下完成，此際法人

---

[221] 拙著：《著作權法修正條文相對草案》，頁45-46，內政部，79年3月。
[222] 參見「內政部著作權法修正草案第四稿」，頁42-43。
[223] 參見內政部印，著作權法修正草案，79年12月20日行政院送立法院審議稿，頁24-26。

之職員或其他受雇人在性質上僅屬法人之工具或輔助人，故應以法人為著作人。但如法令另有規定或契約另有約定以其職員或其他受雇人為著作人者，則依其規定或約定。又本條但書並不包括得規定或約定以第三人為著作人之情形，蓋『著作人』者，依修正條文第3條第1項第2款，係因從事創作而作為著作人，第三人無從經由法令之規定或法人及其職員或其他受雇人間之約定，成為著作人，併予說明。（三）另法人組織之學校之教師，其著作並非在法人之規劃及監督下完成，故其完成之著作，仍以其個人為著作人，至於如另外受聘從事著作者，則依修正條文第11條、第12條定其著作人。（四）本條係參考日本著作權法第15條及韓國著作權法第9條之立法例，增訂如上。」

　　第12條之立法理由為：「（一）現行條文第10條修正改列。（二）現行法係就出資聘人完成之著作規定其著作權歸屬，至究以何人為『著作人』，則未予明定，滋生實務困擾。按出資聘人完成之著作，如係在出資人之規劃及監督下完成者，此際受聘人在性質上僅係出資人之工具或輔助人，故應以出資人為著作人。但如法令另有規定或契約另有約定以受聘人為著作人者，則依其規定或約定。又本條但書並不包括得以第三人為著作人之情形。蓋『著作人』者，依修正條文第3條第1項第2款之規定，係因從事創作而成為著作人，第三人無從經由法令之規定或出資人與受聘人間之約定，成為著作人，併予說明。（三）所定『除前條情形外』旨在釐清本條與修正條文第11條之適用關係。即出資聘人完成之著作且屬第11條之情形時，優先適用第11條規定，其餘則適用本條規定。（四）又教師如僅單純受聘授課而不包括受聘著作者，其完成之著作，仍以個人為著作人，並無本條之適用；如受聘著作者，則依本條或前條定其著作人，即原則上以法人或出資人為著作人，但法令另有規定或契約另有約定以教師為著作人者，則依其規定或約定。（五）依本條決定著作人後，即可依修正條文第13條規定確定著作權歸屬，現行條文『其著作權歸出資人享有之』之規定屬贅文，爰予刪除。（六）本條係參考日本著作權法第15條及韓國著作權法第9條之立法例，

修訂如上[224]。」

二、從立法院審查會至二讀協商

　　上述行政院送立法院草案第 11 條及第 12 條規定，在立法院內政、教育、司法三委員會審議時，僅將該二條「法令」文字修正為「法律」，其餘未修正[225]。

　　著作權法修正在二讀時，由於立法委員彼此意見極不一致，乃訂 81 年 5 月 11 日及 13 日在立法院公聽室協商，協商到第 11 條及第 12 條時，林壽山委員主張法人無著作能力，堅持刪除該 2 條條文。有學者應邀陳述意見，大略說明美國、日本、南韓、新加坡及德國立法概況，前四者法人有著作能力，後者法人無著作能力，由於我國自清朝著作權律開始，即承認法人有著作能力，目前實務通說亦認為法人有著作能力，故主張維持審查會意見，法人應有著作能力，必要時得增加日本著作權法「以法人名義公表」之要件。

　　林壽山委員當場斥為：「替資本家說話。」惟在協商時之結論，採陳水扁、陳定南二委員之意見，即第 11 條：「法人之受雇人，在法人之企劃下，完成其職務上之著作，以法人視為著作人。但契約另有約定者，從其約定。」第 12 條：「受聘人在出資人之企劃下完成之著作，除前條情形外，以出資人

---

[224] 立法院秘書處編印，著作權法修正案，《法律案專輯》，152 集（上冊）頁 22-24，82 年 2 月。

[225] 參見立法院關係文書 80 年 12 月 28 日印發，院總第 553 號，政府提案第 3963 號之 1，頁 31-32。此修正及立法委員丁守中所提，丁守中委員之發言為：「第 11 條行政院說明中：『但如法令另有規定或契約另有約定以其職員或其他‧‧‧』之句，此處最大爭議是『法令』兩字，如說『法律』改變本條之適用，那麼，我們基於特別法優於普通法，後法優於前法，知道不適用於本條。在著作權法中並沒有委任立法的規定，所以行政機關以行政命令排除本法的適用。是有疑義的。此外，中央法規標準法規定涉及人民權利義務的，應以法律訂之。所以，此處用『法令』是一個明顯的錯誤。本席認為『法令』應改為『法律』。」參見註 224，頁 195。

爲著作人。但契約另有約定者，從其約定。[226]」而上述條文乃台北市律師公會、中國比較法學會、亞洲專利代理人協會中華民國總會三團體之建議修正條文。

上述建議案，其中關於第 11 條其理由爲：「（一）法人之職員即爲受雇人，無庸贅爲規定，乃『職員或其他』五字刪除。（二）業界通常皆稱企劃或企畫案，規畫並非業界慣用語，故修改爲『企劃』。（三）監督究係何指易生疑義。若爲行政監督，則受雇人本應受法人之監督，與其職務上創作又無必然關聯，無庸規定。若係指專業監督，則企劃與監督必須兼具，要件過於嚴苛。且法人未必有專業監督能力（如整個法人團體中，只有該受雇人具有專業能力），爰將『及監督』三字刪除。（四）至創作行爲原屬自然人心智之活動，以法人『視爲』著作人即可，而以法人『爲』著作人則有未妥，故修正爲擬制規定。（五）另但書之『法令另有規定』刪除之。蓋現今法律並無另有規定，且爾後縱另有規定，亦得依特別法優於普通法原則處理之，至於法之『令』，姑不論現無此命令，縱有之，亦違反中央法規標準法第 5條第 2 款『關於人民之權利、義務事項，應以法律定之』之規定，故絕不可以命令來變更人民之權利義務事項。」關於第 12 條之理由爲：「（一）文字修正與第 11 條之說明相同，請參酌。（二）本條之受聘情形包括僱傭契約、委任契約及承攬契約在內，應特別強調[227]。」

三、立法院二讀院會之討論

立法院二讀時，在院會中林壽山、謝長廷委員一再強調法人不能爲著作人，並認爲美國、日本立法例是高度資本主義的產物，不足以效法，但丁守中委員卻支持法人得作爲著作人，最後陳癸淼委員提議原則上以受雇人爲著

---

[226] 見立法院議案關係文書，著作權法修正草案 81 年 5 月 1、5、8 日院會保留條文協商結果對照表，頁 11（81 年 5 月 19 日印發）。

[227] 見台北律師公會、中國比較法學會、附專利代理人協會中華民國總會著作權法修正草案之相對建議修正條文，第 11、12 條部分之說明。

作人，但在特別約定下，法人亦得為著作人。後經半小時之會外協商，採陳癸淼之意見，擬出民國 81 年著作權法第 11 條及第 12 條條文[228]。

第二項　民國 81 年著作權法之解釋

一、第 11 條之解釋

民國 81 年著作權法第 11 條規定：「法人之受雇人，在法人之企劃下，完成其職務上之著作，以該受雇人為著作人。但契約約定以法人或其代表人為著作人者，從其約定。」該規定之解釋，析述如下：

（一）本條之「法人」，依民法之意義，係指自然人以外，由法律所創設，得為權利及義務主體之團體[229]，包含社團法人及財團法人。故舉凡公司、人民團體、私立學校、各種基金會等，均為此之法人。依日本著作權法規定，法人包含無權利能力之社團或財團，而有規定代表人或管理人者（第二條第六項）。另依中國大陸著作權法，非法人單位亦得為作者（第 11 條）。惟依本法，無權利能力之社團或財團，不得為著作人（第 30 條及第 33 條參照）。

（二）本條之「受雇人」，限於民法上僱傭契約上之受雇人，不包含委任及承攬契約之受任人及承攬人在內。受任人及承攬人係適用第 12 條之問題，而非屬於本條範圍。

（三）本條之「企劃」，相當於日語之「發意」及英文之 initiative，含有「提議」、「首先倡議」之意思。本條係法人有作成一定著作之構想，命受雇人具體製作，故條文用「企劃」二字。

（四）本條「法人之企劃」，解釋上包含法人董事及其他受雇人之上司主管之企劃。又受雇人之意見（idea）或主意而得上司主管許可，亦屬法

---

[228] 同註 224，下冊，頁 756-758。

[229] 施啟揚，民法總則，頁 111，著者發行，71 年 9 月。

人之企劃範圍[230]。又此處法人與受雇人間，須有實質之指揮監督關係。

（五）本條「職務上之著作」，須以工作性質作實質判斷，與工作時間無必然關係[231]。例如國會記者上班時間在報社寫副刊文章，非屬於職務範圍。反之，報社記者在家裡寫職務上之採訪報導，則屬於職務範圍。又大學教授在職務上並非必要編講義，故大學教授之講義，非屬於「職務上著作」。

（六）符合本條之要件，原則上以受雇人為著作人。但如契約約定以法人或其代表人為著作人者，從其約定。此契約約定不以書面為必要，口頭亦可。無論明示或默示，均可成立（民法第 153 條第 1 項）。惟如無約定，著作人為受雇人，著作人格權及著作財產權均屬受雇人[232]。

---

[230] 加戶守行，著作權法逐條講義，頁 115，著作權情報中心，平成 6 年版。

[231] 中川善之助・阿部浩二，著作權，頁 100，第一法規株式會社，昭和 55 年。

[232] 參見司法院第 22 期司法業務研究會第 6 則座談：

　（一）提案人：

　　　台灣桃園地方法院　韓金秀

　（二）問題說明：

　　　甲公司委託乙電腦軟體公司為其設計一套電腦程式，雙方訂立契約，該電腦程式之著作權屬甲公司所有；乙公司將該設計工作交由丙工程師開發，惟對著作權部分並未訂立任何契約。工作完成後，丙因故離職，將其設計之電腦遊戲程式轉售丁公司，由丁公司製作發售，試問丙、丁是否應負違反著作權法之刑責？

　（三）研究意見：

　　　甲說：因甲公司委由乙電腦公司設計電腦遊戲程式，雙方訂立該著作權由甲公司享有，丙自應受該契之約束，不得再為重製，丁亦不能為銷售之行為，是該二人應負違反著作權法之刑責。

　　　乙說：乙公司既未與丙訂立任何契約，約定該電腦程式著作之財產權屬於乙公司或原委託之甲公司所有，丙依著作權法第十一條之規定，該著作權（含財產權）仍屬丙所有，丙自得再予重製，丁出資買受製作銷售，均不負任何刑責。

　（四）研討結果：

　　　採乙說。

　（五）司法院刑事廳研究意見：

　　　同意研究結果。（參見司法周刊雜誌社印行：《刑事法律專題研究（六）》，81 年 6 月初版，頁 96-97。）

（七）本條之「法人」，不限於私法人，公法人亦包含在內 [233]。

二、第 12 條之解釋

民國 81 年著作權法第 12 條規定：「受聘人在出資人之企劃下完成之著作，除前條形外，以該受聘人為著作人。但契約約定以出資人或其代表人為著作人者，從其約定。」該規定之解釋，析述如下：

（一）本條之「出資人」係沿襲自民國 74 年舊著作權法第 10 條規定：「出資聘人完成之著作，其著作權歸出資人享有之。但當事人間另有約定者，從其約定。」民國 74 年舊著作權法第 10 規定，主要係適用在僱傭及承攬關係 [234]，惟第 11 條已規定法人與受雇人之關係。故本條主要係適用在獨資商或自然人與受雇人之僱傭關係，以及法人、商號、自然人之定作人與承攬人之承攬關係。

---

[233] 參見下列二函釋（見拙編：《著作權法裁判彙編（一）》，頁 293-296，83 年 7 月。

一、法務部法 (81) 律字第 14674 號函：按公文程式條例第 1 條規定：「稱公文者，謂處理公務之文書；其程式除法律別有規定外，依本條例之規定辦理。」是以公務員製作之文書是否屬公文之範疇，應依其是否處理公務為目的，且是否具備規定程式認定之。另著作權法第 11 條規定中之法人，並未特別排除公法人，故不論公法人或私法人，均有該條之適用。至於著作權法第 12 條規定：「受聘人在出資人之企劃下完成之著作・・・以該受聘人為著作人・・・」公務員基於職務完成「公文以外」之著作，是否適用上開規定，宜就有否出資聘請該員，在出資人之企劃下完成著作之具體事實認定之。

二、法務部法 (82) 律決字第 19390 號函：（一）按著作權法（以下稱本法）第 11 條規定：「法人之受雇人，在法人之企劃下，完成其職務上之著作，以該雇人為著作人。但契約約定以法人或其代表人為著作人者，從其約定。」所謂法人包括公法人及私法人在內；但機關並非法人，依上揭法條、同法第 12 條及第 3 條第 1 項第 2 款規定，不得為著作人，亦不得為著作財產權之主體，其僅居於國家公法人—著作財產權人之代表機關之地位。（二）如機關屬員所完成職務之著作，係以屬員為著作人而享有其著作權，則該屬員於行使著作權時，仍須遵守有關規範公務員法規之相關規定（例如依本法第十五條第一項，該屬員就其著作雖享有公開發表之權利，但其於行使此項權利時，即不得違反公務員服務法第四條有關保密義務之規定等是。）

[234] 蕭雄淋，著作權法逐條釋義，頁 118 至 119，著者發行，75 年 9 月修正再版；秦瑞玠，前揭書，頁 31。

（二）依本條行政院原草案說明，本條但書並不包括得以第三人為著作人之情形。蓋「著作人」，係依本法第 3 條第 1 項第 2 款規定，因從事創作而成為著作人，第三人無從經由法令之規定或出資人與受聘人間之約定，而成為著作人 [235]。惟本條解釋上應不否定實務上掛名代筆之情形。例如甲欲演講，請乙執筆寫演講稿，甲乙均同意以甲之名義公開發表，且著作權歸甲，甲乙此一契約解釋上應不違背公序良俗，應屬有效，亦即在此種情形，對外甲為著作人，擁有著作權 [236]。

第三項　民國 81 年著作權法第 11 條及第 12 條之問題

一、依民國 81 年著作權法第 11 條及第 12 條規定，出資聘人完成著作，如出資人與受雇人或受雇人未約定，則所完成之著作其著作人格權及著作財產權均屬受雇人或受聘人，顯然與世界各國著作權法通例相違。美國著作權法之出資聘人完成著作，出資人原則上享有著作人格權及著作財產權。日本、中國大陸、英國原則均承認法人得為著作人，且僅符合一定之要件，法人即得為著作人，無須特別約定。德國雖然不承認法人得為著作人，但在職務關係完成之著作，法人仍得擁有不受限制之利用權。故至少在著作財產權方面，民國 81 年著作權法可能係全世界最不利於出資人的，此不利於出資者，尚超過中國大陸。

二、依 1993 年 7 月 16 日生效之「北美事務協調委員會與美國在台協會著作權保護協定」（下稱「台美著作權協定」）第 1 條第 3 項規定：「『受保護人』係指：甲、依各該領域法律認定為公民或國民之個人或法人，及乙、於該領域內首次發行其著作之個人或法人。」第 5 條第 2 項規定：「如著作人係非自然人，其保護期間不得短於 50 年，自著作完成

---

[235] 立法院秘書處編印，著作權法修正案，（上冊），頁 23-24。

[236] 日本著作權法令研究會編，著作權關係法令實務提要，頁 341，第一法規株式會社，昭和 55 年。

之日或首次發行之日起算，以先到期者爲準。」台美協定法人得爲著作人，故除非我國著作權法立法欲挑戰台美協定，不遵守雙邊協定，否則不可能限定僅自然人得爲著作人，法人不得爲著作人，而台美協定於1989年7月14日草簽，故民國81年著作權法立法爭議法人是否得爲著作人，實無意義。尤其自前清著作權律迄民國81年修法爲止，法人均得爲著作人，如果民國81年立法驟然修改法人不得爲著作人，實務上實難適應。

三、依前清著作權律迄民國81年著作權法修正前之舊法，法人無須約定即當然享有著作人格權及著作財產權，且其他出資人亦無須約定當然享有著作財產權，民國81年著作權法正好相反，如無約定，無論法人或其他出資人，均不得享有著作人格權或著作財產權。而依著作權法第111條規定，在新舊法過渡中，以「著作完成日」爲準，將造成許多不公平。例如A公司於民國79年1月聘請職員甲爲其完成某著作，該著作預計三年完成，A公司因信任法律，故與甲未爲著作權歸屬之約定。在民國81年舊法時期因該著作尚未完成，不能產生著作權（著作權法第13條），而在82年1月該著作完成時，已爲新法時期，著作權歸甲所有，此對A公司甚不公平。實務上常發生在舊法時期受聘於軟體公司之程式設計師，在新法時期離職，離職後不僅將在原公司開發之軟體拷貝自行成立公司販賣，且進一步禁止原公司繼續生產銷售或再進一步研發，否則將訴究其姓名表示權及同一性保持權之侵害，此對國內軟體產業造成極大困擾[237]。

四、在民國81年6月12日民國81年著作權法生效後，由於公司須與員工簽約，以確保其著作權益，此在新進員工簽約，尚能順利進行，在舊有員工簽約，由於勞工意識高漲，造成不少反彈，使勞資關係惡劣[238]。

---

[237] 參見蕭雄淋，「同一性保持權侵害之若干問題—評台灣高等法院84年上字第314號判決」，資訊法務透析，頁18以下，85年2月。

[238] 參見蕭雄淋：談新著作權法的法人著作，蒐錄於蕭雄淋著：著作權法漫談（二），頁386，著者發行，82年4月。

第三節　民國 87 年（即現行法）著作權法之職務著作

第一項　民國 87 年（前現行法）著作權法第 11 條及第 12 條之立法過程

　　自民國 81 年著作權法全盤修正後，除在實務上出現若干窒礙問題外，更由於我國積極準備加入世界貿易組織，而世界貿易組織協定包括「與貿易有關之智慧財產權協定」，對各類智慧財產權（包括著作權）均訂有最低保護標準，要求各會員須遵守施行，故我國若欲順利加入世界貿易組織，則須使我國著作權法完全符合與貿易有關之智慧財產權協定規定。民國 87 年著作權法仍有若干不符合與貿易有關之智慧財產權協定規定之處。為符合前述與貿易有關之智慧財產權協定，俾利我國申請加入世界貿易組織，以及因應實際需要，內政部乃擬訂著作權法修正草案，由行政院送請立法院審議[239]。

　　著作權法修正草案將民國 81 年著作權法第 11 條修正為第 13 條：「受雇人於職務上完成之著作，以該受雇人為著作人。但契約約定以雇用人為著作人者，從其約定（第 1 項）。」「依前項規定，以受雇人為著作人者，其著作財產權歸雇用人享有。但契約約定其著作財產權歸受雇人享有者，從其約定（第 2 項）。」「前二項所稱受雇人，包括公務員（第 3 項）。」其立法理由為：

（一）民國 81 年著作權法之第 11 條修正移列為第 1 項，並增訂第 2 項及第 3 項。

（二）法人之代表人就法人一切事務，固對外代表法人，惟法人及其代表人各為獨立之權利義務主體，現行條文第 11 條但書卻規定法人之受雇人完成職務上著作者，得約定以法人之代表人個人為著作人，使法人之權利得歸其代表人個人享有，此實值斟酌。又民國 81 年著作權法

---

[239] 參見立法院議案關係文書，院總第 553 號，政府提案 5490 號，著作權法修正草案總說明。

僅規範法人與其受雇人間關係，對於雇用人為自然人時，與其受雇人間關係，則漏未規定。

（三）民國 81 年著作權法第 11 條修正施行後，引起實務上極大困擾，各界要求修正之建議甚多，咸認民國 81 年著作權法第 11 條規定，使雇用人投資從事創作，卻無法取得著作權，致影響投資研究發展意願。另雇用人為援用但書規定，與受雇人約定以雇用人為著作人時，亦常引起二者間關係緊張。

（四）為調和雇用人與受雇人間之權益，爰增列本條第 2 項，規定以受雇人為著作人者，其著作財產權歸雇用人享有，不過當事人亦得以契約另行約定其著作財產權歸受雇人享有。

（五）此外，依第 1 項本文規定，以受雇人為著作人，由受雇人享有著作人格權時，由於修正條文第 17 條著作人格權中之同一性保持權規定不似民國 81 年著作權法第 17 條嚴苛，對雇用人行使著作財產權時，較不至於構成侵害受雇人著作人格權之不合理阻礙，如此真正可達調和權益之效果。

（六）又本條所稱「受雇人」包含公務員。為使公務員於職務上完成著作之權利歸屬臻於明確，爰增訂第 3 項如上。

（七）本條參照專利法第 7 條第 1 項之立法例修正如上。

　　此外，著作權法修正草案將民國 81 年著作權法第 12 條修正為第 14 條：「出資聘請他人完成之著作，以該受聘人為著作人。但契約約定以出資人為著作人格權，從其約定（第 1 項）。」「依前項規定，以受聘人為著作人者，其著作財產權依契約約定歸受聘人或出資人享有。未約定著作財產權之歸屬者，其著作財產權歸受聘人享有（第 2 項）。」「依前項規定著作財產權歸受聘人享有者，出資人得利用該著作（第 3 項）。」其立法理由為：

（一）民國 81 年著作權法第 12 條修正移列為第 1 項，並增列第 2 項及第 3 項。

（二）出資人之代表人，對外代表出資人，惟出資人及其代表人各為獨立之權利義務主體，民國81年著作權法第12條但書卻規定出資人之受聘人完成之著作得約定以出資人之代表人個人為著作人，使出資人之權利得歸其代表人個人享有，此實值斟酌，爰將現行法「代表人」予以刪除。

（三）又出資聘人完成之著作，出資人與受聘人通常立於較平行之地位，與前條僱傭關係完成之著作，其受雇人係利用雇用人提供之軟、硬體設備、領受薪資職務上完成者，迥不相同。故所完成著作之著作財產權歸屬，原則上應由雙方當事人依其出資、受聘目的訂立個別契約約定之；如當事人間未約定者，由於出資人出資目的通常僅欲利用受聘人完成之著作，故著作財產權應歸受聘人享有。爰增訂第2項如上。

（四）又如出資聘人完成著作之著作財產權依第2項規定，歸受聘人享有，由於出資人出資目的通常係欲利用受聘人完成之著作，爰增訂第3項，規定依第2項規定著作財產權歸受聘人享有者，出資人均利用該著作。

（五）本條參照專利法第7條第3項之立法例[240]。

　　上述草案，於立法院正式審議時，將草案第13條改為11條，第14條改為12條，另於原草案第14條第1項規定：「出資聘請他人完成之著作，以該受聘人為著作人。但契約約定以出資人為著作人格權，從其約定（第1項）。」改為：「出資聘請他人完成之著作，除前條情形外，以該受聘人為著作人。但契約約定以出資人為著作人格權，從其約定（第1項）。」

---

[240] 參見立法院議案關係文書，院總第553號，政府提案5490號，著作權法修正草案總說明，頁595-598。

第二項 現行著作權法第 11、12 條之解釋

一、第 11 條之解釋

現行著作權法第 11 條規定：「受雇人於職務上完成之著作，以該受雇人為著作人。但契約約定以雇用人為著作人者，從其約定（第 1 項）。」「依前項規定，以受雇人為著作人者，其著作財產權歸雇用人享有。但契約約定其著作財產權歸受雇人享有者，從其約定（第 2 項）。」「前二項所稱受雇人，包括公務員（第 3 項）。」上述規定，目前實務上運作之解釋如下：

（一）本條所稱「受雇人」，係指雙方具有僱傭關係之受雇人而言，包括公務員，其定義請依民法規定認定之[241]。公司員工、公務員、獨資或合夥之受雇用之人，或其他任何具有僱傭關係之受雇用之人[242]。因此，公務員因公參加研習，雇用單位請同仁利用上班時間所撰寫之心得報告，確有可能屬於本法第 11 條之情形，即著作人為公務員，著作財產權人為中華民國或其他公法人，而以機關為管理人[243]。

（二）本條受雇人與雇用人之關係，得以勞保及健保之投保單位、薪資扣繳之有無、福利等等種種要素判斷，彼此有無僱傭關係[244]。

---

[241] 參見經濟部智慧財產局 97 年 08 月 20 日電子郵件 970820b 號。

[242] 參見經濟部智慧財產局 99 年 4 月 22 日電子郵件 990422 號。

[243] 參見經濟部智慧財產局 94 年 1 月 31 日電子郵件 940131 號；96 年 2 月 5 日智著字第 09620030150 號。

[244] 最高法院 96 年度台上字第 2887 號判決謂：「本件系爭圖樣係陳筱媛所創作，其為吉貝斯之員工；依著作權法第 11 條規定：受雇人於職務上完成之著作，以該受雇人為著作人。但契約約定以雇用人為著作人者，從其約定。依前項規定，以受雇人為著作人者，其著作財產權歸雇用人享有。但契約約定其著作財產權歸受雇人享有者，從其約定。查本件係以職員陳筱媛為著作人，而陳筱媛與雇用人吉貝斯公司間亦未對系爭圖樣之著作財產權歸屬另有約定，依前開規定，告訴人吉貝斯公司亦享有系爭圖樣之著作財產權云云（原判決理由壹之一）。雖吉貝斯公司於原審 96 年 1 月 11 日審理期日，具狀提出陳筱媛任職於該公司之薪資所得扣繳憑單，以證明其係雇用人，然查吉貝斯公司代表人許麗鳳於第一審證稱：陳筱媛剛來的時候是元裕陶瓷工業社的員工，勞、健保都是在元裕陶瓷工業社，後來成立吉貝斯公司，名義上被分配到吉貝斯公司，但實際上勞、健保、薪水都是在元裕陶瓷工業

（三）本條所稱「於職務上完成之著作」，係事實認定之問題，須以工作性質作實質判斷（例如是否在雇用人指示、企劃下所完成，是否利用雇用人之經費、資源所完成之著作等），與工作時間及地點無必然之關係，並應於具體個案認定之。例如若該圖文係受雇人個人旅遊所攝影或就旅遊心得所爲之文字描述而與公司業務無關，且僅係提供充實公司電子報內容，則該著作權似屬受雇人所有[245]。

（四）本條第1項所稱「受雇人於職務上完成之著作，以該受雇人爲著作人。但契約約定以雇用人爲著作人者，從其約定（第1項）。」即在僱傭關係完成之著作，如果未約定受雇人擁有著作財產權，則著作財產權當然歸屬公司所有，其著作財產權被侵害，僅公司得主張權利，受雇人不得主張權利[246]。然而如果受雇人於職務上完成之著

社（第一審卷一第192頁）；另據上訴人之辯護人於原審提出陳怡芬於原審法院民事庭作證之筆錄，陳怡芬證陳：我曾經與陳筱媛是同事，我一直是在元裕工廠做事，地址是鶯歌鎮○○街146號，陳筱媛的工作地點也在德昌街146號，每天都看到她各等語（原審卷第153、154頁），上訴人於原審即據此主張陳筱媛係元裕陶瓷工業社之員工，元裕陶瓷工業社方為雇用人而享有著作財產權，吉貝斯公司無告訴權云云（原審卷第24、139、141頁）。則陳筱媛於系爭圖樣創作時，究係受雇於吉貝斯公司？抑元裕陶瓷工業社？即非無疑義，此攸關其著作財產權之歸屬，及本件是否已經合法告訴，乃原審未予詳查究明，復未於判決內說明證據取捨及認定之理由，遽行判決，有判決不備理由之違背法令。」

[245] 參見經濟部智慧財產局98年6月6日電子郵件980606b號。

[246] 參見最高法院98年度台上字第5658號判決：「受雇人於職務上完成之著作，以該受雇人為著作人。但契約約定以雇用人為著作人者，從其約定。依前項規定，以受雇人為著作人者，其著作財產權歸雇用人享有。但契約約定其著作財產權歸受雇人享有者，從其約定，著作權法第11條定有明文。原判決於理由說明：八目公司之『超級尺』機器之電腦控制程式，包含操作介面程式及底層控制程式二部分，其中底層控制程式為乙○○受雇於八目公司時，於職務上所創作完成，乙○○為底層控制程式之著作人。又載稱：八目公司未以『書面』約定乙○○任職於該公司期間所為創作之著作權歸屬，八目公司之代表人蕭正富表示有與乙○○『口頭』約定歸屬八目公司，不能採信等語。如果無訛，乙○○任職於八目公司期間為該公司創作之『超級尺』底層控制程式，既未約定著作權歸受雇人享有，則依上揭法律規定，即應歸雇用人八目公司所有。乃原判決卻認應歸乙○○所有，因而認乙○○嗣後將此電腦程式使用於皇捷公司，未侵害八目公司之著作財產權，有判決理由矛盾及不適用法則之違法。」

　　作，受雇人與雇用公司約定，由受雇人將職務著作授權雇用公司使用，則顯然雙方另有約定，著作之著作財產權應屬受雇人，而非屬於雇用公司[247]。

（五）本條「受雇人於職務上完成之著作」，須以受雇人於受雇後所完成之著作爲限。著作如係受雇人於受雇前所創作完成，則不僅無法以雇用人爲著作財產權人，且不能約定以雇用人爲著作人[248]。

---

[247] 最高法院92年度台上字第5731號判決：「依87年1月21日修正之著作權法第11條第1項前段及第2項規定，受雇人職務上完成之著作，以受雇人為著作人者，其著作財產權原則上歸雇用人享有，則雇用人本於著作財產權人之地位，自得專有行使其權利（此際，受雇人僅享有著作人格權）；但契約約定其著作財產權歸受雇人者，其著作財產權歸受雇人享有，則雇用人如欲利用該著作，即須取得受雇人（即著作財產權人）之授權。此項契約約定不以書面為必要，口頭亦可，無論明示或默示，均可成立。查上訴人主張前揭電路圖之圖形著作，係於八十七年三月間指示當時之受雇人梁宇和研發架設電腦區○○路之配線面板，就該配線面板內一印刷電路板所設計之電路佈局圖，該電路圖之圖形著作乃其受雇人梁宇和於職務上完成之著作，依著作權法第十一條第一項前段規定，該圖形著作之著作人為梁宇和。上訴人雖謂依著作權法第十一條第二項前段規定，該圖形著作之著作財產權應歸其享有，但依梁宇和88年2月1日出具予上訴人之授權書及梁宇和在第一審之供證，均主張該著作財產權歸梁宇和享有，其僅將所繪製之電路板圖形著作授權予上訴人使用，此觀該授權書記載：『本人梁宇和（身份證字號：略）同意將pcb/pl/3pc板之使用權，授與合利展公司（統一編號：略。負責人康永和，身份證字號：略）製造生產，圖形如附件（略）。如若合利展公司有違反任何法律事件，或未經本人同意，將其轉賣他人，或結束營業，或公司重整，以上有任何一件發生，本人將收回其所有權利。授權人：梁宇和（簽章）。合利展有限公司負責人康永和（簽章）』等情自明。且依自訴意旨所載，上訴人亦係主張『梁宇和將該著作之著作財產權授與自訴人使用』，基於梁宇和授權其使用上開著作財產權之被授權人地位，以其被授權之權利遭被告侵害為由提起本件自訴，並非本於其自己係『著作財產權人』被害而自訴甚明。再者，梁宇和於第一審經訊以：『你是pcb/pl/3pc板之著作權人？』『著作是誰的？』時，均據分別證稱：『是的。』『是我的。』等各語；嗣經辯護人詰問：『你曾與自訴人簽了一份授權書，自內容看，pc板授權予自訴人生產，除此之外，你有無授權第三人或自己生產？』，梁宇和則證稱：『我還可以授權別人做。我沒讓自訴人獨家生產。』（見一審卷第41頁、第43頁、第52至53頁），顯見梁宇和均供證上開圖形著作之著作財產權歸其享有，及由其授權上訴人使用無訛。又該授權書約定梁宇和得在一定條件成就下，終止對上訴人之前開授權，尤徵上開圖形著作之著作財產權係約定歸梁宇和享有而授權上訴人利用。苟謂上訴人原本即享有著作財產權，則梁宇和又何來授權及收回該項授權？」

[248] 參見內政部87、11、16台（87）內著會發字第8705831號函。

二、第 12 條之解釋

現行著作權法第 12 條規定：「出資聘請他人完成之著作，除前條情形外，以該受聘人爲著作人。但契約約定以出資人爲著作人者，從其約定（第 1 項）。」「依前項規定，以受聘人爲著作人者，其著作財產權依契約約定歸受聘人或出資人享有。未約定著作財產權之歸屬者，其著作財產權歸受聘人享有（第 2 項）。」「依前項規定著作財產權歸受聘人享有者，出資人得利用該著作（第 3 項）」。上述規定，目前實務上運作之解釋如下：

（一）依民國 87 年之立法理由，本條之出資聘人完成之著作，出資人與受聘人通常立於較平行之地位，與前條僱傭關係完成之著作，其受雇人係利用雇用人提供之軟、硬體設備、領受薪資職務上完成者，迥不相同。故本條之出資人，主要是委任、承攬關係而言，與民國 81 年之著作權法第 12 條同。故本條之出資關係，不包含行政機關對民間單位所爲之補助，蓋該輔助款原則上係屬公法上之補助，故應依相關補助規定進行審核及補助，與完成之著作間並不必然具上述之私法上之對價關係，此與著作權法第 12 條之規範尙屬有間 [249]。

（二）依本條第 2 項規定：「依前項規定，以受聘人爲著作人者，其著作財產權依契約約定歸受聘人或出資人享有。未約定著作財產權之歸屬者，其著作財產權歸受聘人享有。」有關出資聘人完成著作，著作財產權的歸屬，得否約定一部歸屬？例如約定「由出資人取得公開上映權及改作權以外之著作財產權，其餘權利歸受聘人」？實務上認爲，著作權法第 12 條第 2 項規定，並不包括「全部之著作財產權可約定一部分歸受聘人享有，其餘部分歸出資人享有」之情形，故上述一部約定之情形，爲法所不許。即出資聘人完成之著作，依著作權法第 12 條第 2 項規定，決定其著作財產權之歸屬（全部歸受聘人享有，或全

---

[249] 參見經濟部智慧財產局 96 年 12 月 17 日智著字第 09600107280 號函；經濟部智慧財產局 98 年 11 月 23 日電子郵件 981123b 號函。

部歸出資人享有）後，雙方當事人自得依著作權法第 36 條規定，透過轉讓部分權利，達到雙方所希望「一部分歸受聘人享有，其餘部分歸出資人享有」之目的 [250]。同理，實務上亦認為，著作權法第 12 條第 2 項之約定，僅能約定著作財產權歸受聘人或出資人，不能約定為第三人所有 [251]。

（三）本條第 3 項規定：「依前項規定著作財產權歸受聘人享有者，出資人得利用該著作。」實務上認為，出資人得利用受聘人完成之著作是一種法定授權，只有出資人本人得以主張。因此，著作權法第 12 條第 3 項的出資人，即便自己不加以利用，亦不得將該法定授權（利用權）再授權他人或讓與第三人。本條第 3 項所謂之「出資人得利用該著作」，其得「利用」之範圍，須依出資人與受聘人間之「契約目的」加以解釋 [252]；倘依契約之目的，可認除「出資人」本人外，尚包含「出資人交由他人所為之利用行為」時，則該他人之利用行為，亦應視為出資人本人之利用行為，而不構成著作權之侵害；惟此種行為究與所

---

[250] 參見經濟部智慧財產局 94 年 2 月 14 日電子郵件 940214 號函：「
　一、依著作權法第 12 條規定，出資聘請他人完成之著作，若無約定著作人及著作財產權之歸屬，則該受聘人為著作人，並享有該著作之著作財產權，而出資人則可利用該項著作。而如雙方當事人欲就著作財產權之歸屬加以約定，依著作權法第 12 條第 2 項『著作財產權依約約定歸受聘人或出資人享有』之文字及八十七年著作權法修正增訂該文字之立法原意，確係指『全部之著作財產權可約定全部歸受聘人享有，或全部歸出資人享有』，並不包括『全部之著作財產權可約定一部分歸受聘人享有，其餘部分歸出資人享有』之情形。因此您來函所稱之『出資聘人所完成之著作約定由出資人取得公開上映權及改作權以外之著作財產權，其餘權利歸受聘人』，似已超出立法原意及法條文義。
　二、出資聘人完成之著作，依上述規定決定其著作財產權之歸屬（全部歸受聘人享有，或全部歸出資人享有）後，雙方當事人自得依著作權法第 36 條規定，透過轉讓部分權利，達到雙方所希望『一部分歸受聘人享有，其餘部分歸出資人享有』之目的。
　三、以上一、二、之安排可在同一契約中加以約定，確保雙方權益。」

[251] 參見經濟部智慧財產局 95 年 8 月 25 日電子郵件 950825 號函：「依著作權法（以下稱本法）第 12 條規定，得為著作人或著作財產權之人，以出資人或受聘人為限。因此，依本法第 12 條約定著作財產權之歸屬時，並無約定以出資人及受聘人以外之第三人為著作財產權人之空間。」

[252] 參見經濟部智慧財產局 96 年 5 月 16 日智著字第 09600037930 號函。

稱「利用權」之讓與不同[253]。

（四）依本條規定，如果出資人於訂約後，未付約定之出資金額，是否將影響著作財產權之歸屬？實務上認為，如果當事人簽立合約後於著作未完成前，發生終止合約且未給付價金等情事，由於未完成之著作，並無著作權，不生著作權歸屬之問題。惟若當事人簽立合約後，著作已完成，出資者未給付價金，是否會影響著作權歸屬？則應視出資聘請之合約狀態而定，如果出資聘請之合約已合法終止，即無所謂之出資聘人完成著作之情形存在；反之，如果出資聘請合約仍存在，只是出資者未給付價金，則不影響著作財產權之歸屬，只是受聘人得循民事契約關係，請求相對人依約履行對待給付之問題[254]。

（五）第 11 條原則上係適用受雇人與雇用人之關係，第 12 條原則上係適用委任與承攬關係，第 11 條之受雇人，在性質上無從是法人，亦即法人無從為受雇人，然而法人得否為第 12 條之受聘人？此在實務上十分常見。惟實務意見認為：「出資聘請法人完成之著作，因並非由法人實際創作而係該法人之『職員』所創作完成，故就該著作之著作權之約定，並無從依本法第 12 條之規定，直接約定以出資人為著作人或其享有著作財產權，而係先依本法第 11 條規定，視該法人與職員之間就著作人或著作財產權有無特別約定，如無特別約定，則該職員（受雇人）就其職務上完成之著作為著作人，其著作財產權歸該職員所任職之法人（雇用人）享有。最後，再由該公司依本法第 36 條或第 37 條之規定，將該著作之著作財產權讓與或授權予出資人後，出資人始取得該著作之著作財產權或被授權人之地位，進而合法利用該著作。惟有關著作人格權之部分，依本法第 21 條之規定，不得讓與或繼承，但得約定不行使，故為避免侵害該著作之著作人格權，出資

---

[253] 參見經濟部智慧財產局 96 年 12 月 10 日智著字第 09600104530 號函。
[254] 參見經濟部智慧財產局 97 年 4 月 8 日智著字第 09716001070 號函。

人尚須與法人（著作人）約定著作人格權不行使之約款[255]。」依此見解，A 公司出資聘請 B 公司完成著作，僅得由 B 公司與受雇人約定以 B 公司為著作人，再由 B 公司將著作財產權轉讓給 A 公司，由 A 公司與 B 公司約定，B 公司不得行使著作人格權，不得由 A 公司依著作權法第 12 條與 B 公司逕行約定以 A 公司為著作人或著作財產權人。此外，此種約定，A 公司亦不得依著作權法第 12 條第 3 項規定，利用 B 公司或 B 公司之受雇人之著作[256]。又如果 A 公司與 B 公司約定 B 公司不行著作人格權，則對約定雙方有拘束力[257]。

第四節　小結

由我國著作權法職務著作之立法沿革、實務適用觀之，有幾項啓示之處：

一、我國其實於前清 1910 年之著作權律第 8 條之草案說明及著作權律立法後之學者論述，已承認法人著作存在，其後該規定一直延續著，依台灣高等法院 79 年上易字第 3451 號判決，亦承認法人亦得為出資聘人完成著作之受聘人，法人亦得創作著作，且主管機關函釋亦承認法人得為著作人[258]。雖然民國 81 年著作權法立法過程中，對於法人是否得為著作人有所爭論，然而我國理論與實務，已長期有承認法人著作之事實。

---

[255] 參見經濟部智慧財產局 98 年 7 月 15 日電子郵件 980715a 號函，同旨經濟部智慧財產局 89 年 5 月 30 日智著字第 89004285 號函。

[256] 參見經濟部智慧財產局 91 年 2 月 18 日（91）智著字第 0910000187 號函。

[257] 參見經濟部智慧財產局 90 年 5 月 4 日（90）智著字第 09000038850 號函。

[258] 參見內政部 77 年 10 月 11 日台（77）內著字第 637635 號函謂：「著作權法第三條第三款規定：『著作人：指創作著作之人。』此處『人』，究僅指自然人或兼指自然人與法人？參照同法第一條後段規定『本法未規定者，適用其他法律之規定』，而依民法之規定，『人』包含自然人及法人，且著作權法第三條第三款所稱著作人並無明文排除法人之規定，職此，似難謂法人不得為著作人。」引自蕭雄淋編：著作權法判解決議、令函釋示、實務問題彙編，193 頁，五南圖書公司，2001 年 10 月 3 版。

二、前清著作權律第 26 條已規定，出資聘人完成著作，著作權歸出資者有
　　之。」當時學者秦瑞玠，即已說明出資聘人完成著作，包含包工和計工
　　方式，此一立法一直沿用至民國 79 年。至民國 81 年著作權法修正，方
　　將出資聘人完成著作拆成第 11、12 條兩條。然而，自前清著作權律開
　　始，承認法人著作之條文，係由團體名義發行之保護年限所引出，與日
　　本 1899 年著作權法第 6 條規定相同。故有關「法人著作」之觀念，並
　　非來自「出資聘人完成著作」之條文，此似可啓示我國是否應有獨立的
　　法人著作之要件之規定。

三、依民國 81 年著作權法修正第 11 條及第 12 條之立法理由，其中提及學校
　　教師之著作權之情形，通常除外不適用職務著作，此與美、日學說及實
　　務規定相同，值得重視。然而主管機關函釋卻認爲語文教學中心之教師
　　之上課內容，屬於職務著作[259]，此實務意見，實需通盤檢討，將留待下
　　章討論。

---

[259] 參見經濟部智慧財產局 97 年 4 月 1 日電子郵件 970401a 號：「

一、著作權法（以下稱本法）係採創作保護主義，著作人於著作完成時即享有著作權（包
含著作人格權及著作財產權）。來函所詢語文教學中心老師之授課演講內容可能屬本
法所稱的語文著作，如將該授課之演講內容全程錄音，涉及語文著作之重製，應於徵
得著作財產權人之授權後始得為之。

二、有關上述授課之演講內容的著作權歸屬問題，可分為下列二種情形加以說明：

（一）屬雇傭關係完成之著作者：如老師是語文教學中心的受雇人，其授課之演講內
容，是其職務上完成的著作的話，該演講內容之著作人、著作財產權歸屬的認
定，首先應視雙方的約定來決定，若雙方沒有約定的話，原則上，老師為該演
講內容的著作人，只享有著作人格權，語文教學中心為著作財產權人，享有著
作財產權。

（二）屬承攬關係完成之著作者：如老師是語文教學中心所聘請，其授課之演講內容，
是因語文教學中心出資聘請而完成，且雙方的法律關係屬『承攬』的話，其著
作人、著作財產權人應由雙方約定來決定，若雙方未做任何約定，則老師為該
授課之演講內容之著作人，享有著作人格權及著作財產權，但語文教學中心得
在出資的目的和範圍內利用該演講內容。」同旨見經濟部智慧財產局 94 年 6 月
13 日號函。

四、適用著作權法第 11 條或第 12 條，在著作財產權歸屬之效果上，顯然不同。我國著作權法第 11 條與 12 條之區別，究係完全依民法僱傭、委任、承攬契約的形式契約加以區分，抑或依有無實質的監督關係，即依平行抑或上下隸屬關係區分，實務上尚非十分明確。經理人、董事、董事長依民法及公司法規定，其與法人之關係似為委任關係，然而此種與法人亦非平行之關係，究應如何適用，實務上應發生困擾。經濟部智慧財產局 94 年 7 月 12 日電子郵件 940712 號函亦尚未明確劃分界限。此在未來派遣員工盛行之情形下，尤值得注意。此亦留待下一章探討。

第八章　職務著作在著作權法的可能問題及建議

第一節　職務著作之立法問題

第一項　有關法人著作問題

一、法人著作是否承認之問題

　　有關法人得否爲著作人，在民國 81 年著作權法修正時，曾有極大的爭論，迄今仍有學者認爲法人不宜爲著作人。本研究認爲，法人爲著作人，仍應保留，理由如下：

（一）就公約而論

1. 依第二章之分析，伯恩公約之參加國，有大陸法系之「作者權傳統」（author's right tradition）之國家，如德國，亦有英美法系之「版權傳統」（copyright tadition）之美國，伯恩公約並未明確規定，著作之著作人應爲自然人或法人。在伯恩公約國家，同盟中許多國家明示或暗示，著作之著作人限於自然人（如法國法 §111-1（3）、德國法 §7），但有重要的例外，特別是英美法系國家（如荷蘭法 §6-8、美國法 §201（b）、澳洲法 §97-9、英國 §9（2）a）。足見在伯恩公約此一問題未表明態度 [260]。而承襲伯恩公約精神的 WCT [261]，亦爲如此。

---

[260] 參見本研究第壹部分第 2 章第 2 節。
[261] 參見本研究第壹部分第 2 章第 5 節。

2. 在世界著作權公約，係以美國為主之公約，並未排斥法人得為著作人，羅馬公約更強調錄音物之權利人為錄音物之製作人，此製作人係最初固定表演之音或其他之音的自然人或法人（第 3 條 (c) 項）。此所謂「最初固定表演之音或其他之音」之錄製品，其強調乃一工業活動，而非個人活動。法人之受雇人在其職務範圍內錄製聲音，應認為作為僱主的法人為製作人 [262]。而承襲羅馬公約精神的 WPPT，亦然相同 [263]。基於我國著作權法有關錄音係以著作權加以保護，而非以著作鄰接權加以保護，承認法人得為著作人，至少在錄音著作之保護上，較符羅馬公約和 WPPT 之精神。

3. 依台美著作權保護協定第 2 條第 1 項規定，錄音物將以「著作」加以保護。且以台美著作權保護協定第 1 條第 1 項、第 3 項、第 4 項及第 5 條第 1 項、第 2 項規定之精神，明文承認法人著作之存在 [264]。我國雖已加入 WTO，然而台美著作權保護協定並未廢除，仍有拘束力，故從公約觀點來看，我國仍有保留法人著作之必要。

（二）就各國立法例而論

目前各國立法，美、日、南韓、中國大陸、荷蘭、澳洲、英國，均承認法人著作存在 [265]，而在德國、法國法，僅承認自然人得為著作人 [266]。基於我國 1910 年前清著作權律受日本 1899 年著作權法之影響，民國 81 年著作權法受日本 1970 年著作權法及 1987 年南韓著作權法之影響，在整體法制，承認法人得為著作人，較能在法制繼受上不致產生斷裂。且我國與美國、日本、中國大陸之著作權貿易最為大宗，在法制上，亦不宜相差太大，故從立法例

---

[262] 參見本研究第壹部分第 2 章第 3 節。
[263] 參見本研究第壹部分第 2 章第 6 節。
[264] 參見本研究第壹部分第 2 章第 7 節。
[265] 荷蘭法第 6-8 條、美國法 201(b) 條、澳洲法第 97-9 條、英國第 9(2)a 條，日本法第 15 條、南韓法第 9 條、中國大陸法第 11 條第 3 項。
[266] 德國法第 7 條、法國法第 111-1(3) 條。

之繼受及採擇上，我國立法亦宜承認法人得為著作人。

（三）就立法沿革而論

我國自前清 1910 年之著作權律第 8 條之草案說明及著作權律立法後之學者論述，已承認法人著作存在，其後該規定一直延續著，依台灣高等法院 79 年上易字第 3451 號判決，亦承認法人亦得為出資聘人完成著作之受聘人，法人亦得創作著作，且主管機關函釋亦承認法人得為著作人。雖然民國 81 年著作權法立法過程中，對於法人是否得為著作人有所爭論，然而我國理論與實務，已長期有承認法人著作之事實，已如第七章所述。如果將來立法不承認法人著作，則法人先前已為著作人，將依何理論而消失？我國過去承認法人著作，在實務上並無扞格之處，如果貿易不承認法人著作存在，反而在實務上將產生問題。

二、法人著作係依一定要件而存在，抑或依約定而存在？

我國著作權法第 11 條第 1 項規定：「受雇人於職務上完成之著作，以該受雇人為著作人。但契約約定以雇用人為著作人者，從其約定。」第 12 條第 1 項規定：「出資聘請他人完成之著作，除前條情形外，以該受聘人為著作人。但契約約定以出資人為 著作人者，從其約定。」依此二規定，我國職務著作，原則上以受雇人或受聘人為著作人，但如果有約定，則受雇人或出資人亦得為著作人。

然而依美國著作權法第 201 條 b 項規定：「聘雇著作：就本篇之目的而言，聘雇著作以雇用人或委託創作之人視為著作人，並擁有著作權之所有權利。但相關當事人簽訂書面文件另有不同之明示約定者，不在此限。」日本著作權法第 15 條第 1 項規定：「基於法人或其他使用人（以下各條稱「法人等」）之倡議（發意），而由從事該法人等之業務之人，在職務上作成之著作（電腦程式著作除外），如以法人等之名義公開發表，除作成時之契約、勤務規則或其他別有規定外，其著作人為法人等。」第 2 項規定：「基於法

人等之倡議，而由從事該法人等之業務之人，在職務上作成之電腦程式著作，除作成時之契約、勤務規則或其他別有規定外，其著作人為法人等」。南韓著作權法第第 9 條規定，在法人團體或其他雇用人 (以下於本法稱「法人等」) 之企劃下，由從事法人等業務之人，職務上所作並以法人等名義公開發表之著作 (以下稱「團體名義著作」)，契約或勤務規則中無特別之規定時，以法人等為著作人。但記名著作之情形，不在此限。另有關電腦程式著作部分，南韓 1987 年 7 月施行電腦程式保護法第 7 條亦有類似規定，惟仍須以法人名義公開發表，方以法人為著作人、中國大陸著作權法第 11 條第 3 項規定：「由法人或者非法人單位主持，代表法人或者其他組織意志創作，並由法人或者非法人單位承擔責任的作品，法人或者其他組織視為作者。」

　　以上四國規定，均依一定要件成為「法人著作」，而非依賴約定。查我國著作權法第 21 條規定：「著作人格權專屬於著作人本身，不得讓與或繼承。」依我國著作權法第 11 條及第 12 條規定，實際創作之受雇人或受聘人，本為「著作人」，因「約定」而不再成為「著作人」，不得擁有著作人格權，此與著作人格權之讓與無異，我國 11 條及第 12 條之立法理論，顯有矛盾，似應檢討[267]。

　　此外，如果受雇人在雇用人企畫下，在職務上完成著作，預定以著作人名義發表，如果仍須依約定，法人方為著作人。在我國中小企業，不見得僱

---

[267] 大陸著作權法第 17 條規定：「受委託創作的作品，著作權的歸屬由委託人和受託人通過合同約定。合同未作明確約定或者沒有訂立合同的，著作權屬於受託人。」有大陸學者對大陸著作權法有關委託著作的規定，頗有異論：而認為：「無論雙方有無約定委託作品著作權的歸屬，受託人仍然是委託作品的作者。那麼委託人能否在合同約定其享有委託作品著作權的情況下取得著作人身權呢？從我國著作權法第 16 條有關『特殊職務作品』的作者享有署名權，著作人通過合同約定中的著作權，似乎應包含人身權和財產權。即委託人和受託人可以通過合同使受託人原始取得包括人身權在內的全部著作權。但這種解釋將實際上使委託人享有署名權，與署名權應由作者享有的基本原則不簽。而且，這種解釋會導致學生出資雇用他人為『槍手』撰寫畢業論文的行為合法化，應當是不足取的。」參見王遷，著作權法學，頁 157，北京大學出版社。另亦有學者認為此委託人與受託人的約定，應限於著作財產權，不包含著作人格權在內，因為著作人格權（精神權利），是不能移轉的。參見齊愛民、周偉萌等著，著作權法體系化判解研究，頁 15，武漢大學出版社，2008 年 4 月。

主與受雇人間，人人有書面契約，如果雇用人仍不能修改受雇人之著作，以法人之名義發表，實務上仍有困擾。

尤其在公法人之受雇人，往往與公法人無有關職務著作之契約，而公法人之職員在職務上完成之著作，公法人之主管往往會大加修改，如果謂此時仍然以受雇人為著作人，實在難以理解。因此，在法人著作，應依一定條件而以法人為著作人或「視為」著作人，方屬合理。

至於應規定為以法人「為」著作人，或以法人「視為」著作人？美國法及中國大陸規定「視為」著作人，日本及南韓法，並無「視為」字樣。為平衡「作者權傳統」與「版權傳統」對法人著作理論的衝突，本研究建議以將法人「視為」著作人為妥。

第二項　職務著作之著作財產權的歸屬問題

一、僱傭與委任、承攬等之職務著作之著作財產權歸屬，是否應有不同？

我國民國 81 年以前之著作權法規定，出資聘人完成著作，以出資人擁有著作財產權。此出資人，包含僱傭、委任、承攬關係。亦即，無論僱傭、委任、承攬關係，其法律效果均屬相同，以出資人為著作財產權人。

然而民國 81 年之著作權法，無論是僱傭、委任、承攬關係，如果無約定，原則上著作財產權均屬受雇人或受聘人。民國 87 年之著作權法，如果無約定，原則上在僱傭關係，著作財產權屬於雇用人，在其他出資關係，著作財產權屬於受聘人。

在美國，「僱傭關係完成之著作」（a work prepared by an employee within the scope of his or her employment）與「其他的特別訂製或委託關係」（a work specially ordered or commissioned），係分別訂定，但效果相同，以出資人為著作人，著作財產權均屬於雇用人或出資人。然而針對「其他的特別訂

製或委託關係」，尚須限於：1. 當事人簽定書面文件；2. 明示同意該著作視為聘僱著作，3. 限於九種特別之著作內。易言之，如果不符此三要件，則除符合「僱傭關係完成之著作」外，僅能以契約來決定著作財產權之歸屬。

在日本，不分僱傭、委任、承攬關係只要符合日本著作權法第 15 條規定之要件：1. 基於法人或其他使用人之倡議（發意）；2. 從事法人業務之人在職務上作成；3. 以法人等名義公開發表；4. 契約、勤務規則或其他別無規定，以法人或其他使用人為著作人，由法人或其他使用人擁有著作財產權。而所謂「在職務上作成」，非嚴格的限於僱傭契約，尚包含委任與承攬關係，但在委任與承攬關係，必須限於使用人與被使用人有實質的指揮監督之關係。如果非屬於第 15 條之情形，原則上應依契約約定著作財產權之歸屬。南韓著作權法之規定，與日本法之規定，原則上相同。

在中國大陸，僱傭關係依第 11 條第 3 項及第 16 條決定著作財產權之歸屬，在委任承攬關係，依第 17 條決定著作財產權之歸屬，易言之，在僱傭關係，著作財產權較有利於出資人，在委任與承攬關係，著作財產權原則上屬於受任人或承攬人。

在英國、加拿大、香港著作權法，在僱傭關係與在委任、承攬關係，其著作財產權規定效果不同。在僱傭關係完成之著作，著作財產權一般上屬於雇用人，在委任、承攬關係完成之著作，著作財產權原則上屬於受任人或承攬人。

由上述各國立法之歧異情形，足見「僱傭與委任、承攬等之職務著作之著作財產權歸屬，是否應有不同」，此一議題，並無定論，惟本研究認為，仍維持現制，在僱傭關係完成之著作，與在其他出資關係（如委任、承攬）關係完成之著作，宜有區別，立法較為完善。

其理由如下：

（一）就外國立法例而言

1. 就外國立法例而言，英國、香港、加拿大等立法，在僱傭關係情形下，

原則上以雇用人為著作財產權人，在委任、承攬之情形下，原則上以受聘人或受任人為著作財產權人，與我國相同。而在中國大陸著作權法，在僱傭情形下，雇用人雖未必為完整之著作財產權人，但較在委任、承攬下，有甚多之有利之處。故我國之立法，在外國立法例上，實有其立法依據。

2. 在美國法，雖然於「其他的特別訂製或委託關係」（a work specially ordered or commissioned），著作財產權仍屬於出資人，然而其條件頗為嚴格。其中「當事人簽定書面文件」、「明示同意該著作視為聘僱著作」，此種條件，依我國著作權法第 12 條規定，即得約定著作財產權歸出資人，而達到類似美國法之效果，故我國無仿效美國法之必要。

3. 日本法僅在著作權法第 15 條約定一般職務著作，而對於不符合第 15 條要件之出資關係，無出資人得利用權之規定。此在出資人與利用人尚不完全習慣於約定書面契約之我國，在運作上似有困難，不宜採行[268]。

（二）由我國立法之沿革而言

1. 我國著作權法之立法，就職務著作之著作財產權之歸屬，在民國 81 年以前，對於出資人非常有利。於民國 81 年至 87 年，對受雇人或受聘人非常有利，引起勞資雙方之緊張對立。而民國 87 年之立法折衷其中，雖然仍有缺點，但權利較不偏顧勞資任何一方，原則上勞資雙方大抵皆可接受。修法以最小變動為原則，此一原則尚無須變動。

2. 我國著作權法第 87 條修正第 12 條時，其立法理由中有謂：「出資聘人完成之著作，出資人與受聘人通常立於較平行之地位，與前條僱傭關係完成之著作，其受雇人係利用雇用人提供之軟、硬體設備、領受薪資職務上完成者，迥不相同。故所完成著作之著作財產權歸屬，原則上應由雙方當事人依其出資、受聘目的訂立個別契約約定之；如當事人間未約

---

[268] 南韓著作權法與日本法規定，基本相同。

定者，由於出資人出資目的通常僅欲利用受聘人完成之著作，故著作財產權應歸受聘人享有[269]。」此一立法理由，頗為合理。

二、著作權法第12條之出資人，在無約定時，規定「出資人得利用該著作」，是否足夠？

我國著作權法第 12 條規定：「出資聘請他人完成之著作，除前條情形外，以該受聘人為著作人。但契約約定以出資人為著作人者，從其約定（第1項）。」「依前項規定，以受聘人為著作人者，其著作財產權依契約約定歸受聘人或出資人享有。未約定著作財產權之歸屬者，其著作財產權歸受聘人享有（第2項）。」「依前項規定著作財產權歸受聘人享有者，出資人得利用該著作（第3項）。」其中第 3 項之規定，目前實務上最為困擾。

在著作權法第 12 條之出資關係，如果出資人與受聘人無約定，出資人僅能「利用該著作」，其利用範圍如何？得否轉授權？法條無明文規定。依主管機關之函釋，出資人得利用受聘人完成之著作是一種法定授權，只有出資人本人得以主張。因此，著作權法第 12 條第 3 項的出資人，即便自己不加以利用，亦不得將該法定授權（利用權）再授權他人或讓與第三人。本條第 3 項所謂之「出資人得利用該著作」，其得「利用」之範圍，須依出資人與受聘人間之「契約目的」加以解釋[270]；倘依契約之目的，可認除「出資人」本人外，尚包含「出資人交由他人所為之利用行為」時，則該他人之利用行為，亦應視為出資人本人之利用行為，而不構成著作權之侵害；惟此種行為究與所稱「利用權」之讓與有別[271]。

依上述著作權法第 12 條第 3 項之規定及主管機關之函釋，第 12 條第 3 項出資人之利用權，似乎是非專屬之法定授權關係，其授權範圍依契約之目

---

[269] 參見立法院議案關係文書，院總第 553 號，政府提案 5490 號，頁 595-598。
[270] 參見經濟部智慧財產局 96 年 5 月 16 日智著字第 09600037930 號函。
[271] 參見經濟部智慧財產局 96 年 12 月 10 日智著字第 09600104530 號函。

的認定之，而且此利用權不能轉授權。

　　有關委任、承攬關係，在出資人與受聘人無約定情形下，在美國法如果符合美國著作權法第 201 條 b 項之「其他的特別訂製或委託關係」（a work specially ordered or commissioned），以出資人視為著作人，出資人擁有完整之著作財產權。

　　在日本第 15 條之法人著作之規定，其職務上作成之著作，尚包含使用人與被使用人間有實質的指揮監督關係之委任、承攬關係完成之著作，如果依此關係完成之著作，則使用人為著作人，使用人有完整之著作財產權。

　　依中國大陸大陸著作權法第 17 條規定：「受委託創作的作品，著作權的歸屬由委託人和受託人通過合同約定。合同未作明確約定或者沒有訂立合同的，著作權屬於受託人[272]。」上述委託著作相當於我國著作權法第 12 條的「出資聘人完成之著作」，係在委任或承攬關係所完成之著作。大陸著作權法第 17 條的委託著作與我國著作權法第 12 條的出資聘人完成之著作，其著作財產權的歸屬，規定相當，即無約定，均屬受聘人（受託人），其不同者，我國著作權法第 12 條第 3 項規定，如果著作財產權未明確約定或約定著作財產權歸受聘人所有，則出資人得利用該著作，大陸著作權法未明確規定，僅由「最高人民法院關於審理著作權民事糾紛案件適用法律若干問題的解釋」[273]第 12 條規定：「依照著作權法第十七條規定委託作品著作權屬於受託人的情形，委託人在約定的使用範圍內享有使用作品的權利；雙方沒有約敬使用作品範圍的，委託人可以在委託創作的特定目的範圍內免費使用該作品。」

　　而在德國、英國、加拿大法，則透過目的讓與理論或默示授權理論解決。在香港法，出資人不僅在目的範圍內，被授權利用著作，且此種情形，有時尚得有某種專屬權。

---

[272] 大陸「計算機軟件保護條例」第 11 條亦規定：「接受他人委託開發的軟件，其著作權的歸屬由委託人與受託人簽定書合同約定；無書面合同或者合同未作明確約定的，其著作權由受話人享有。」
[273] 2002 年 10 月 12 日公佈。

　　依上述立法之分析，本研究建議，我國著作權法第 12 條，應有類似德國法之目的讓與理論之法條文字，即規定「出資人在出資目的之範圍內，有利用權」，即在目的範圍內，不限於本身之利用，尚得授權或轉授權他人利用。例如 A 公司製作百科全書，聘請甲寫一詞條或完成一攝影著作，未約定著作權歸屬，在 A 公司百科全書完成後，該百科全書，除 A 得出版外，尚得轉授權 B 出大陸版，轉授權 C 出美國版，轉授權 D 出版網路版等。

第二節　職務著作之實務問題

第一項　教師之著作權問題

　　學校專任教師之教學，對於學校而言，是否是職務著作？又教師準備之講義，教師上課之講課內容，教師之研究論文，其著作權屬於學校，抑或教師本人，此關係全國無數教師之權益，實務上究應如何運作？值得探討。

一、外國實務之觀察

（一）美國法

　　雖然美國著作權法第 201 條 (b) 規定：「就本篇之目的而言，職務著作以雇用人或委託創作之人為著作人，並且除相關當事人簽訂書面文件另有不同之明示約定外，擁有著作權之所有權利。」而教師係受雇於學校，依著作權法規定，本應以學校為著作人。教師在職務上的教學及研究著作，教師欲擁有著作權，直接在法律上依據甚為薄弱。

　　然而早在美國 1976 年著作權法通過前，在實務上，各法院和學者，包含大學教師及其雇主學校，普遍認知到職務著作原則有一項「學術例外」之傳統。依此一例外，即使該著作之創作是在教師職務範圍內，而且是當初他受聘的一項條件，大學教師的講課和著作由教師原始擁有權利，而非由其雇

用人擁有[274]。某加州上訴法院在某一案中維持地方法院所做「教授保有其講課之著作權」之判決；既然教師沒有將權利移轉給大學，「是教師、而非大學擁有其講課的普通法上之著作權」[275]。

　　職務著作原則的「學術例外」，早在 1976 年著作權法通過之前就已根深柢固，牢不可破地深植於當今的智慧財產權政策中，而有效地成為全美國各大學與其教師之間的聘雇契約內容之一部分。雖然有人認為 1976 年著作權法既已對職務著作加以明確定義，應該沒有「學術例外」存在的空間。然而，在 1976 年著作權法通過之前支撐「學術例外」的習慣，在 1976 年著作權法通過後，法院實務，卻繼續支持該例外。在 1976 年美國著作權法修正通過後的另一案中，第七巡迴上訴法院認知到，著作權法的職務著作規定，「其普遍性足以使每一篇學術文章都成為『職務著作』，從而取得專屬權利的是大學、而非學者」，但法院得出的結論是：大學教師擁有其著作的權利，「是從有著作權法以來即存在的學術界傳統[276]」。

　　法院所以支持此項學術例外規定，主要理由有三：

1. 基於學術自由的理念：教師「在研究工作和研究成果的發表上享有完全的自由」，擁有著作權意味著控制著作的散播，如果將著作權——特別是原始取得之著作權——歸給學術上的雇用人，將違反學術自由原則，其效果有如雇用人持槍監控著教師的講課。

2. 學術上的雇用人很少對教師之研究與教學內容作監督或控制，而雇用人的監督與控制，往往是職務著作重要的要件。

3. 在 1976 年著作權法立法過程完全沒有討論有關學術例外問題。國會當時未有任何政治上或其他方面的理由，會擬廢除職務著作的學術例外傳統。雖然從法條的字面來解釋，似乎必然得出著作權法廢除了「學術例

---

[274] See generally Hays v. Sony Corp. of Am., 847 F.2d 412, 7 U.S.P.Q.2d 1043 (7th Cir. 1988).

[275] See Wllliams v. Weisser, 78 Cal. Rptr. 542, 545 (Ct. App. 1969).

[276] See Weinstein v. University of Ill. 811 F.2d 1091, 1094 (7th Cir. 1987).

外」的結論。然而考量此種結論可能會破壞學術機構既有的慣例，既然職務著作原則和學術生產的情況之間不無扞格，又無任何徵候顯示國會有廢除「學術例外」的意思，因此，法院及學者之結論為：「『學術例外』在 1976 年著作權法制定後仍然存續[277]。」

（二）日本法

依日本著作權法第 15 條第 1 項規定：「基於法人或其他使用人（以下各條稱「法人等」）之倡議（發意），而由從事該法人等之業務之人，在職務上作成之著作（電腦程式著作除外），如以法人等之名義公開發表，除作成時之契約、勤務規則或其他別有規定外，其著作人為法人等。」欲成為職務著作，須符合下列要件：1. 基於法人或其他使用人之倡議（發意）；2. 從事法人業務之人在職務上作成；3. 以法人等名義公開發表；4. 契約、勤務規則或其他別無規定。基於學術自由原則，教師之講義與講學，甚至發表研究論文，一般上，係教師自發，而非學校之發意，且學校對教師之教學、講學及學術著作，亦無實質的指揮監督關係。此外，教師發表之論文及學術講義，亦以教師個人名義發表，不符著作權法第 15 條之規定。

（三）中國大陸法

著作權法第 16 條第 1 項規定：「中國公民為完成法人或者其他組織工作任務所創作的作品是職務作品，除第 16 條第 2 款的規定以外，著作權由作者享有，但法人或者其他組織有權在其業務範圍內優先使用。作品完成兩年內，未經單位同意，作者不得許可第三人以與單位使用的相同方式使用該作品。」上述的「工作任務」，是指「公民在該法人或者該組織中應當履行的職責（著作權法實施條例第 11 條第 1 項）。

有關著作權法第 16 條第 1 項的作品，依全國人代會常務委員會法制工作委員會編「中華人民共和國著作權法釋義」一書所舉例，包含學校教師為

---

[277] See Paul Goldstein, supra note 28, 4:57-4:59, Volume I, 3rd Edition (2008).

教學編寫的教材，社會科學研究人員為本單位研究課題所寫的論文等[278]。此項作品，雖著作權由作者享有，但法人或其他組織在業務範圍內有優先使用權。此與美、日觀點不同。或可能係其一般之職務著作，著作權仍屬於著作人之故。

（四）德國法

德國法對於創作成果並非為履行工作職務，而僅僅借履行工作機會而創作著作，或創作著作儘管係在僱傭勞動關係之框架下產生，僱傭勞動關係，並非以此等著作之使用為目的，此為「非職務著作」（Frere Werke）。如果教師或研究人員寫的論文或著作即是。

此種情形，著作權及利用權原則上屬於著作人，但著作人之發表使用，如果交給自己的雇用法人或單位以外，則有可能形成勞動契約忠誠義務的違反，或不正競爭[279]。

二、我國立法及實務之見解

（一）民國 81 年之修法時之行政院草案

民國 81 年著作權法修正時，行政院草案第 11 條原規定：「法人之職員或其他受雇人，在法人之規劃及監督下，其職務上完成之著作，以法人為著作人。但法令另有規定，或契約另有約定，不適用之。」此草案理由中謂：「法人組織之教師，其著作並非在法人之規劃及監督下完成，故其完成之著作，仍以其個人為著作人[280]。」

---

[278] 參見該書，頁 84，法律出版社，2002 年 1 月。
[279] 參見 Manfred Rehbinder 著，M. 張恩民譯，「著作權法」（Urheberrecht），頁 411-412，法律出版社，2005 年 1 月。
[280] 參見立法院秘書處編：著作權法修正案，上冊，頁 22-23，民國 82 年 2 月。

（二）主管機關之函釋

　　有關教師之講課或講義等，是否屬於職務著作？應適用著作權法第 11 條抑第 12 條規定？經濟部智慧財產局有下列函釋：

1. 97 年 4 月 1 日電子郵件 970401a 號函：

　　「有關上述授課之演講內容的著作權歸屬問題，可分為下列二種情形加以說明：

（一）屬僱傭關係完成之著作者：如老師是語文教學中心的受雇人，其授課之演講內容，是其職務上完成的著作的話，該演講內容之著作人、著作財產權歸屬的認定，首先應視雙方的約定來決定，若雙方沒有約定的話，原則上，老師為該演講內容的著作人，只享有著作人格權，語文教學中心為著作財產權人，享有著作財產權。

（二）屬承攬關係完成之著作者：如老師是語文教學中心所聘請，其授課之演講內容，是因語文教學中心出資聘請而完成，且雙方的法律關係屬「承攬」的話，其著作人、著作財產權人應由雙方約定來決定，若雙方未做任何約定，則老師為該授課之演講內容之著作人，享有著作人格權及著作財產權，但語文教學中心得在出資的目的和範圍內利用該演講內容。」

2. 94 年 6 月 13 日電子郵件 940613A 號函：

　　「老師上課的內容是『語文著作』，受著作權法的保護，至何人有權利將其做其他利用，應視該著作之著作財產權歸屬何人。因此，受雇於補習班的老師，上課內容如為職務上完成的著作，在雙方無特別約定下，依著作權法第 11 條之規定，老師為著作人，補習班為著作財產權人，所以補習班可以為著作財產權之任何利用行為，含您來函所稱補習班上課時利用錄影設備將老師上課之情形錄製成錄影帶，並提供給補習班學生作為補課或複習之用，且該等利用行為係本於著作財產權人之地位行使權利，與合理使用無涉。」

三、問題之所在

（一）上述教師之問題，可分二述之：補習班教師、語文中心教師與學校教師，有無不同？大學教師與高中教師、國中小教師，有無不同？

（二）教師之講義與上課之公開口述之適用法律有無不同？

（三）教師之專任與兼任適用法律有無不同？

四、問題之解決

（一）上述問題，歸納言之，可先確定者，為兼任教師，無成為受雇之可能，應依著作權法第 12 條處理。

（二）專任教師，是否因係一年一聘或長期任用而有不同？適用著作權法第 11 條、第 12 條，係以勞動法、民法規定為準，抑或以依著作權法立法目的的實質是否僱傭關係為準？本研究認為，每一法律均有其不同目的，即使有關國家組織及活動之公務員法規定，對公務員之定義廣狹，亦均有不同。著作權法第 11 條之受雇人，如果雙方之約定或國家法令明定，雙方關係為僱傭關係，則適用第 11 條之雇用人關係，如果未明定係僱傭關係，應如同美、日實務判決及我國最高法院判決，檢驗雙方是否具有實質之僱傭關係，而決定是否適用 11 條之受雇人。在雙方法令或契約之僱傭關係後，亦應再檢驗，此完成之著作，是否因職務關係完成之著作？如果係在僱傭關係下，非職務上必須完成之工作，則非第 11 條之職務著作。

（三）有關檢驗是否受雇人在職務上完成之著作，在美國有下列指導性觀察基準[281]：

---

[281] 參見本研究第壹部分第三章第三節第四項。

1. 所需要的技藝。

2. 器械和工具的來源。

3. 工作的地點。

4. 當事人間關係存續的久暫。

5. 雇用一方是否有權指派額外的工作給受雇一方。

6. 受雇一方對於何時工作、以及工作多久的自由裁量權限。

7. 付款方式。

8. 受雇一方在助手的聘請和付酬上扮演什麼角色。

9. 著作是否屬於雇用一方通常業務的一部分。

10. 雇用一方是否為營利事業。

11. 受雇人福利之提供。

12. 受雇一方稅務之處理。

（四）有關檢驗是否受雇人在職務上完成之著作，在日本有下列指導性觀察
　　　基準 [282]：

1. 當事人間契約關係多長。

2. 報酬的支付方法。

3. 有無福利制度。

4. 對該創作活動的指揮監督程度。

5. 資金與風險的負擔。

6. 對於該法人等業務該創作活動之組織性及通常業務性之程度。

---

[282] 參見本研究第壹部分第四章第三節第三項。

7. 創作從事者之獨立性之程度。

8. 當事人之認識與社會評價之歸屬主體等。

（五）依我國最高法院 96 年度台上字第 2887 號判決及主管機關經濟部智慧
　　　財產局 98 年 6 月 6 日電子郵件 980606b 號函釋。著作權法第 11 條受
　　　雇人之意義及是否屬於職務上完成之著作，均應依事實個案認定。依
　　　此見解，本研究認為：

1. 大學教師自由著述，係非學校指定，不僅創作不受學校之指揮監督，自
由創作無另給報酬，創作係來自發性、獨立性，在社會評價上，著作權
歸屬於著作人，故此大學教師之自由著述，應認為非職務著作，以大學
教師為著作人。

2. 高中以下教師之自由著述，縱然其著述與教學有關，亦應以教師為著作
人，非屬於職務著作。

3. 學校指定教師編寫統一教學講義，此編寫過程係來自學校企劃指示，有
一定的內容指揮監督關係，供學校課程所用，且以學校或學校編委會名
義公開發表，應認為係著作權法第 11 條之職務著作。

4. 學校教師之上課之口述，如果其內容係具有自主性，學校無指揮監督關
係，不管是大學教師或中、小學教師，依社會評價，著作權應歸教學所
有，不宜認為係著作權法第 11 條之職務著作。補習班具有相當之營利
性，教師如果係以鐘點費計付報酬，口述之著作權，如果無約定，應認
為屬於教師，但補習班有使用權，如果以月薪給付報酬，其口述之著作
權，如果無約定，依社會評價，應屬於雇用人所有。

第二項　經理人之著作權問題

　　公司經理人，其與公司之間的關係，應適用委任之規定[283]。然而公司經理人之著作，究應適用著作權法第 11 條，抑或第 12 條之關係？二者之法律效果，差異極大。

　　依經濟部智慧財產局 94 年 7 月 12 日電子郵件 940712 號函謂：「

1. 按著作權法（下稱本法）第 11 條規定：『受雇人於職務上完成之著作，以該受雇人爲著作人。但契約約定以雇用人爲著作人者，從其約定。依前項規定，以受雇人爲著作人者，其著作財產權歸雇用人享有。但契約約定其著作財產權歸受雇人享有者，從其約定。前二項所稱受雇人，包括公務員。』，本法第 12 條規定：『出資聘請他人完成之著作，除前條情形外，以該受聘人爲著作人。但契約約定以出資人爲著作人者，從其約定。依前項規定，以受聘人爲著作人者，其著作財產權依契約約定歸受聘人或出資人享有。未約定著作財產權之歸屬者，其著作財產權歸受聘人享有。依前項規定著作財產權歸受聘人享有者，出資人得利用該著作。』二者本質上所適用對象及規範之目的並不相同，而以『是否爲職務上完成』爲最主要區別方式，但並非以雇用人與受雇人之法律關係爲唯一區分。另依內政部 82 年 2 月 23 日台內著字第 8203038 號函釋，亦表明修正前著作權法第 11 條所稱之『法人之受雇人』並不以『民法』之雇傭關係爲限，嗣後 87 年著作權法修正時，雖修改文字爲『受雇人

---

[283] 公司法第 29 條規定：「公司得依章程規定置經理人，其委任、解任及報酬，依下列規定定之…」。最高法院 20 年上字第 910 號判例謂：「商業經理人於營業範圍外未受主人委任，以自己意思所爲借貸之行爲，除該地方另有特別習慣外，原則上難認其有直接及於主人之效力。」最高法院 20 年上字第 2459 號判例：「經理人於營業外所爲之借貸行爲，除經主人特別委任或有特別習慣外，難認其直接及於主人之效力。所謂特別委任云者，例如就各個借貸行爲予以允許，或另以契約付與以一切借款權限之類。」最高法院 85 年台上字第 3056 號判決謂：「稱經理人者，謂有爲商號管理事務，及爲其簽名之權利之人，爲民法第五百五十三條第一項所明定，經理人既係受商號之任，爲商號處理一定事務之人，而非僅爲商號服勞務，故商號與經理人間之關係爲委任關係，而非僱傭關係。」

職務上完成之著作』，但對其『受雇人』並未作與修法前有不同區分，更徵本法第 11 條並非以『民法』雇傭關係爲唯一規定，合先敍明。

2. 故有關 台端所詢問公司經理人在職務上的著作，應該適用著作權法第 12 條還是第 11 條定其著作權歸屬？經查公司經理人與公司固屬民法委任關係，惟其職務上之著作究應適用本法第 11 條或第 12 條，依上所述，並非以公司與經理人間之法律關係爲唯一依據，仍應視該經理人所完成之著作是否爲其職務範圍之內者而定，如是，則應適用本法第 11 條規定定著作權人；如否，則再視是否屬本法第 12 條規定規定著作權人。

3. 至 台端又詢問本法第 11 條所稱『受雇人』是否不應限於狹義的『雇傭關係』，而應包括所有凡在同一公司之內的所有人員？第 12 條適用對象是否應該針對公司對外的委任或承攬？本法第 11 條係指基於職務上完成者而適用；本法第 12 條適用對象，亦非僅針對公司對外的承攬及委任，如公司與員工針對非職務以外之事項與員工約定或聘請員工完成著作，亦可能有本法第 12 條之適用。」

上述函釋，對於經理人究係應適用著作權法第 11 條抑或第 12 條規定，並未明示，然而本函釋認爲著作權法第 11 條與第 12 條，「二者本質上所適用對象及規範之目的並不相同，而以『是否爲職務上完成』爲最主要區別方式，但並非以雇用人與受雇人之法律關係爲唯一區分。」其認定與經濟部智慧財產局 97 年 08 月 20 日電子郵件 970820b 號函釋，認爲第 11 條之受雇人爲「雙方具有僱傭關係之受雇人而言」「其定義依民法規定認定之」之見解有異[284]。

---

[284] 有關著作權法第 11 條及第 12 條適用上之區別，經濟部智慧財產局 94 年 4 月 26 日電子郵件 940426A 號函，可以參照：

「依著作權法（以下稱本法）第 11 條規定：『受雇人於職務上完成之著作，以該受雇人爲著作人。但契約約定以雇用人爲著作人者，從其約定。』『依前項規定，以受雇人爲著作人者，其著作財產權歸雇用人享有。但契約約定其著作財產權歸受雇人享有者，從其約定。』所謂『於職務上完成之著作』，須以工作性質作實質判斷，與工作時間及地點無必

　　本問題，本研究認爲經理人之著作權，原則上應適用第11條規定，其理由如下：

一、依前項教師之著作權問題之分析，著作權法第11條之受雇人之意義，應依是否有無實質之受雇關係而爲認定。且著作權法受雇人之定義，應依著作權法立法目的之決定。我國著作權法第11條、12條之立法，既然受日本著作權法之影響，而日本著作權法對職務著作之下列檢驗標準：

（一）當事人間契約關係多長。

（二）報酬的支付方法。

（三）有無福利制度。

（四）對該創作活動的指揮監督程度。

（五）資金與風險的負擔。

（六）對於該法人等業務該創作活動之組織性及通常業務性之程度。

（七）創作從事者之獨立性之程度。

（八）當事人之認識與社會評價之歸屬主體等。

　　公司之經理人與職員，在該八項標準中，評價並無不同，故公司經理人在職務上之創作，應適用第11條。

二、依民國87年著作權法第12條之行政院草案理由謂：「出資聘人完成之著作，出資人與受聘人通常立於較平行之地位，與前條雇用關係完成之著作，其受雇人係利用雇用人提供之軟、硬體設備、領受薪資職務上完

然之關係。本法第12條規定：『出資聘請他人完成之著作，除前條情形外，以該受聘人為著作人。但契約約定以出資人為著作人者，從其約定。』『依前項規定，以受聘人為著作人者，其著作財產權依契約約定歸受聘人或出資人享有。未約定著作財產權之歸屬者，其著作財產權歸受聘人享有。』『依前項規定著作財產權歸受聘人享有者，出資人得利用該著作。』又出資聘人完成之著作，出資人與受聘人通常屬於較平行之地位，與前條雇用關係完成之著作，其受雇人係利用雇用人提供之軟、硬體設備、領受薪資上完成者，迥不相同。故所完成著作之著作財產權歸屬，原則上應由雙方當事人依其出資、受聘目的訂立個別契約決定之。」

成者，迥不相同。故所完成著作之著作財產權歸屬，原則上應由雙方當事人依其出資、受聘目的訂立個別契約約定之；如當事人間未約定者，由於出資人出資目的通常僅欲利用受聘人完成之著作，故著作財產權應歸受聘人享有。」在經理人與出資人之地位，其實並非平行之地位，且係利用雇用人之軟硬體設備，領受薪資以完成著作，故著作權應歸屬公司所有。

第三項　派遣人員之著作權問題

由於目前勞工意識高漲，A 公司需要人力，往往不見得徵求受雇人，而係向 B 公司要求派遣員工甲，甲受雇於 B 公司，卻爲 A 公司工作，甲與 A 公司間無僱傭契約關係，僅 A 公司與 B 公司間有派遣員工的契約關係，則派遣員工甲所完成之著作，其著作權之效果如何？

日本著作權法第 15 條第 1 項規定：「基於法人或其他使用人（以下各條稱「法人等」）之倡議（發意），而由從事該法人等之業務之人，在職務上作成之著作（電腦程式著作除外），如以法人等之名義公開發表，除作成時之契約、勤務規則或其他別有規定外，其著作人爲法人等。」依此規定，欲成爲職務著作，須符合下列要件：1. 基於法人或其他使用人之倡議（發意）；2. 從事法人業務之人在職務上作成；3. 以法人等名義公開發表；4. 契約、勤務規則或其他別無規定。

依此規定，依上例學者認爲派遣員工所完成之著作人，既不得以 A 爲著作人，亦不得以 B 爲著作人，反而派遣員工爲著作人[285]。

依上例，派遣員工甲，在我國著作權法，既非 A 公司之受雇人，並非 B 公司之職務所作，而係受 A 公司之指揮監督，就目前我國著作權法第 11 條而言，A 公司及 B 公司均不可能成爲著作人。僅能由契約約定，甲之著作財

---

[285] 參見齊藤博，著作權法，頁 127，有斐閣，2007 年 4 月第 3 版。

產權轉讓 B 公司所有,再由 B 公司與 A 公司約定著作財產權轉讓 A 公司,甲不行使著作人格權。

有關派遣員工的法律關係,未來須由相關勞工法律解決此一問題。

第九章　結論 —— 我國職務著作條文修改建議及說明

著作權法第 11 條及第 12 條（即職務著作）條文修正草案建議暨說明

建議修正草案	現行規定	理由說明
第 11 條： 甲案： 受雇人基於雇用人之企劃，於職務上完成之著作，以雇用人名義公開發表，或預定以雇用人名義公開發表者，以雇用人視為著作人。但契約另有約定以受雇人為著作人者，從其約定（第 1 項）。 受雇人基於雇用人之企劃，於職務上完成之電腦程式著作，以雇用人視為著作人。但契約另有約定以受雇人為著作人者，從其約定（第 2 項）。 依前二項規定，以受雇人為著作人者，其著作財產權歸雇用人享有。但契約另有約定者，從其約定（第 3 項）。 前三項所稱受雇人，包括公務員（第 4 項）。	第 11 條： 受雇人於職務上完成之著作，以該受雇人為著作人。但契約約定以雇用人為著作人者，從其約定（第 1 項）。 依前項規定，以受雇人為著作人者，其著作財產權歸雇用人享有。但契約約定其著作財產權歸受雇人享有者，從其約定（第 2 項）。 前二項所稱受雇人，包括公務員（第 3 項）。	甲案： 一、依世界各國立法慣例，職務著作以雇用人為著作人者，均非基於約定成為著作人，而多係因雇用人一定之企劃、受雇人於職務上之創作及以雇用人名義公開發表之要件。而日、韓著作權法之法人著作，所謂「以雇用人名義公開發表」，包含預定以雇用人名義公開發表在內。而「以雇用人名義公開發表」，包含以雇用人業務分擔名義掛名，例如以「本報特派員○○○」名義掛名，視以報社名義掛名是。現行法雇用人欲成為著作人，須仰賴

建議修正草案	現行規定	理由說明
乙案： 受雇人於職務上完成之著作，以雇用人名義公開發表，或預定以雇用人名義公開發表者，以雇用人視為著作人。但契約另有約定以受雇人為著作人者，從其約定（第1項）。 受雇人於職務上完成之電腦程式著作，以雇用人視為著作人。但契約另有約定以受雇人為著作人者，從其約定（第2項）。 依前二項規定，以受雇人為著作人者，其著作財產權歸雇用人享有。但契約另有約定者，從其約定（第3項）。 前三項所稱受雇人，包括公務員（第4項）。 丙案： 受雇人於職務上完成之著作，以該受雇人為著作人。但契約約定以雇用人為著作人者，從其約定（第1項）。 依前項規定，以受雇人為著作人者，其著作財產權歸雇用人享有。但契約另有約定者，從其約定（第2項）。 前二項所稱受雇人，包括公務員（第3項）。		雇用人與受雇人約定以雇用人為著作人，與著作權法第21條著作人格權不得轉讓之立法精神有違。再者，各國之職務著作，承認雇用人得為著作人之立法例，均原則上以雇用人為著作人，例外得約定以受雇人為著作人，現行法之立法，亦與各國立法通例有違，甲案第一項乃仿美、日、韓及中國大陸立法例，規定雇用人符合一定要件，除非另有約定，否則視為著作人。而此另有約定，僅能約定以受雇人為著作人，不得約定以第三人為著作人。 二、依日、韓立法例，電腦程式著作，只要係受雇人基於雇用人之企劃，於職務上完成，即以雇用人為著作人，無須以雇用人名義公開發表，此係電腦程式著作之特殊性質使然。甲案第二項乃針對電腦程式著作作特別規定。 三、現行法第2項規定，以受雇人為著作人者，其著作財產權歸雇用人享有，在各國立法例，雖有依據，

建議修正草案	現行規定	理由說明
		但如契約另有約定，應以契約之約定為優先。現行法第2項但書規定：「契約約定其著作財產權歸受雇人享有者，從其約定。」在僱傭關係的職務著作，著作財產權僅能約定全部歸雇用人享有或全部歸受雇人享有，不能作第三種約定之選擇（如受雇人擁有翻譯權，其餘著作財產權歸雇用人享有等），與各國立法有違，亦與實務運作相互扞格，甲案第3項但書乃規定：「但契約另有約定者，從其約定。」 乙案： 乙案與甲案不同者，乃甲案對於雇用人欲成為著作人，有「基於雇用人之企劃」之要件，為避免對現行法變動過大，且「基於雇用人之企劃」之要件，亦不易認定，乙案乃刪除此要件，其餘理由與甲案理由相同。 丙案： 丙案維持現行法，僅將現行法第二項但書修改為「但契約另有約定者，從其約定」，其理由與甲案理由三相同。

建議修正草案	現行規定	理由說明
第12條 甲案： 出資聘請他人完成之著作，除前條情形外，以該受聘人為著作人。但受聘人基於出資人之企劃，於職務上完成之著作，約定以出資人名義公開發表，或預定以出資人名義公開發表者，以出資人視為著作人（第1項）。 前項但書規定，於受聘人基於出資人之企劃，於職務上完成之電腦程式著作，以出資人視為著作人。（第2項） 依前二項規定，以出資人視為著作人者，其著作財產權歸出資人享有。以受聘人為著作人者，其著作財產權歸受聘人享有。但契約另有約定者，從其約定（第3項）。 依前項規定著作財產權歸受聘人享有者，出資人於出資之目的範圍內，得利用或授權他人利用該著作（第4項）。 第一項之著作為錄音著作或視聽著作，而以受聘人為著作人者，以出資之製作人為著作財產權人。但契約另有約定，從其約定（第5項）。 乙案： 出資聘請他人完成之著作，除前條情形外，以該受聘人為著作人。但契約約定以出資人為著作人者，從其約定（第1項）。	第12條： 出資聘請他人完成之著作，除前條情形外，以該受聘人為著作人。但契約約定以出資人為著作人者，從其約定（第1項）。 依前項規定，以受聘人為著作人者，其著作財產權依契約約定歸受聘人或出資人享有。未約定著作財產權之歸屬者，其著作財產權歸受聘人享有（第2項）。 依前項規定著作財產權歸受聘人享有者，出資人得利用該著作（第3項）。	甲案： 一、依美、日、韓立法，職務著作以出資人為著作人之情形，均不限於僱傭關係，尚包含承攬及委任關係。惟此要件須有實際監督關係。故甲案對於雇用以外之其他出資關係，原則上以受聘人為著作人，但受聘人基於出資人之企劃，於職務上完成之著作，約定以出資人名義公開發表，或預定以出資人名義公開發表者，以出資人視為著作人。即出資人必須與受聘人約定或預定以出資人名義公開發表，方得以出資人視為著作人，否則仍以受聘人為著作人。而是否出資人有與受聘人約定或預定以出資人名義公開發表，須由出資人舉証，出資人無法舉証，則以受聘人為著作人。 二、日、韓立法對於以出資人為著作人之情形，如果係屬電腦程式著作，無須以出資人名義公開發表，或預定以出資人名義公開發表。但出資人必須舉証對於該受聘人完成之著作，有「企劃」之事實，且係屬

建議修正草案	現行規定	理由說明
依前項規定，以受聘人為著作人者，其著作財產權歸受聘人享有。但契約另有約定者，從其約定（第2項）。 依前項規定著作財產權歸受聘人享有者，出資人於出資之目的範圍內，得利用或授權他人利用該著作（第3項）。 　第一項之著作為錄音著作或視聽著作，而以受聘人為著作人者，以出資之製作人為著作財產權人（第4項）。		於職務著作，否則仍以受聘人為著作人。 三、依現行法第2項規定，出資聘人完成著作，如果係以受聘人為著作人，其著作財產權之歸屬，非全部歸出資人，即全部歸受聘人，無法有一部歸受聘人，一部出資人之約定，在實務運作，有所限制，甲案第3項乃規定：「但契約另有約定者，從其約定」，使約定空間加大。 四、現行法第3項，出資聘人完成著作，著作財產權歸受聘人享有者，「出資人得利用該著作」，其得利用他人著作之範圍如何，能否在業務需要之範圍內轉授權他人製作，或將受聘人製作完成之著作，授權他人出版發行，並未規定。甲案第四項乃仿德國、中國大陸實務，立法明文規定：「出資人於出資之目的範圍內，得利用或授權他人利用該著作」。依此規定，出資人在出資目的之範圍內，得利用或授權他人利用受聘人完成之著作，俾出資人利用之範圍明確。

建議修正草案	現行規定	理由說明
		五、依各國立法，錄音著作或視聽著作之完成，多屬職務著作，而此職務著作即使在委任或承攬下完成者，其著作財產權亦屬於製作人。除非另有約定，此乃第 5 項所由規定。 乙案： 一、乙案仍維持現行法就出資人欲成為著作人，須仰賴約定方式，使法案不致變動過大。 二、乙案於第 2 項但書規定：「但契約另有約定者，從其約定」，理由與甲案理由三相同。 三、乙案第 3 項，理由與甲案理由四相同。 四、乙案第 4 項，理由與甲案理由五相同。

職務著作之實務見解部分

第一章　修法沿革案例

第一節　智慧局函釋

第一項　經濟部智慧財產局民國101年5月8日電子郵件1010508號函

　　有關立法委員李貴敏國會辦公室101年5月3日貴E字第1010000006號函轉您的來信所提著作權法第12條修法意見，回復如下：

一、著作權本質是私權的法律關係，通常著作財產權的歸屬由當事人雙方協議定之，如雙方未約定，才適用著作權法的規定，合先說明。

二、有關出資聘人完成著作之著作權歸屬，**民國79年以前著作權法規定出資聘人完成之著作，其著作權歸出資人享有。至民國81年著作權法修正，配合增訂著作人條文，始將出資聘人完成著作分列為著作權法第11條及第12條兩條規定，由於當時立法委員認為著作人須為自然人，法人無創作能力，僅能在特別約定之情形下，方得為著作人，該兩條規定遂明定受雇人於雇傭關係完成著作及出資聘人完成著作（即委任及承攬關係），如契約未約定，原則上以受雇人或受聘人為著作人，受雇人或受聘人因此享有著作人格權及著作財產權。**惟該等規定施行後雇主及出資人紛紛要求與受雇人及受聘人簽約，約定以雇主及出資人為著作人，實際創作之人亦表達並不公平，引發雙方關係緊張，各界迭有修正該二條文之意見。

三、承上，為調和雙方利益，87 年著作權法修正時乃修正該二條文，增列著作權法第 11 條第 2 項規定，明定以受雇人為著作人者，其著作財產權歸雇用人享有，至於著作權法第 12 條有關出資聘人完成之著作之規定，其立法理由係基於出資人與受聘人通常立於較平行之地位，與著作權法第 11 條僱傭關係完成之著作，其受雇人係利用雇用人提供之軟、硬體設備、領受薪資職務上完成者，並不相同。**出資聘人完成之著作，其受聘人就著作之完成具有相當程度之自主性與獨立性，對出資人之依從性較低，為兼顧雙方利益，其所完成著作之著作財產權歸屬，原則上由當事人依契約約定之**；如當事人間未約定者，由於出資人通常有其欲利用受聘人完成著作之出資目的，故著作財產權在未約定的情形下歸受聘人享有，而出資人得於出資目的範圍內利用該著作，期能充分發揮著作財產權的經濟效用及兼顧雙方權益。

第二項　經濟部智慧財產局民國 99 年 8 月 24 日智著字第 09900078930 號函

　　主旨：有關　貴部函詢出資編輯之辭典工具書著作權歸屬疑義，復如說明，請　查照。

說明：

一、復　貴部 99 年 8 月 12 日台語字第 0990137928 號函。

二、按著作權法（下稱本法）第 7 條規定，就資料之選擇及編排具有創作性者為編輯著作，以獨立之著作保護之。編輯著作之保護，對其所收編著作之著作權不生影響。來函所示　貴部出資編輯之「國語小字典」及「重編國語辭典修訂本」辭典工具書並製作成數位化資料庫，如該工具書資料之選擇與編排具有創作性，則得依前述規定以「編輯著作」保護之。

三、據查前揭辭典工具書係由　貴部聘請他人（受聘人）或由　貴部員工（受雇人）完成，且各該工具書有初版、再版等不同版次，歷次著作完成時

點各異，由於歷次完成之著作其權利歸屬需視　貴部當時與受聘人或受雇人間有無特別約定、以及當時應適用法規規定而定，復因本法於 74 年 7 月 10 日、81 年 6 月 10 日及 87 年 1 月 21 日歷經 3 次修正，依現行本法第 111 條規定，尚需依據各該著作完成時點方得確定著作權歸屬之適用法規，故尚難一概而論，謹提供下列說明供　貴部參考判斷：

（一）若係**在 81 年 6 月 11 日以前完成之著作，依據 81 年 6 月 10 日修正公布前之本法第 10 條規定，出資聘人完成之著作，除當事人間另有約定者外，其著作權歸出資人享有，且當時「出資聘人完成著作」包含了僱傭、承攬及委任關係之出資情形在內**，因此若　貴部與當時的員工或受聘人無特別約定，其著作權由　貴部享有，　貴部自得本於著作權人之地位授權他人利用。

（二）若係**在 81 年 6 月 12 日以後至 87 年 1 月 22 日以前完成之著作，依據 81 年 6 月 10 日修正公布之本法第 11 條及第 12 條規定，在　貴部與員工或受聘人無特別約定情形下，其著作權均歸受聘人或受雇人享有**，此時　貴部欲利用該資料庫時者，需取得受聘人或受雇人之同意或授權。

（三）若係在 87 年 1 月 23 日以後完成之著作，即依據現行本法第 11 條及第 12 條規定，得由　貴部與員工或受聘人先以契約約定之，若未簽訂著作權歸屬之相關契約文件，則應視情況而定，分述如次：

　1. 職務上完成之著作

　　　受雇人於職務上完成之著作，以該受雇人為著作人，然其著作財產權歸雇用人享有，但契約有約定則從其約定。是以若　貴部依前述規定享有該等著作之著作財產權，則得本於著作財產權人之地位授權他人利用。

　2. 出資聘人完成之著作

　　　出資聘請他人完成之著作，若契約未約定，則以受聘人為著

作人，且該受聘人享有著作財產權，惟出資人在出資之目的範圍
內利用該著作。若屬此種情形，建議 貴部事先取得著作財產權
再加以利用，則得避免 貴部（即出資人）得利用該等著作之範
圍涉有不明之爭議。

第三項 經濟部智慧財產局民國 99 年 2 月 22 日智著字第 09900006570 號函

主旨：有關 貴會委託製作之崑劇選輯（一）、（二）所涉著作權歸屬及
授權疑義，復如說明，請 查照。

說明：

一、復 貴會 99 年 1 月 19 日文資字第 0992001154 號函。

二、來函所詢 80 年 7 月至 85 年 4 月間完成之崑劇選輯（一）、（二），應
屬著作權法（下稱本法）所保護的視聽著作，由於本法於 74 年 7 月 10
日、81 年 6 月 10 日歷經 2 次修正，依現行本法第 111 條規定，應以崑
劇選輯（一）、（二）的完成時點來確定著作權歸屬之適用法規。又因
前揭視聽著作實際上並非由 貴會委託之中華民俗藝術基金會，而係該
基金會之職員（受雇人）或聘請他人（受聘人）所完成，所完成著作之
權利歸屬需依據當時該基金會與其受雇人或受聘人間有無特別約定來判
斷，由於來函並未檢附該基金會與其受雇人或受聘人之相關資料，尚無
法確認權利歸屬，僅提供下列說明供 貴會參考判斷：

（一）崑劇選輯（一）

1. 依來函所稱及電洽 貴會承辦人得悉，崑劇選輯（一）（1 套 17 卷）係由
   貴會委託中華民俗藝術基金會拍攝之崑劇錄影帶（49 卷大帶）經簡單後
   製而成，應僅屬崑劇錄影帶的重製物，因而 貴會可否就崑劇選輯（一）
   對外授權，需依據崑劇錄影帶之著作權歸屬來進行判斷。

2. 由於前揭崑劇錄影帶係 貴會於 80 年 7 月 1 日至 81 年 6 月 30 日委託中

華民俗藝術基金會拍攝，期間本法於81年6月10日經修正公布（81年6月12日生效），因此：

（1）**在81年6月11日以前**完成的錄影帶，依據81年6月10日修正公布前之本法第10條規定，因 貴會當時與基金會並無特別約定，其著作權由 貴會（出資人）享有， 貴會自得本於著作權人之地位授權他人利用之。

（2）**在81年6月12日以後**完成的錄影帶，依據81年6月10日修正公布之本法第11條及第12條規定，在基金會與其職員（受雇人）或受聘人無特別約定情況下，其著作權將會歸基金會的職員或其受聘人享有，此時欲利用崑劇選輯（一）者，需取得該基金會職員或其受聘人之同意或授權。

（二）崑劇選輯（二）

至於貴會84年5月1日至85年4月30日委託中華民俗藝術基金會拍攝之崑劇選輯（二），參照上開（一）2、（2）之說明，除非基金會與其職員（受雇人）或受聘人另有約定，否則著作權將歸該基金會的受雇人或受聘人享有。縱 貴會當時與該基金會約定崑劇選輯（二）之著作權歸 貴會所有，然而該等約定是否使 貴會取得著作權，仍須探究該基金會與其受雇人或受聘人間之著作權法律關係，方能進一步釐清。

三、以上說明，請參照74年7月10日修正公布之本法第10條、81年6月10日修正公布之本法第11條、第12條及現行本法第111條等規定。

第四項　經濟部智慧財產局民國95年4月12日智著字第09500022370號函

有關受雇人（包括公務員）之創作，其著作財產權歸屬問題，應視該著作於何時完成，決定應適用何時之著作權法（以下稱本法），茲分別說明如下：

1. **著作於 81 年 6 月 11 日以前完成者：**依 81 年 6 月 10 日修正施行前歷次本法之相關規定：「出資聘人完成之著作，其著作權歸出資人享有之。但當事人間另有約定者，從其約定。」故受雇人如未與雇用人另外約定著作權之歸屬時，雇用人（包括機關、部隊）對該著作享有著作財產權。

2. **著作於 81 年 6 月 12 日以後至 87 年 1 月 22 日以前完成者：**依 81 年 6 月 10 日修正施行之本法第 11 條規定：「法人之受雇人，在法人之企劃下，完成其職務上之著作，以該受雇人為著作人。但契約約定以法人或其代表人為著作人者，從其約定。」則受雇人完成之職務上著作，如無約定，則以受雇人為著作人，享有著作人格權及著作財產權；如有約定法人為著作人，則由法人享有著作人格權及著作財產權。

3. **著作於 87 年 1 月 23 日以後完成者：**依 87 年 1 月 21 日修正施行之本法第 11 條（即現行本法第 11 條）規定，受雇人於職務上完成之著作，如無約定，則以受雇人為著作人，著作財產權則歸雇用人享有，如有約定則從其約定。

第五項　經濟部智慧財產局民國 93 年 3 月 29 日電子郵件 930329 號函

一、著作人於著作完成時即享有著作權，在出資關係下所完成之著作因新舊法規定之不同，其著作人及著作財產權之歸屬亦有不同，茲分別說明如下：

　　1. 著作在民國八十一年六月十一日之前完成者：依據民國七十四年七月十日修正公布之著作權法第十條規定：「出資聘人完成之著作，其著作權歸出資人享有之，但當事人間另有約定者，從其約定。」亦即在未以契約特別約定之情況下，原則上是以出資人為著作人，享有著作權。

　　2. 著作在民國八十一年六月十二日至八十七年一月二十二日之前完成者：依據民國八十一年六月十日修正公布之著作權法第十二條規

定：「受聘人在出資人之企劃下完成之著作，除前條情形外，以該受聘人為著作人。但契約約定以出資人或其代表人為著作人者，從其約定。」亦即原則上以受聘人為著作人，享有著作權。

3. 著作在民國八十七年一月二十三日以後完成者：依據民國八十七年一月二十一日修正公布之著作權法第十二條規定：「出資聘請他人完成之著作，除前條情形外，以該受聘人為著作人。但契約約定以出資人為著作人者，從其約定。依前項規定，以受聘人為著作人者，其著作財產權依契約約定歸受聘人或出資人享有。未約定著作財產權之歸屬者，其著作財產權歸受聘人享有。依前項規定著作財產權歸受聘人享有者，出資人得利用該著作。」職是，出資人與受聘人如未有契約約定以何人為著作人，原則上以受聘人為著作人。至於著作財產權未約定歸屬何人時，亦以受聘人為著作財產權人，但出資人享有著作之利用權。

二、於八十一年三月之前出資委託他人進行專案研究，且並未就著作權歸屬之問題進行約定，該研究報告如為著作，其創作完成之時間牽涉著作人及著作權歸屬之認定，亦即應依實際創作完成之日期，決定適用八十一年六月十一日以前或以後之著作權法，而定其著作權之歸屬，請參照上述法律規定逕行認定。

第六項　經濟部智慧財產局民國 92 年 3 月 12 日智著字第 0920000998-0 號函

二、援據貴會來函說明一所述之事實，該機關與外聘執筆人員（即所稱「編修委員會委員」）間應屬出資聘人關係，關於受聘人完成之著作，其著作權之歸屬，應依「著作完成時」之著作權法（以下稱本法）規定定之。**按貴會所述某機關十年多前外聘他人執筆一節，因該機關與外聘執筆人員間未特別約定著作權之歸屬，則其著作若於八十一年六月十一日前完成，依行為時本法規定（可能適用民國五十三年本法第十六條或民國**

七十四年本法第十條），其著作權歸出資人享有之；其著作若於八十一年六月十二日後完成，依行為時本法規定（應適用民國八十一年本法第十二條，且該著作既完成於「十年多前」，應無適用民國八十七年本法第十二條之餘地），以受聘人為著作人，享有著作人格權及著作財產權。又修訂再版是否與先前之著作為同一著作？其著作權應如何歸屬？因涉及事實認定問題，請參照前述說明衡情判定，先予敘明。

三、來函載明「既註明『以上均以姓名筆劃為序並保留著作權』，上述保留著作權之真意，應包括著作人格權及著作財產權」，惟查貴會所指之著作如係於八十一年六月十一日前完成，其著作權歸出資之某機關享有者，則編修委員既非著作權人，於事後註記「保留著作權」之文字，不生任何效力，亦不可能因此項註記而取得該著作之著作權。

四、至來函所稱之機關就本案著作如享有著作財產權，則其就修訂出版事宜，函知著作人表示「酌處」及另函復表示「將依法提供適當之協助」等語，究係何意？自應探求其真意。所詢於計畫修訂發行時，有無再行去函之必要之問題，為免衍生侵權爭議，自以事先徵求授權後再行修訂發行為宜。

第二節　法院判決

第一項　最高法院 89 年度台上字第 7172 號刑事判決

雖上訴人於提起本件自訴時，檢附陳美俐出具之證明書，主張事後已取得陳美俐讓與該著作權等情。惟稽之該證明書之內容係記載：「茲證明陳美俐為羅傑迪兒服裝有限公司受雇人，而於在職期間，經公司之企劃下完成其職務上之著作，其著作均歸屬公司所有，雖無契約上之約定，但口頭上有授權公司使用」等語。姑不論該證明書並未記載書立之日期，又未指明其所稱之著作係「小狗與花車圖」之著作，形式上觀察已難遽認上訴人之主張為

真實。退而言之，縱認該證明記載之內容為真實，但原創作人陳美俐既僅以口頭上有授權上訴人使用，並未以契約約定以上訴人或其代表人為著作人，亦與修正前著作權法第十一條但書之規定不符，不能認上訴人為該著作物之著作人而享有著作權。因認「小狗與花車圖」之原創既為陳美俐，上訴人又非著作權人，要非此部分犯罪之直接被害人，按諸刑事訴訟法第三百十九條第一項前段之規定，上訴人自不得提起自訴，第一審判決對此部分未為程序上不受理之判決，仍為實體上諭知被告無罪之判決，尚有未合。‥‥**按修正（即八十七年一月二十一日修正）前之著作權法第十一條規定：法人之受雇人，在法人之企劃下，完成其職務上之著作，以該受雇人為著作人。但契約約定以法人或其代表人為著作人者，從其約定。原判決已說明依陳美俐證明書記載之意旨，既已記載並無契約約定其受雇於羅傑迪兒服裝公司期間，在該公司企劃下完成其職務上之著作，其著作權歸屬該公司所有，與上開法條但書之規定不符，況該證明書亦未具體明所稱之著作係指「小狗與花車圖」之著作，因認上訴人非「小狗與花車圖」之著作權人，非犯罪之直接被害人，不得對此部分提起自訴，於法難認有違。**

第二項　最高法院 90 年度台上字第 1418 號刑事判決

按修正前著作權法第十一條第一項規定，「受雇人於職務上完成之著作，以該受雇人為著作人。但契約約定以雇用人為著作人者，從其約定。」，第十二條第一項規定，「出資聘請他人完成之著作，除前條情形外，以該受聘人為著作人。但契約約定以出資人為著作人者，從其約定。」，第三十六條規定，「著作財產權得全部或部分讓與他人或與他人共有。」，第七十五條規定（現行法已刪除）「有左列情形之一者，非經登記，不得對抗第三人：一著作財產權之讓與、專屬授權或處分之限制。二以著作財產權為標的物之質權之設定、讓與、變更、消滅或處分之限制。但因混同、著作財產權或擔保債權之消滅而質權消滅者，不在此限。」。依卷內資料，張森栓即原審之代理人於一審中固供稱，上開「羅傑迪兒服裝有限公司圖」及「娃娃與

花籃圖」二圖係其所設計，惟依自訴人提出之內政部著作權登記簿謄本二件（一審卷第三至六頁），上開二圖係羅傑迪兒服裝有限公司於八十二年十二月三日及八十三年三月七日提出申請登記為著作人及著作權人，該二圖發生日期為八十一年十二月一日及八十三年一月。又依自訴人所提出之羅傑迪兒服裝有限公司變更登記事項卡影本（一審卷第十二至十四頁），**該公司係於八十三年六月九日更名為保時捷實業有限公司，董事長仍為張森栓，嗣於八十四年十月十一日董事長變更為張森茂。如果無訛，上開二圖雖為張森栓所設計，但斯時其係羅傑迪兒服裝有限公司之負責人，則有無上開第十一條第一項但書及第十二條第一項但書之情形，何以會申請登記該公司為著作人及著作權人，原審並未進而究明，徒以該二圖係張森栓之原創，即認其係著作權人，已嫌速斷。**另自訴人於原審主張，該二圖之著作權亦經轉讓而登記為羅傑迪兒服裝有限公司所有，自訴人自享有著作權，得提起本件自訴。該二圖如原著作權人為張森栓，嗣以登記該公司為著作人及著作權人，是否即屬轉讓，自訴人上開主張是否可採，原審亦未說明，均有理由不備之違法。

第三項　最高法院 90 年度台上字第 6514 號刑事判決

現行著作權法係於民國八十七年一月二十一日修正公布，其第十一條、第十二條固規定：「受雇人於職務上完成之著作，以該受雇人為著作人。但契約約定以雇用人為著作人者，從其約定。依前項規定，以受雇人為著作人者，其著作財產權歸雇用人享有。但契約約定其著作財產權歸受雇人享有者，從其約定。前二項所稱受雇人，包括公務員。」、「出資聘請他人完成之著作，除前條情形外，以該受聘人為著作人。但契約約定以出資人為著作人者，從其約定。依前項規定，以受聘人為著作人者，其著作財產權依契約約定歸受聘人或出資人享有。未約定著作財產權之歸屬者，其著作財產權歸受聘人享有。依前項規定著作財產權歸受聘人享有者，出資人得利用該著作。」，但依八十一年六月十日修正公布之該二條係規定：「法人之受雇人，在法人之企劃下，完成其職務上之著作，以該受雇人為著作人。但契約

約定以法人或其代表人為著作人者，從其約定。」、「受聘人在出資人之企劃下完成之著作，除前條情形外，以該受聘人為著作人。但契約約定以出資人或其代表人為著作人者，從其約定。」，依此，上開二次修正，對於受雇人及雇用人，出資人及受聘人間之著作權歸屬規定有所不同，因而現行法第一百十一條乃規定：「有下列情形之一者，第十一條及第十二條之規定，不適用之：一、依中華民國八十一年六月十日修正施行前本法第十條及第十一條規定取得著作權者。二、**依修正施行前本法第十一條及第十二條規定取得著作權者。**」。而依卷內自訴狀所載，**上訴人以上開廣告係八十五年間其任職於環宇公司期間，在其企劃下由李委煌、連碧芬、程珮珍於職務上完成之著作，三人亦將著作財產權轉讓予上訴人，被告等三人於八十五年五月十九日起陸續將上開廣告文字著作及攝影著作刊載於聯合報上，而認被告等三人涉有著作權法第九十一條第二項、第九十四條之常業犯罪嫌（一審卷第一頁反面、第二頁正面）。依上，上訴人係主張其於八十五年間即取得上開廣告之著作財產權，其上開主張是否合於八十一年六月十日修正後而於八十七年一月二十七日修正前之著作權法第十一條及第十二條之規定，而有現行法第一百十一條第二款之適用，原判決並未予以審認說明，竟依現行法第十一條及第十二條規定，認定上訴人並未取得上開廣告之著作財產權，其非被害人為由，為不受理之判決，自有適用法則不當之違誤。**

第四項　最高法院 91 年度台上字第 2161 號民事判決

上訴人主張其原係大明報公司受雇記者，於八十一年十一月間，前往大陸採訪金雞百花電影節，並於同年十一月四日，在大明報第九版，刊登其所撰「特派記者宋心三日廣西桂林專電」標題為「為中國電影前途把脈」之報導文章，大明報公司未徵得上訴人之同意，將伊所撰有關金雞百花電影節之文章（含原告尚未發表之「金雞獎評選三十二記分析」）及「劉曉慶」、「楊貴媚」、「蓋克」、「斯琴高娃等大陸一級表演藝術家」、「郎雄等海峽兩岸藝人」等攝影著作交予乙○，乙○則於其所撰之報導文章，除引言七

行文字外，餘均全盤照錄上訴人之報導，由大明報公司以「記者乙○台北報導」刊登於八十一年十一月二十一日大明報第八版，標題爲「大陸首屆金雞百花電影節特輯」、「大陸電影界夾縫求生存」，共同重製上訴人之著作等情，有報紙爲證，丁○○、丙○○、藍財旺對報紙刊登之前揭文章係上訴人所撰不爭執，堪信爲真實。查上訴人所撰標題爲「爲中國電影前途把脈」之報導文章，其內容雖爲大陸電影界人士分別發表有關大陸電影之意見，然由上訴人筆記而登載於出版品，係出自上訴人之籌劃，設計，就採訪所得整理彙編，撰寫而成，其文章內容，仍具原創性，爲其精神創作，應屬著作權法保護之著作，上訴人爲該文章之著作權人。再對照乙○撰前揭「大陸電影界夾縫求生存」一文，與上訴人之「爲中國電影前途把脈」，除七行引言外，其餘內言與上訴人之報導僅有段落順序、字句些微差異，及刪除部分文句，此外用字遣詞、字句排列、標點符號、盡皆相同，顯爲逐句抄襲之重製。而**法人之受雇人，在法人之企劃下，完成其職務上之著作，以該受雇人爲著作人。但契約約定以法人或其代表人爲著作人者，從其約定，修正前著作權法第十一條定有明文**，本件上訴人與大明報公司間，**就記者撰寫報導著作權之歸屬，並未有特別約定，則「爲中國電影前途把脈」一文著作人爲上訴人。**又「爲中國電影前途把脈」報導，於未公開發表前，上訴人將之交大明報公司，固爲授權大明報公開發表，大明報公司亦將之刊載於八十一年十一月四日之大明報第九版。上訴人雖爲大明報公司之雇用記者，該報導之著作權既屬上訴人，大明報公司亦已刊載一次，如重複使用，仍屬侵害其著作權。乙○所撰「大陸電影界夾縫求生存」一文，記載「記者乙○台北報導」，而其內容引述上訴人文章，部分文字一字不漏地引述，易使人誤爲大陸演員許遠山、導演亭贏、孫周、李歇浦等人所表示之意見，係爲乙○採訪所得，自足以生損害於原整理記錄撰文之上訴人。至乙○之前揭報導所併同刊載之五幀照片，因左上角著有「圖宋心」之字樣（按宋心即上訴人筆名），有報紙可按，其標示處所清晰，顯係以合理方式明示出處，故此部分並無侵害上訴人著作權之行爲，上訴人主張該照片部分之使用亦侵害其著作權，自非可採。

第五項 臺灣高等法院 96 年度智上易字第 5 號民事判決

按法人之受雇人，在法人之企劃下，完成其職務上之著作，以該受雇人為著作人，但契約約定以法人或其代表人為著作人者，從其約定，81 年 6 月 10 日修正公布之著作權法第 11 條定有明文。查上訴人於 81 年 11 月間前往大陸採訪金雞百花電影節，雖受雇於大明報，惟赴大陸採訪前，經大明報核准之簽呈內容係謂：費用由上訴人負擔，大明報同意支付稿件傳真及電話費用云云，已據本院 85 年度上更（一）字第 698 號刑事判決載述綦詳（原審 91 年度訴字第 6605 號卷第 66 頁），可見：大明報與上訴人間並未就上訴人赴大陸採訪之報導及攝影著作權之歸屬有所約定，則依前開規定，於採訪期間之攝影著作人應為上訴人至明。

第六項 最高法院 91 年度台上字第 4528 號刑事判決

依黃水源所述之事實以觀，本件「空軍大兵」之原始陶胚，既係由黃水源出資聘請卓文慶完成之著作，依本件被告行為時適用之八十二年四月二十日修正公布施行之著作權法第十二條規定：「受聘人在出資人之企劃下完成之著作，除前條規定外，以該受聘人為著作人。但契約約定以出資人或其代表人為著作人者，從其約定。」，卓文慶乃享有該著作物之著作權。另依卓文慶於一審調查時結證稱：「我把產品交給他（黃水源），他去製造就不關我的事，賣斷權利沒有特別約定，我也未聲明要保留著作權」、「（業界的習慣是）我們把胚賣出後，就不會自行翻模製造，……如果陶胚是我自行研發，非受託製作，才有可能賣斷權利，因為客人要求，本件是因黃水源之委託為他創作，且有拿到報酬，所以沒這問題。」、「有些客戶要申請著作權，會要求出立一張讓渡書，本件我忘記有無口頭約定要把著作權讓給他」等語，與黃水源於一審審理中所述：「我不懂著作權法，也無特約權利要讓給我，我以為他把原胚作出來，我付錢就可以大量生產，所以未約定要讓與著作權或買斷其權利」等語相互以觀，可見黃水源與卓文慶雙方並未特別約定

本件「空軍大兵」著作權之歸屬，揆諸前開說明，本件「空軍大兵」之著作權人應為卓文慶。故被告燒製之「空軍寶寶」縱重現該「空軍大兵」美術著作之內容，黃水源亦無權提出告訴，因認本件告訴不合法，且無從補正。乃維持第一審諭知本件公訴不受理之判決，駁回檢察官在第二審之上訴。已敘明其憑以認定之理由，從形式上觀察，並無違背法令之情形存在。

依著作權法第二十二條規定，重製權乃著作財產權之一種，而依上所述，黃水源既未取得本件「空軍大兵」之著作權，自亦未取得其重製權；又依卓文慶、黃水源於一審審理中之前開證述，其等就「空軍大兵」著作權之歸屬既均未為特別約定，自無再探求其等真意之可言，且本件被告行為時之著作權法第十二條就此情形既已明文規定著作權之歸屬，亦無再依交易習慣以為解釋之必要。上訴意旨（二）、（三），徒憑己見，就原判決已說明事項或屬原審採證認事職權之適法行使，任意指摘，顯與法律規定得為第三審上訴理由之違法情形，不相適合。

本件被告行為時之著作權法第十二條雖未如八十七年一月二十一日修正公布施行之該法同條第三項有：「依前項規定著作財產權歸受聘人享有者，出資人得利用該著作」之規定，然原判決理由列敘該八十七年一月二十一日修正公布施行之著作權法第十二條第三項規定，僅在加強說明本件「空軍大兵」之著作權人為卓文慶而已（見原判決第四頁最後一行至第五頁第四行），故其理由又謂：「可見告訴人出資請卓文慶創作出『空軍大兵』原胚，僅取得該著作之利用權」云云（見原判決第四頁最後一行），雖有未當，但於原判決認定卓文慶、黃水源間就「空軍大兵」著作權之歸屬並未為特別約定乙節及原判決之結果，顯然均無影響，依刑事訴訟法第三百八十條規定，亦不得資為提起第三審上訴之理由。

第七項　最高法院 99 年度台上字第 770 號民事判決

查上訴人主張「戀戀風塵」專輯中「信」、「雨水」、「無悔」三首

歌曲係於西元一九九三年（即八十二年）間增錄，是比特錄音室之錄音師（非陳揚）在伊要求下操作錄音，**伊係該三首製作人，被上訴人並無支付錄音費，係在比特錄音室會計小姐來電催伊繳付，由伊支付約一萬元云云（見原審卷第三三一頁背面），此與判斷系爭三首歌曲是否上訴人出資製錄攸關，原審就此未於理由項下說明何以不足採之意見，已有判決不備理由之違法。**次按八十一年六月十日修正之著作權法第十二條規定「受聘人在出資人之企劃下完成之著作，除前條情形下，以該受聘人為著作人。但契約約定以出資人或其代表人為著作人者，從其約定。」，而上訴人倘確參與上開三首歌曲之錄製，**縱在被上訴人出資下完成，其受聘人參與錄音工作，依當時有效之著作權法第十二條規定，能否謂該三首歌曲之錄音著作權非屬上訴人所有？尚非無疑。**且上訴人於第一審主張被告（即被上訴人）擅自錄製系爭著作專輯，並稱擁有發行、製作、企宣等權，有被告刊印之系爭專輯封面可稽；系爭專輯之封面都是被告印製云云（見一審卷（一）第一三頁、一審卷（二）第六三頁），原審就系爭專輯封面刊載內容是否屬實，未詳予調查，遽以該專輯封面之記載，認系爭專輯之錄音著作權屬被上訴人所有，自嫌速斷。・・・・・又查，上訴人主張，現場錄製，演唱會節目製作人及演出者，對於伴奏樂器之決定及演唱會曲目的安排，須進行彩排、試音等流程，將現場之音效加以調整，經「Song-Check」完成後，予以定調；現場演唱時，錄音者只負責於現場監聽有無出狀況，包括麥克風有無問題、電線有無脫落、有無跳電並保持錄音設備於原已定調之狀態下進行錄製云云（見原審卷第四四頁背面、第三三三頁），**倘所言非虛，則能否謂上訴人為演唱者，在現場同步錄音，不得兼錄音工作？**即非無疑。原審未詳予審認，徒以系爭「甲○○現場作品 I」、「甲○○現場作品 II」專輯係上訴人現場演唱同步錄音，而為上訴人不利之判斷，尤有可議。

第二章　雙方關係（出資人與實際創作者）

第一節　職務著作之基本概念

第一項　智慧局函釋

1. **經濟部智慧財產局民國 102 年 1 月 2 日電子郵件 1020102 號函**

   關於 您所詢問題，本組答覆如下：

   一、有關來函所詢之設計圖檔，如具有原創性，於創作完成時，即為受著作權法（下稱本法）保護的美術著作；又著作權之歸屬，原則上屬實際創作之人所享有（請參考本法第 10 條），**惟受雇人職務上完成之著作或係因他人出資所完成之著作，則另依本法第 11 條、第 12 條決定其著作權之歸屬**，先予說明。

   二、依您來函所示，所詢之「設計圖檔」如係您於職務上所完成之著作，依本法第 11 條之規定，須先視您與公司間有無著作權歸屬的約定，若未有約定者，則您雖為著作人，您所屬公司則享有該圖檔作品之著作財產權，在此情況下，若公司其他設計人員欲「重製」、「改作」該圖檔，自須徵得公司（即著作財產權人）之同意即可，並無侵害您的著作財產權問題，若有約定著作權歸屬，則依約實行之。

2. **經濟部智慧財產局民國 101 年 2 月 7 日電子郵件 1010207b 號函**

   有關 您來信詢問著作權歸屬問題，本局說明如下：

   一、根據來信內容，您為出版社撰寫文章出版書籍，產生雇傭關係或

出資聘人關係下著作權該由誰取得的問題。**首先要看 您與出版社間於任職時有無著作權歸屬的約定，如果約定出版社爲著作人或由出版社取得著作財產權，當著作完成時，出版社取得權利，其出版當然合法；如果未約定，因爲 您是受雇或屬他人出資聘人的關係，依照著作權法的規定，雖然是該文章（圖書）的著作人，但著作財產權依著作權法第 11 條第 2 項規定是屬於出版社，出版社也可依該法第 12 條第 3 項於出資目的範圍內利用該著作。所以，出版社出書的行爲是合法的。**

二、有關著作人格權（公開發表權、姓名表示權及禁止不當變更）部分，依著作權法規定，著作人格權專屬於著作人，不得讓與或繼承，除已約定出版社爲著作人之情形外， 您是該文章的著作人，出版社於出版時，依規定要表示 您的姓名，否則會有侵害人格權的問題。

三、至於出版社負責人在你所編撰的書上，表示其爲？作者？，除上述約定出版社負責人爲著作人之情形外，如果出版社負責人沒有實際從事書籍內容撰寫工作的創作行爲，就不是著作人，當然不得掛名，除非該書中另包括負責人的其他創作，且創作本身不能分離利用，這種屬著作權法共同著作的情形，雙方都是著作人。

3. 經濟部智慧財產局民國 100 年 11 月 17 日電子郵件 1001117c 號函

一、依著作權法（下稱本法）規定，除屬本法**第 11 條受雇人（包括公務員）職務上完成之著作，或屬第 12 條受聘人依委託完成之著作外，原則上著作權歸實際完成著作之人所享有**（請參照本法第 10 條）。

二、所詢自行研究計畫之著作權歸屬一事，經聯洽得知， 貴處就 99 年專題研究計畫，係採取向員工徵稿後遴聘專家評選之方式辦理，並要求員工以公餘時間自行研究，徵稿規則中亦未約定經錄取作品之著作權歸屬，則就經錄取作品之著作權歸屬，端視該研究報告是否爲員工職務上完成之著作而定。至**是否屬「職務上完成之著作」，係事實認定問題，需以工作性質作實際判斷（例如是否依雇用人指示、企劃下所完成？是否利用雇用人之經費、資源所完成等），與工作時間及地點並無必然關係。**如當事人對於是否屬「職務上完成之著作」有所爭議時，應由司法機關

依個案事實判斷之。

三、因此，所詢研究報告如屬「職務上完成之著作」，於當事人未約定著作權歸屬時，著作人爲實際創作之員工，惟著作財產權仍歸 貴處所享有；反之，如可認定屬「非職務上完成之著作」者，則該篇報告之著作財產權歸實際創作人所享有。

4. 經濟部智慧財產局民國 100 年 9 月 27 日電子郵件 1000927 號函

一、來函舉發公司於管理規則主張任何創作之著作權屬公司所有，係屬違法一事，按公司員工本於職務上之創作，依著作權法（下稱本法）第 11 條之規定，著作人爲員工，著作財產權爲公司所有，惟亦可約定著作人及著作財產權人均爲公司；另員工非於職務上完成之創作，原則上依本法第 10 條規定，由員工於創作完成時，享有該創作之著作權，惟如經雙方合意，依本法第 36 條之規定，員工亦得將其創作之著作財產權讓與公司所有。

二、至公司管理規則是公司與其員工之約定事項，是否妥適，宜由雙方商議之，本局歉難介入。

5. 經濟部智慧財產局民國 100 年 6 月 20 日電子郵件 1000620 號函

有關 您的來信，謹回復如下：

一、著作權法（下稱本法）所稱共同著作係指由二人以上共同完成之著作，且其各人之創作，不能分離者。視聽著作之完成一般係由節目製作人、演員、編劇、導演、配音員及其他工作人員共同參與創作行爲，在性質上雖屬多數人共同創作之共同著作，惟視聽著作之著作人及著作財產權之歸屬，除契約另有約定之情形外，應視是否有本法第 11 條或第 12 條規定之適用。**如上述視聽著作之工作人員（包括配音員）屬雇傭關係之受雇人，依本法第 11 條規定，在沒有約定的情形下，配音員是視聽著作之共同著作人，但視聽著作之著作財產權歸屬於雇用人享有，雇用人本得基於著作財產權人之地位行使權利，毋庸徵得其他共同著作人（包括配音員）之同意。**

二、如上述視聽著作之工作人員（包括配音員）屬出資聘人關係之受聘人，依本法第 12 條規定，在沒有約定的情形下，配音員是視聽著作之共同著作人，且共同享有視聽著作之著作財產權，但出資人得利用該視聽著作，亦不須徵得共同著作人（包括配音員）之同意。

三、如上述視聽著作之工作人員（包括配音員）不屬上述雇傭關係之受雇人或出資聘人關係之受聘人，除契約另有約定之情形外，工作人員如均參與創作行為，則均為視聽著作之共同著作人，著作權由參與創作者共同享有，且應共同行使，惟各著作財產權人，無正當理由者，不得拒絕同意（請參考本法第 40 條之 1 規定）。

6. 經濟部智慧財產局民國 100 年 1 月 17 日電子郵件 1000117a 號函

　　按著作權法（以下簡稱本法）規定，「改作」係指以翻譯、編曲、改寫、拍攝影片或其他方法就原著作另為創作，又著作權人專有將其著作改作成衍生著作之權利。是以，翻譯他人受著作權法保護之著作，應事先取得著作財產權人之同意或授權，始得為之。

　　有關您來函所述，學校學者認為無須取得美國學者同意，即可翻譯並出版美國學者之著作，應屬誤解，我國學者如欲翻譯美國學者受著作權法保護之著作並加以出版，應事先向該著作之著作財產權人洽取「改作」及「散布」（出版）之授權，否則將構成侵權行為，有民、刑事責任。

　　另按本法第 10 條規定，著作人於著作完成時享有著作權，**故除有第 11 條、12 條情形外，翻譯者即為譯文（衍生著作）之著作財產權人**，併予敘明。

7. 經濟部智慧財產局民國 99 年 6 月 30 日電子郵件 990630 號函

一、來函所述之您設計一套管理系統後請程式設計師依您給的稿紙設計程式軟體一節，按著作權法（下稱本法）第 10 條之 1 規定，著作權保護僅及於該著作之表達，而不及於其所表達之思想、程序、製程、系統、操作方法、概念、原理、發現等，亦即著作權所保護者為著作之表達形式，不及於想法本身。因此，您所設計之管理系統之方法及概念本身，

並不受著作權法保護，但程式設計師依據您的稿紙設計所完成之程式軟體（即表達形式），則得為著作權保護之標的（電腦程式），又創作著作之人為著作人享有著作權，而為著作權人，您請程式設計師設計完成之程式軟體，究由誰為「著作人」，及誰享有著作財產權等，須參照事實依本法第 11 條受雇人職務上完成著作或第 12 條出資聘人完成之著作之規定，加以認定，合先說明。

二、本法對著作係採「創作保護主義」，也就是著作人於著作完成時就享有著作權，不以申請著作權登記或註冊為權利取得之要件（請參考本法第 10 條之規定），又 87 年 1 月 21 日修正公布之著作權法，已刪除著作權登記制度，即著作權業務主管機關自 87 年 1 月 23 日起，已不再受理著作權登記業務，故目前並無向本局申請著作權註冊或登記之問題。因此，為證明該程式著作之權利，建議您應保留創作過程、發行及其他與權利產生、歸屬有關事項之資料，作為證明權利之依據，日後倘發生爭執時，權利人得提出事證，加以證明。又本法第 13 條規定，併請參考之。

8. 經濟部智慧財產局民國 99 年 4 月 2 日電子郵件 990402a 號函

一、有關出資聘請他人完成之著作之著作權歸屬，依著作權法（下稱本法）第 12 條規定，出資聘請他人完成之著作，若有約定著作人或著作財產權之歸屬時，從其約定；若未約定著作人及著作財產權之歸屬，則以該受聘人為著作人，並享有該著作之著作財產權，而出資人可在出資之目的範圍內利用該著作，又「利用」之方式與範圍，本法並無特別規定，應依出資當時之目的及雙方約定之利用範圍來決定，合先敘明。

二、依您來文所述，似**屬出資請陳君等影視工作者拍攝「溫玉書與黃鈺倩 1~3 集」（包含所詢之系爭劇本），則依上述規定，建議您先檢視當初有無約定著作人及著作財產權之歸屬。惟縱使系爭劇本之著作財產權係歸屬於受聘人，但如後續重製、販賣系爭影片，可認為係在當初出資目的之範圍內者，您仍得為之，並不會有侵害著作權之問題。**

三、另，本法係採創作保護主義，即著作人於著作完成時即享有著作權（請參考本法第 10 條之規定），不以申請著作權登記為權利取得要件，又 87 年 1 月 21 日修正公布之著作權法，業已刪除著作權登記制度，本局自 87 年 1 月 23 日起，已不再受理著作權登記業務，因此有關「陳君向您聲稱已申請版權」一節，應屬誤解，併予敘明。

9. 經濟部智慧財產局民國 98 年 8 月 25 日電子郵件 980825c 號函

一、有關 貴館邀請各作曲家創作樂曲，若未簽訂著作權歸屬之相關契約文件，應視情況而定：

（一）**雇用各作曲家作曲**：依著作權法（下稱本法）第 11 條規定，受雇人於職務上完成之著作，以該受雇人為著作人，然其著作財產權歸雇用人享有，但契約有約定則從其約定。若 貴館依前述規定享有著作財產權，則毋須簽署著作財產權之授權或讓與書。

（二）**出資聘請各作曲家作曲**：依本法第 12 條規定，出資聘請他人完成著作，若契約未約定，則以該受聘人為著作人，且該受聘人享有著作財產權，惟出資人得在出資之目的範圍內利用該著作。若貴館未取得著作財產權，則建議如能事先取得，再加以利用，則可避免因出資人（貴館）得利用該等著作之範圍涉有不明之爭議。

二、所詢應簽署「授權書」或「讓與書」一節：有關著作財產權的讓與或授權，基本上是利用人與著作財產權人間之私契約行為，根據契約自由原則，應由利用人與著作財產權人依雙方的意思來訂定。

三、針對外界常見之著作財產權授權或讓與方式及政府機關辦理採購簽訂契約時相關著作權事項，本局網站上有「著作財產權讓與契約」等範例（可參考：首頁／著作權／著作權教育宣導／授權資訊／「著作財產權授權契約」及「著作財產權讓與契約」之範例，網址如下：http://www.tipo.gov.tw/ch/AllInOne_Show.aspx?path=2338&guid=a653c40b-5d2a-4080-8344-6f468bd6c20a&lang=zh-tw），並請貴館依需求斟酌調整之。

10. 經濟部智慧財產局民國 98 年 2 月 26 日電子郵件 980226 號函

一、我國著作權法（以下簡稱本法）係採創作保護主義，即著作人於著作完成時即享有著作權（請參考本法第 10 條之規定），不以申請著作權登記為權利取得要件。又 87 年 1 月 21 日修正公布之著作權法，業已刪除著作權登記制度，即著作權業務主管機關自 87 年 1 月 23 日起，已不再受理著作權登記業務，合先敘明。

二、出資聘請他人完成著作，雙方如未有特別約定，則原則上以受聘人為著作人及著作財產權人，但雙方亦得以契約約定以出資人為著作人及著作財產權人（本法第 12 條參照）。爰此，**您請藝術工作者畫了一幅 Q 版的神明神像，如有出資之情形，即屬出資聘請他人完成著作之情形，若您欲取得該圖形著作之著作財產權，可與受聘人約定著作財產權歸您享有。**

三、將該幅 Q 版的神明神像圖形製成公仔，係屬重製他人之著作，必須取得著作財產權人之授權，始得為之，而在本案情形，有下述兩種可能：

（一）您為著作財產權人之情形：

　　　若您有出資且已與受聘人約定以您為該圖形著作之著作財產權人，即享有重製權，當然可以將該幅 Q 版的神明神像圖形製成公仔，無須經他人之授權。

（二）受聘人為著作財產權人之情形：

　　　若您雖有出資，但與受聘人間並無特別約定，則著作財產權歸受聘人享有，惟依本法第 12 條第 3 項之規定，您於出資的目的及範圍內，得利用該著作。至於您將該幅 Q 版的神明神像圖形製成公仔，是否屬於出資之目的及範圍，則須依您與受聘人間訂定之契約認定之。

11. 經濟部智慧財產局民國 97 年 12 月 11 日電子郵件 971211b 號函

一、按著作權法（下稱本法）第 7 條之 1 所稱「表演」，係指對既有著作以演技、舞蹈、歌唱、彈奏樂器或其他方法加以詮釋所成之著作，因此，**來函所詢藝人在 MV 中歌唱或跳舞，如係對既有之音樂或舞蹈著作加以詮釋，即屬本法第 7 條之 1 所稱之「表演」，享有著作權。又著作權係屬私權，節目製作公司出資聘請藝人表演歌唱或跳舞，自得依本法第 12 條之規定，以契約約定著作人及著作財產權之歸屬。**

二、另「配音」應屬視聽著作內容的一部分，並不能獨立主張享有著作權（參見本法第五條第一項各款著作內容例示第二項第七款及第八款），故所詢配音員就國外動畫所爲之中文配音，無法成爲獨立之表演著作。

12. 經濟部智慧財產局民國 97 年 12 月 1 日電子郵件 971201b 號函

按著作權法（下稱本法）第 10 條規定，著作人於著作完成時享有著作權。如 您提及之研究計畫係屬著作，您於創作完成時則爲該著作之著作人，並享有著作財產權。**又該研究計畫若係受醫院委託創作，則可另依本法第 11 條、第 12 條約定著作權歸屬。因此，上述研究計畫如係於無本法第 11 條及第 12 條之情形下，由 您所完成之著作，則不會因事後參與他像研究，而影響 您爲該計畫著作人之事實**，至於該計畫之著作財產權是否讓與他人或授權他人利用，自得本於契約約定之。

又醫學中心所屬研究計畫之主持人是否爲研究計畫內容之著作人，及該主持人必須爲其所屬醫學中心之員工，則屬其內部規範，與著作權法無關，併予敘明。

13. 經濟部智慧財產局民國 96 年 10 月 29 日電子郵件 961029 號函

一、著作權法（下稱本法）所稱之著作係指屬於文學、科學、藝術或其他學術範圍之創作。刊載於報紙上的文章，通常均有著作權，除非是單純爲傳達事實之新聞報導所做成之語文著作（非屬本法保護之標的），或者是未註明不得轉載的有關政治、經濟或社會上時事問題論述，否則將他人之文章，張貼於網路上供公眾隨時上網閱覽者，應事先取得該等著作之著作財產權人之授權或同意，始得爲之，不然即有可能構成侵害他人

「重製權」及「公開傳輸權」之行為。

二、來函所詢擬將報載專訪之內容及相片刊登於貴會網站供公眾查詢一節，一般而言，由於採訪人員撰寫的專訪報導，通常係執筆者對於受訪人員的觀察，其內容除了事實描述以外，多半亦包含其個人評論的表達，故仍屬著作權法所指語文著作，受著作權法保護。因此函詢擬將報社所為專訪報導刊登於網路上，原則上應事先取得該等著作之著作財產權人授權的同意，始得為之。否則即有可能構成侵害著作財產權之行為。至於該篇報導所附相片，如符合本法所稱之攝影著作時，將之刊登於網路上，亦應取得著作財產權人之同意或授權。

三、至於著作權之歸屬，**原則上創作著作之人為著作人，但有兩種例外情形：即本法第 11 條所稱「受雇人於職務上完成之著作」與第 12 條所稱「出資聘人完成之著作」。**本法規定在這二種情形，著作人得透過契約約定來認定，如果雙方未做任何約定的話，依本法規定，第一種情形是以受雇人為著作人，雇主是著作財產權人；第二種情形則以實際創作著作之受聘人為著作人及著作財產權人，出資人得在出資的目的和範圍內利用該著作。因此，來函所指是否需得報社授權同意一節，涉及著作權歸屬問題，應依前揭規定認定之。

四、又來函所指專訪報導，倘含有被採訪者及採訪者雙方表達方式，亦即雙方均參與創作，且各人之創作，不能分離利用者，則該報導屬共同著作，雙方均為著作人，著作權原則上應由雙方共同享有，且應共同行使，併此敘明。

14. 經濟部智慧財產局民國 95 年 10 月 25 日智著字第 09500097030 號函

主旨： 貴府函詢委託建築師辦理學校校舍之設計監造契約有關著作權法之疑義，復如說明，請 查照。

說明：

一、復　貴府 95 年 9 月 6 日府教國字第 09501366710 號函。

二、按著作權法（下稱本法）所稱之著作係指屬於文學、科學、藝術或其他學術範圍之創作，又「建築著作」係指包括建築設計圖、建築模型、建築物及其他之建築著作，此可參本法第 3 條第 1 項第 1 款及著作權法第 5 條第 1 項各款著作內容例示第 2 項第 9 款規定。又著作權之歸屬，**本法第 10 條、第 11 條及第 12 條定有明文，針對出資聘請他人完成之著作之著作權歸屬，依本法第 12 條規定，出資聘請他人完成之著作，若有約定著作人或著作財產權之歸屬時，從其約定；若未約定著作人及著作財產權之歸屬，則以該受聘人為著作人，並享有該著作之著作財產權（此時受聘人享有著作人格權與著作財產權），而出資人可在出資之目的範圍內利用該著作。「利用」之方式與範圍，本法並無特別規定，應依出資當時之目的及雙方原定之利用範圍來決定。**

三、貴府委託建築師辦理學校校舍之設計監造圖說，其著作權之歸屬及利用，應視雙方是否有契約之約定，而依本案委託契約第 16 條規定，原則上，**本設計圖之著作權係歸屬於建築師，惟 貴府得利用該圖說建造校舍，同時 貴府享有對該圖說之「法定許可之竣工圖說修正權」及「對本工程增建改建使用權」。**

四、貴府所詢之著作權法疑義，說明如下：

（一）就利用原設計圖說興建校舍， 貴府是否已取得著作財產權之讓與部分：原則上，依前開契約第 16 條之約定，該圖說之著作人為乙方，該約對於著作財產權之歸屬，並無其他之約定，則乙方為著作人，享有著作人格權及著作財產權，即 貴府並未受讓取得著作財產權，惟依本法第 12 條第 3 項規定，於 貴府出資之目的範圍內，享有法定之利用權， 故貴府既為出資人，自得利用該設計圖說建造校舍。

（二）因應預算之範圍，配合建築法令增修或物價上漲所需之變更原設計圖，是否不違反著作權法部分：首先，依前開契約第 16 條之約定， 貴府享有「法定許可之竣工圖說修正」及「對本工程增建改

建使用」之權利。依來文所述，貴府係配合建築相關法令之增修，似可認屬本工程增建、改建之使用，且屬依法令所為之行為，尚不致生侵害著作權之問題。另貴府所為變更設計圖說之行為，如屬於在出資之目的範圍內之法定利用行為者，因該利用行為之範圍涵蓋本法第 22 條至第 29 條之 11 種著作財產權之利用，包括改作在內，似可認定仍屬行使本法第 12 條第 3 項之法定利用權。

（三）貴府另行委託包商完成建造校舍，新承攬廠商因履約所為一切利用原設計圖說之作為，似可認屬第 12 條第 3 項出資人得利用該著作之適用範圍。

　　綜上說明，貴府委託包商利用原出資聘請建築師著作完成之建築設計圖建造校舍，應屬行使本法第 12 條第 3 項之法定利用權。以上意見，敬供參考。惟著作權係屬私權，出資人之利用行為是否確屬法定利用權之範圍，有無侵害受聘人之著作權？如有爭議，仍應由司法機關依具體事實審認之。

15.　經濟部智慧財產局民國 95 年 10 月 16 日電子郵件 951016a 號函

一、我國現行著作權法（下稱本法）對著作採「創作保護主義」，也就是著作人於著作完成時就享有著作權，不以申請著作權登記或註冊為權利取得之要件（請參考本法第 10 條之規定），又 87 年 1 月 21 日修正公布之著作權法，已刪除著作權登記制度，即著作權業務主管機關自 87 年 1 月 23 日起，已不再受理著作權登記業務。

二、出資聘請他人完成之娃娃插畫，如契約約定以出資人為著作人者，從其約定，此時出資人享有著作人格權與著作財產權。如約定以受聘人為著作人者，受聘人享有著作人格權，其著作財產權再由雙方來約定，未約定的話，著作財產權歸受聘人享有，但出資人得利用該著作。因此，**您聘請他人完成之娃娃插畫，若未約定著作人及著作財產權之歸屬，則以該受聘人（創作人）為著作人，享有該著作之著作權，包括著作人格權與著作財產權，而您自己則可在出資之目的範圍內利用該插畫。**換言

之，您出資聘人完成之插畫著作，究由誰為「著作人」，誰享有著作財產權等，均屬民法私權契約行為，悉依您與受聘人雙方當事人自行洽商約定，並依照約定享有著作權，不須辦理著作權登記。

三、另本法第13條規定，凡於著作原件或重製物上，以通常之方法表示著作人之本名、眾所周知之別名、發行日期、地點、著作財產權人者，均可發生「推定」的效力，如果您怕別人盜用您出資聘請他人完成的娃娃插畫，建議您可在著作原件或重製物上就上述著作人等權利相關事項予以標示，即可取得「推定」之法律利益（易言之，欲推翻該「推定」之相對人，須負擔舉證責任）。您也可以保留創作過程、發行及其他與權利有關事項之資料，作為證明自身權利之依據，日後發生私權爭執時，由法院依權利人提出之事證，加以認定。

16. 經濟部智慧財產局民國96年5月4日電子郵件960504號函

一、有關「公會直接抄錄使用其他部分會員邀請律師所擬之契約作為範本」一節，以他人所擬之契約作為範本直接抄錄之行為，會涉及著作權法（下稱本法）第3條第1項第5款規定之重製行為，重製為著作人專有之權利，應取得著作財產權人之同意或授權後方得為之。

二、另有關**「會員自行邀請律師撰擬服務契約範本，如未約定何人為著作權人時有關著作權之歸屬，本法第10條、第11條及第12條定有明文，**針對出資聘請他人完成之著作之著作權歸屬，依本法第12條規定，出資聘請他人完成之著作，若有約定著作人或著作財產權之歸屬時，從其約定；若未約定著作人及著作財產權之歸屬，則以該受聘人為著作人，並享有該著作之著作財產權（此時受聘人享有著作人格權與著作財產權），而出資人可在出資之目的範圍內利用該著作。「利用」之方式與範圍，本法並無特別規定，應依出資當時之目的及雙方原定之利用範圍來決定。本案著作財產，應向何人取得授權？」一節，著作人指創作著作之人（請參照著作權法第3條第1項第2款規定），權人請依上述規定認定，並向其洽取授權，始得利用該著作， 又著作權係私權，對於作

財產權之歸屬發生爭議時，由司法機關依具體個案事實調查認定之

17. 經濟部智慧財產局民國 95 年 4 月 26 日電子郵件 950426b 號函

一、**依現行著作權法規定，受雇人於職務上所完成之著作，原則上，以受雇人爲著作人。但是，如果以契約約定由雇用人爲著作人時，從其約定。不過，在以受雇人爲著作人時，該受雇人僅享有著作人格權而已，其著作的著作財產權仍歸雇用人享有（除非特別約定歸受雇人享有）。又同法規定，由雇用人自始取得尚未公開發表著作之著作財產權者，因其著作財產權之讓與、行使或利用而公開發表者，視爲著作人同意公開發表其著作。**

二、茲就函詢公司勞動契約條款略以：員工於任職期間所有一切業務上之創作，歸公司所有，未經公司書面同意，不得擅自對外使用或發佈，非經公事須要亦不得任意複製、拷貝等語觀之，除非員工已事先得到公司書面同意可以個人名義對外發表文章或由其授權給出版社，否則，皆須由公司直接與出版社洽談授權事宜（亦即公司員工並沒有行使這項授權的權能）。

三、上述爲行政機關之意見，僅供參考。由於著作權係屬私權，本案有關著作人之認定、著作財產權的歸屬、及有無約定不行使著作人格權等等，勞資雙方如發生爭議，應由司法機關依具體個案調查事實，適用法律，才能爲最終之認定。

18. 經濟部智慧財產局民國 95 年 1 月 19 日電子郵件 950119 號函

一、我國著作權法無「版權」此一用詞，來函所稱「版權」應指「著作權」。又就著作權之保護而言，我國現行著作權法採「創作保護主義」，也就是著作人於著作完成時就享有著作權（包括著作財產權及著作人格權，著作財產權得讓與他人或授權他人利用；而著作人格權則專屬於著作人本身，不得讓與或繼承，但當事人間得約定不行使著作人格權），不以申請著作權登記或註冊爲權利取得之要件。

二、依現行著作權法第 11 條規定，公司行銷部門人員設計的美術作品其著作
財產權的歸屬有各種不同的情況，說明如下：

（一）**公司和員工約定以公司爲著作人**：公司享有完整的著作權，包括
著作人格權和著作財產權。

（二）**公司和員工未約定以公司爲著作人，以員工爲著作人，享有著作
人格權；但著作財產權的歸屬又分兩種情形：**

1. 公司和員工約定由員工享有著作財產權，此時員工享有完整的
著作權，包括著作人格權和著作財產權。

2. 公司和員工對著作財產權也沒有做任何約定，此時員工爲著作
人享有著作人格權，公司則爲著作財產權人，享有著作財產
權。

三、至於所稱的「代言玩偶」，未必是美術著作，如不屬美術著作，就不會
產生著作權歸屬的問題。如果在設計代言玩偶的過程中，有美術著作的
創作，而該代言玩偶爲美術著作的重製物的話，則依上述二、的說明就
該美術著作來決定著作人是誰以及著作權的歸屬。

四、設計人是外包的設計公司的話，也要依照上述二、的說明來決定該外包
的設計公司和所屬員工誰是著作人？誰享有著作人格權和著作財產權，
出資請設計公司設計的人不可能是著作人，必須依著作權法第 36 條規
定，受讓著作權，才能取得著作財產權。

19. 經濟部智慧財產局民國 95 年 1 月 19 日電子郵件 950119b 號函

一、我國著作權法（下稱本法）第 11 條規定受雇人於職務上完成之著作，
以該受雇人爲著作人。但是雇用人如果和受雇人約定以雇用人爲著作人
的話，就依照雙方的約定。不過，依據法律規定，雖然以受雇人爲著作
人，可是著作財產權卻歸雇用人享有，除非雙方另外約定著作財產權也
歸受雇人享有，才能依雙方的約定由受雇人享有著作財產權。

二、因此，**您將所有專業心得編撰成書，該書如係職務上完成之著作，則有**

前述規定之適用，也就是說究竟公司是著作人？還是您是著作人？公司和您誰享有著作財產權？完全要看您和公司有沒有約定好，如果都沒有約定的話，那麼您是著作人享有著作人格權，可是由公司享有著作財產權。在這種情形下，除合理使用外，日後您欲作任何著作財產權能之利用，都要徵得公司同意或授權。

三、而若該書之完成與職務無關，而不屬職務上完成之著作，則無前述第11條之適用，又就著作權之保護而言，我國著作權法採「創作保護主義」，不以申請著作權登記爲權利取得要件，而且也沒有任何政府機關辦理著作權登記。所以當著作完成時您就享有完整的著作權，任何人欲利用該著作，除非符合著作權法合理使用（本法第44條至第65條）之規定外，自應徵得您的同意或授權，始得爲之。

四、著作權係屬私權，著作財產權之讓與或授權等均屬民法私權契約行爲，悉依雙方當事人自行洽商決定之。著作權人對權利的存在要自己負擔舉證責任，所以建議您最好保留創作、發行過程及其他與您權利有關之資料，來證明您的權利確實存在，萬一發生著作權的爭執時，法院會依照您所提出之事證，加以認定。

20.　經濟部智慧財產局民國92年11月18日電子郵件921118a號函

一、按著作權法（下稱本法）規定，「出資聘請他人完成之著作，以該受聘人爲著作人。但契約約定以出資人爲著作人者，從其約定。以受聘人爲著作人者，其著作財產權依契約約定歸受聘人或出資人享有。未約定著作財產權之歸屬者，其著作財產權歸受聘人享有。著作財產權歸受聘人享有者，出資人得利用該著作」。其所稱之「出資人」，並無人數之限制，故如有數人共同出資聘用他人創作著作物時，該數人中之各人均屬出資人之一。

二、又本法規定，「二人以上共同完成之著作，其各人之創作，不能分離利用者，爲共同著作」。數人共同出資聘用他人創作著作物時，如約定出資人爲著作人者，即屬共同著作，如未約定出資人爲著作人，而其著作

人之受聘人僅爲一人時，尚非屬共同著作，此情形下，約定出資人爲著作財產權人者，則各出資人間係共有該著作之著作財產權。

21.　經濟部智慧財產局民國 93 年 3 月 3 日電子郵件 930303a 號函

一、著作包括文學、科學、藝術或其他學術範圍之創作。著作之類別，分爲十一種。**著作權法規定，公司之受雇人職務上完成之著作，如公司與職員約定以公司爲著作人的話，公司即享有著作權（包括著作人格權及著作財產權），如雙方未約定的話，則職員是著作人，享有著作人格權，而除非雙方另約定職員也享有著作財產權，否則著作財產權歸公司享有。**因工作需要，利用公司的電腦軟體製作之文件，如屬著作，於著作完成時，即受著作權法保護，至其著作人之認定、著作財產權之歸屬，請參照上述說明。

二、本法另規定，標語及通用之符號、名詞、公式、數表、表格等不得爲著作權之標的，故用 excel 製作的表格，如係通用的表格，應不屬著作權保護之對象。

22.　經濟部智慧財產局民國 92 年 7 月 16 日電子郵件 920716 號函

一、著作權法對著作之定義及其種類有明文規定，因此任何人完成之作品，只要屬於著作權法所定之著作，而且沒有法律規定不得爲著作權標的之情形時，著作人於著作完成時即享有著作權。

二、依照著作權法規定，**受雇人於職務上完成之著作，以該受雇人爲著作人。但是雇用人如果和受雇人約定以雇用人爲著作人的話，就依照雙方的約定。不過，依據法律規定，雖然以受雇人爲著作人，可是著作財產權卻歸雇用人享有，除非雙方另外約定著作財產權也歸受雇人享有，才能依雙方的約定由受雇人享有著作財產權。**

三、來函所問的 1-3 問題，如果都是您在公司職務內完成的著作，到底公司是著作人？還是您是著作人？公司和您誰享有著作財產權？完全要看您和貴公司有沒有約定好，如果都沒有約定的話，那麼您是著作人享有著

作人格權，可是由公司享有著作財產權。

四、著作權是採創作保護主義，也就是說著作人在著作完成時即享有著作權，不需經過任何登記。因此，如果您主張自己是著作人而享有著作財產權的話，由於著作權係屬私權，著作權人對權利的存在要自己負擔舉證責任，所以建議您最好保留創作、發行過程及其他與您權利有關之資料，來證明您的權利確實存在，萬一發生著作權的爭執時，法院會依照您所提出之事證，加以認定。此外著作權法也特別規定，凡是在著作原件或其已發行之著作重製物上，或是在將著作公開發表的時候，以通常之方法表示著作人或著作財產權人之本名或眾所週知之別名，或者著作之發行日期和地點的話，就可以依照這些表示「推定」著作人是誰，著作財產權歸誰享有，著作是什麼時候公開發行的，發行的地點在那裡等等。因此，著作權人如果要享受這項「推定」的利益，建議宜善用此項機制。

23. 經濟部智慧財產局民國 89 年 3 月 29 日（89）智著字第 89002492 號函

二、按現行著作權法（以下稱本法）及舊著作權法第十一條對職務上完成之著作之著作財產權歸屬已有規定，依來函所述「因職務關係，自民國八十二年起，陸續撰寫專題研究報告二十篇···又於任職時曾簽立『因公務需要所研撰之著作，其著作權屬於該機關』之同意書」一節，則該「專題研究報告」之著作財產權依上述規定似歸屬　台端任職之公務機關。

第二項　法院判決

1. 最高法院 95 年度台上字第 5056 號刑事判決

　　本件依上訴人、歡樂家庭公司合約書第五條第四項規定，歡樂家庭公司本應負責提供上訴人有關包裝設計、封套、海報、贈品設計稿、說明手冊等相關文件、美術設計物樣品及相關美工、文字圖檔等物；證

人即歡樂家庭公司代表人劉昭毅於第一審陳稱：包裝設計、音樂及其他費用，係按我授權金比例或應得利益中扣除等語（見第一審卷第七八至七九頁），原審前審審理時劉昭毅仍陳稱：使用說明書和盒子的製作，版稅已經給智冠公司扣除，當時我有表示這部分著作權應該是我的等語（見原審上訴卷第六八至六九頁），並有劉昭毅提出其與智冠公司簽訂之電腦遊戲委製合約書可憑（見原審上訴卷第八○頁以下），該合約書第十三條載明：「乙方（即智冠公司）所提撥的預算，係含甲方（即劉昭毅）委製小組製作遊戲所需的音樂著作費、音效語音的錄製費、腳本的購製費、購買著作版權費及有關遊戲製作的相關費用在內」，**顯見歡樂家庭公司因未提供包裝彩盒上之人物圖形、音樂、使用手冊（語文著作）等物，乃由上訴人公司內部自製、或外包承製，並由歡樂家庭公司出資甚明**。職此之故，歡樂家庭公司雖為出資人，但依著作權法第十一、十二條之意旨，就編製音樂（音樂著作）、使用手冊（語文著作）部分而言，因該著作係由上訴人員工所完成，且依卷內資料，尚無證據資料證明上訴人與該員工存有特約，上訴人公司應為該著作之著作財產權人；就上訴人出資予鄧博文設計遊戲包裝彩盒上之人物圖形（美術著作）部分而言，參諸上訴人與鄧博文外包合約書第六條規定，該著作財產權係歸屬上訴人所有，歡樂家庭有限公司僅得依著作權法第三十六條或第三十七條，由上訴人受讓著作財產權或取得著作財產權之授權，始得利用該著作，應無著作權法第十二條第三項之利用可能，經濟部智慧財產局九十一年二月十八日智著字第 0910000187 號函可資參考。從而，上訴人應為上開美術、音樂及語文等著作之著作財產權人甚明，其提起本件自訴，自屬合法。

2. 最高法院 96 年度台上字第 2887 號刑事判決

　　審理事實之法院對於被告有利及不利之證據，應一律注意，詳為調查，綜合全案證據資料，本於證據法則以定其取捨，並將取捨證據及得心證之理由於判決內詳為說明，方為適法。原判決論上訴人甲○○以

民國九十二年七月九日修正前之著作權法第九十一條第二項之罪名，依同法第一百條規定，須告訴乃論。本件係由吉貝斯磁磚有限公司（下稱吉貝斯公司）提出告訴，原判決理由說明以：本件系爭圖樣係陳筱媛所創作，其爲吉貝斯之員工；依著作權法第十一條規定：受雇人於職務上完成之著作，以該受雇人爲著作人。但契約約定以雇用人爲著作人者，從其約定。依前項規定，以受雇人爲著作人者，其著作財產權歸雇用人享有。但契約約定其著作財產權歸受雇人享有者，從其約定。查本件係以職員陳筱媛爲著作人，而陳筱媛與雇用人吉貝斯公司間亦未對系爭圖樣之著作財產權歸屬另有約定，依前開規定，告訴人吉貝斯公司亦享有系爭圖樣之著作財產權云云（原判決理由壹之一）。雖**吉貝斯公司於原審九十六年一月十一日審理期日，具狀提出陳筱媛任職於該公司之薪資所得扣繳憑單，以證明其係雇用人，然查吉貝斯公司代表人許麗鳳於第一審證稱：陳筱媛剛來的時候是元裕陶瓷工業社的員工，勞、健保都是在元裕陶瓷工業社，後來成立吉貝斯公司，名義上被分配到吉貝斯公司，但實際上勞、健保、薪水都是在元裕陶瓷工業社**（第一審卷一第一九二頁）；另據上訴人之辯護人於原審提出陳怡芬於原審法院民事庭作證之筆錄，陳怡芬證陳：**我曾經與陳筱媛是同事，我一直是在元裕工廠做事，地址是鶯歌鎮○○街一四六號，陳筱媛的工作地點也在德昌街一四六號**，每天都看到她各等語（原審卷第一五三、一五四頁），上訴人於原審即據此主張陳筱媛係元裕陶瓷工業社之員工，元裕陶瓷工業社方爲雇用人而享有著作財產權，吉貝斯公司無告訴權云云（原審卷第二十四、一三九、一四一頁）。則陳筱媛於系爭圖樣創作時，究係受雇於吉貝斯公司？抑元裕陶瓷工業社？即非無疑義，此攸關其著作財產權之歸屬，及本件是否已經合法告訴，乃原審未予詳查究明，復未於判決內說明證據取捨及認定之理由，遽行判決，有判決不備理由之違背法令。

3. 最高法院 98 年度台上字第 5658 號刑事判決

受雇人於職務上完成之著作,以該受雇人為著作人。但契約約定以雇用人為著作人者,從其約定。依前項規定,以受雇人為著作人者,其著作財產權歸雇用人享有。但契約約定其著作財產權歸受雇人享有者,從其約定,著作權法第十一條定有明文。原判決於理由說明:八目公司之「超級尺」機器之電腦控制程式,包含操作介面程式及底層控制程式二部分,其中底層控制程式為乙〇〇受雇於八目公司時,於職務上所創作完成,乙〇〇為底層控制程式之著作人。又載稱:**八目公司未以「書面」約定乙〇〇任職於該公司期間所為創作之著作權歸屬,八目公司之代表人蕭正富表示有與乙〇〇「口頭」約定歸屬八目公司,不能採信等語。如果無訛,乙〇〇任職於八目公司期間為該公司創作之「超級尺」底層控制程式,既未約定著作權歸受雇人享有,則依上揭法律規定,即應歸雇用人八目公司所有。**乃原判決卻認應歸乙〇〇所有,因而認乙〇〇嗣後將此電腦程式使用於皇捷公司,未侵害八目公司之著作財產權,有判決理由矛盾及不適用法則之違法。

4. 最高法院91年度台非字第96號刑事判決

本件告訴人(非常上訴理由誤載為自訴人)薪鼎企業有限公司(下稱薪鼎公司)向台灣彰化地方法院檢察署告訴被告甲〇〇將告訴人薪鼎公司享有攝影著作權之塑膠產品目錄內之禮盒二十二幀攝影著作,擅自以重製方法,翻印於其經營之金億昇實業股份有限公司(下稱金億昇公司)之塑膠製品目錄上等情,因認被告有違反著作權法第九十一條第一項之罪,經檢察官提起公訴後,台灣彰化地方法院認被告犯罪不能證明,因而判決諭知被告無罪(另被告金億昇公司則被判處罰金新台幣八萬元)。嗣公訴人檢察官認薪鼎公司不可能同意金億昇公司無償使用薪鼎公司享有之攝影著作權,被告於第一審所辯薪鼎公司曾經知會被告之弟洪進祥同意被告得免費重製翻印薪鼎公司之攝影著作等詞,顯係飾詞,應不足採云云,指摘第一審判決關於被告部分為不當云云,提起第二審上訴。另金億昇公司亦提起第二審上訴,其上訴理由狀雖有辯稱告

訴人（非常上訴理由誤載為自訴人）**薪鼎公司本件二十二幀攝影著作，係由告訴人薪鼎公司出資聘請他人完成，告訴人未能證明該項攝影著作權有與受聘人約定攝影著作權歸屬告訴人享有，故告訴人應無權告訴，其告訴不合法云云，然未提出證據證明該攝影著作係薪鼎公司出資聘請他人完成及該著作權歸屬受聘人所有，且於原審復未就薪鼎公司是否聘請他人完成著作等事項聲請調查。而檢察官及被告於第二審審理中，亦未就此事項提出抗辯及聲請調查，則原審應無蒐集證據之義務，從而原判決以被告犯罪不能證明，維持第一審諭知被告無罪之判決，縱未依另被告金億昇公司之辯解，調查薪鼎公司之攝影著作是否出資聘請他人完成，有無著作權？亦與應於審判期日調查之證據而未予調查之違法有別。**

5. **最高法院 92 年度台上字第 6634 號刑事判決：僅知悉著作用途尚不足以構成職務著作**

按「出資聘請他人完成之著作，除前條情形外，以該受聘人為著作人。但契約約定以出資人為著作人者，從其約定。」、「依前項規定，以受聘人為著作人者，其著作財產權依契約約定歸受聘人或出資人享有。未約定著作財產權之歸屬者，其著作財產權歸受聘人享有。」著作權法第十二條第一項、第二項定有明文。本件原判決理由謂丙○○委聘製作電腦遊戲配樂時，曾告知上訴人要用在昱泉公司發行之「神雕俠侶」電腦遊戲場景配樂及用於丙○○發片（即發行音樂片）之事實，為上訴人在第一審自承，且為證人即交付配樂清單，並與上訴人細談音樂要求效果之王聰毅到庭結證在卷。而丙○○亦係使用在電腦遊戲配樂及發片之用途上，是丙○○辯稱上開配樂係伊出資委聘上訴人所作，其著作財產權約定歸伊所有，伊有權使用上開配樂，即屬可採云云（見原判決第七頁第十一至十八行）。然丙○○於八十九年十月間委請上訴人製作本案之電腦遊戲軟體配樂時，雙方未立書面契約，且關於本件報酬之約定雙方仍有爭議，甚至對於已支付收受之新台幣（下同）三萬元，

究係屬何種款項亦有爭執。則關於認定上訴人與丙〇〇間之著作財產權歸屬，仍應依前揭著作權法之規定，以雙方是否有約定為依據。而同時為丙〇〇配樂之證人吳哲成於原審調查時證稱：「（問：他當時有無告訴你是『神鵰俠侶』要用的？）有，我當時就知道是『神鵰俠侶』要用的。但要如何用，我不清楚。」、「（辯護人問吳哲成：就電玩配樂部分，有無談報酬？）有談。但我專心在想歌曲部分，所以一首多少，我忘了。一般我的行情，製作配樂一首是一萬五。」、「（辯護人問吳哲成：業界作配樂，一般而言，都是賣斷的嗎？）很少是賣斷的。如果是賣斷的，我至少要十萬元。一般是簽合約，看用幾年。」（見原審卷第七十九、八十二、八十三頁）。所供如果可採取，吳哲成與丙〇〇間有關本件遊戲軟體之配樂，似未約定著作財產權歸丙〇〇所有。上訴人與丙〇〇間之權益關係，是否與吳哲成間相同？**能否僅依丙〇〇曾告知上訴人本件配樂之用途，即能推論雙方已約定本件之著作財產權歸丙〇〇所有？此項認定是否確與當事人立約時之真意契合？仍有詳加調查深究之餘地。**原判決遽認雙方已約定著作財產權歸丙〇〇所有，難謂無調查未盡及理由不備之違法。

6. **最高法院 94 年度台上字第 1623 號刑事判決：費用是否包含授權費抑或僅是購買所有權之費用，依一般業界慣例定之**

　　原判決雖另以上訴人所簽署之支票簽收單上「公司名稱」欄內載有「中正寶寶模型３〇〇〇」等字（見第一審卷第四十七頁），認定被告於收受上訴人所交付之「中正寶寶」原模型時，即已繳清其「造型費」（或「開模造型費」），因而推論上訴人已將該「中正寶寶」原模型之美術工藝品著作之重製權售予被告，而為被告有利之認定。然上訴人則主張其收受上述三千元，係製造「中正寶寶」原模型之材料費，並非「造型費」等語。且觀之該支票簽收單影本僅簡略記載：「中正寶寶『模型』３〇〇〇」等字，並未詳細記載該費用之種類或性質。究竟其所謂「模型」云者，係指「造型費（或開模造型費）」？抑或僅指「模型材料費」

而言？似非明白。原審並未傳訊製作上述支票簽收單之黃惠娟到庭詳加詰問，以究明其真意，遽謂該支票簽收單上所記載之「中正寶寶模型3〇〇〇」，係指「造型費（或開模造型費）」而言，尚嫌速斷。又自訴人之交付「中正寶寶」究係供作審核之用？抑為賣斷交付被告自行製造生產？此與自訴人是否已將重製權出讓予被告攸關，原審未詳加調查，亦嫌調查未盡。再原判決雖另採用證人卓達鐘在發回前原審所陳：「一般生產都是顧客提供相片給伊，伊請捏瓷師傅捏型，捏出一個寶寶大概是三千元至五千元的價格，如果較大型，價格會另外再定，捏型後捏瓷師傅就不管其他事」等語（見發回前原審卷第一一四頁）。**認依該行業慣例，如委託捏瓷師傅捏型，付清造型費後，委託造型者即取得該著作之重製權，得以開模生產，而為有利於被告之認定。**然查證人卓達鐘係受被告委託，以上訴人所捏製之「中正寶寶」原模型產製前述「中正寶寶」雕塑製品之人（見發回前原審卷第一一四頁第一、二行）。其與上訴人似有生意上之競爭關係，所為不利於上訴人之證詞，是否公正而毫無偏袒？猶非全無審酌餘地。且其僅泛稱「捏出一個寶寶大概是三千元至五千元的價格」云云，並未進一步說明該價格究竟係指「造型費（或開模造型費）」？或「模型材料費」而言？其真意究竟是否指委託者僅支付三千元至五千元之價格，即可取得捏瓷師傅所捏製類此美術工藝品之著作權？似有待進一步調查釐清明白。原審並未詳究其真意，**亦未就上開疑點向相關同業公會函詢明白。**僅依證人卓達鐘前揭陳詞，遽認依該行業慣例，如委託捏瓷師傅捏型，付清造型費後，委託造型者即取得該著作之重製權云云，而為有利於被告之認定，亦嫌調查未盡。

第二節　著作權法第 11 條之構成要件或判斷要素

第一項　非無償

經濟部智慧財產局民國 101 年 12 月 5 日電子郵件 1011205 號函

有關 您所詢問的問題，說明如下：

一、一般而言，網頁在瀏覽器上通常會以文字資料（語文著作）、圖像檔案（美術、圖形或攝影著作）及超連結（不涉及著作權問題）等元素呈現，至於電腦螢幕上顯示出的系列影像（也就是連續的電腦螢幕畫面）則為視聽著作。至於所詢網站是否可能成為著作權法第 7 條所稱「編輯著作」而受保護，尚須視具體資料的選擇及編排情形決定，無法一概而論，如您設計之網站就資料之選擇及編排均具有創作性，方得成為著作權法第 7 條所稱之「編輯著作」而受保護；又依著作權法第 10 條規定，著作權人除依著作權法第 11 條（職務著作權利的歸屬）及第 12 條（出資聘人著作權的歸屬）規定決定著作財產權歸屬外，原則上在著作完成時，即取得各該著作之著作權（包括著作人格權及著作財產權）。

二、至於**來函所述您為他人設計之網頁，因您係無償為他人設計，與著作權法第 12 條規定有別。**如您的著作權未讓與，仍依著作權法第 10 條規定，於著作完成時即取得您所創作之各該著作之著作權。

第二項　不以書面約定為限

智慧財產法院 102 年度民著上字第 13 號民事判決

另證人即被上訴人華文網公司編輯○○○亦結證稱：被上訴人華文網公司在聘請編輯時，總編輯或是公司董事長會告知編輯任職期間，編輯之書籍及相關資料相關著作權都是歸屬於被上訴人華文網公司，開會時都會告知在任職期間編輯之書籍著作權是屬於被上訴人華文網公司，這個約定是口頭，並強調編輯於任職期間之著作，一切著作權都歸屬於被上訴人華文網公司等語（見原審卷（二）第 80 至 81 頁）。證人○○○亦結證稱：**公司聘任新的編輯，都會口頭約定只要在上班時間或使用公司資源所編輯出來的資料，相關的著作權就是屬於公司，著作人也是公司等語**（見原審卷（二）第 114 頁）。又證人即被上訴人華文網公司編輯○○○、○○○於另案刑事案件作

證時亦證稱被上訴人華文網公司在面試時，會向員工特別強調任職期間之著作交給公司出版，著作權是歸屬公司所有，每個員工在面試時都知悉此事等語，有北檢檢察官 100 年度偵續字第 605 號不起訴處分書在卷足憑（見原審卷（一）第 362 頁反面），並有○○○、○○○、○○○、○○○、○○○出具之聲明附卷可稽（見原審卷（一）第 99 至 103 頁）。則**系爭著作即「非常單字王」編輯著作與被上訴人華文網公司出版之「K 單字」一書內容縱係實質近似或完全相同，然「K 單字」即上訴人主張之系爭著作「非常單字王」編輯著作既係上訴人 94 年 4 月 1 日任職被上訴人華文網公司受雇擔任編輯一職後所完成交予被上訴人華文網公司之稿件即著作，自屬上訴人於職務上完成之著作**，依著作權法第 11 條規定：「受雇人於職務上完成之著作，以該受雇人爲著作人。但契約約定以雇用人爲著作人者，從其約定。依前項規定，以受雇人爲著作人者，其著作財產權歸雇用人享有。但契約約定其著作財產權歸受雇人享有者，從其約定」。被上訴人華文網公司既與包含上訴人在內之所有編輯均約定編輯受雇期間於職務上完成之著作，著作人爲被上訴人華文網公司，一切著作權包含著作財產權及著作人格權均屬於被上訴人華文網公司，已如上述，亦堪認「K 單字」即上訴人主張之系爭著作即「非常單字王」編輯著作之著作人爲被上訴人華文網公司，被上訴人華文網公司享有著作財產權及著作人格權。至上訴人雖主張於任職被上訴人華文網公司 11 日後之 94 年 4 月 11 日即將系爭著作稿件交出，自不可能係任職期間完成等語。然爲被上訴人所否認，且依上訴人所提電子郵件（見本院卷（一）313 頁）亦無法證明其於 94 年 4 月 11 日即已完成系爭著作之全部，並將全部稿件交付被上訴人華文網公司，上訴人此部分主張，亦有未合。

第三項　職務範圍：爲任職單位業務或經指定完成之工作

1. 經濟部智慧財產局民國 100 年 2 月 24 日電子郵件 1000224 號函

您好！有關 您所詢問的問題，本組答復如下：

一、有關所詢之您帶領大甲鎮公所主辦之「大甲媽祖教師研習團」，在進香過程中所拍攝照片，您是否享有著作財產權之疑義，按**該項研習團活動若不是您目前任職單位的業務，該等照片非屬「職務上完成之著作」，而無著作權法（下稱本法）第 11 條有關職務上著作之著作財產權歸屬規定之適用**，而應依本法第 10 條「著作人於著作完成時享有著作權」之規定，由實際創作完成之人，享有該照片之著作權。

2. 經濟部智慧財產局民國 99 年 10 月 6 日電子郵件 991006b 號函

一、著作權法（下稱本法）所稱之著作係指屬於文學、科學、藝術或其他學術範圍之創作，「衣服的圖案」是否為受本法保護之著作？如屬著作，究係屬「美術著作」或「圖形著作」？均須依事實認定之。有關設計櫥窗部分，如為室內設計圖，則可認係「圖形著作」，惟若依照設計櫥窗部分之規格、作法或步驟，完成櫥窗成品，應屬依著作標示之尺寸、規格或器械結構圖等以按圖施工之方法將著作表現之概念製作成立體物之行為，則不涉及著作財產權之利用行為。至於僅做物體擺放之櫥窗設計，如未經製成圖形，則尚無著作可言，不生著作權保護之問題。

二、若您來信所稱之圖案係屬本法所保護之「圖形著作」或「美術著作」，有關該等著作之著作權歸屬，應依本法第 11 條規定，視情況而定：

（一）**您來信稱當初應徵的職位係銷售服飾店員，但若幫公司設計畫圖而完成著作一事，並不屬「於職務上完成之著作」，而係您自行創作完成之著作**，則該等著作之著作權即為您所享有，他人若欲利用該等著作，自應取得您的授權。

（二）若您幫公司設計畫圖而完成著作一事，係屬於職務上所完成之著作，則該等著作之權利歸屬，係由雇用人與受雇之員工約定著作人與著作財產權歸屬，如雙方未約定，則您係著作人，但著作財產權歸該公司即雇用人享有。

（三）就您為公司設計繪製之圖形，應依事實認定其著作權之歸屬，因著作權係屬私權，如您與公司發生著作權利用爭執時，即應由法

院依權利人提出之事證，加以審認。

3. 智慧財產法院 102 年度民著訴字第 50 號民事判決

再按著作權法第 11 條所稱「職務上完成之著作」，除應以工作性質來做實質判斷，與受雇人之工作時間及地點並無必然之關係外，**其範圍不僅限於原先所擔任之職務內為限，尚應包括任職期間被指定所完成者。**

4. 智慧財產法院 102 年度刑智上易字第 82 號刑事判決

綜上所論，**被告周世德研發、創作專案管理系統之目的，本為便利管理其職務上所掌之研發部門，該系統電腦程式亦為迎合管理需求而量身撰寫。且該系統於創作完成後，復經被告李建宏指示作為為季河公司內部管理電腦系統、客戶資料、專案處理進度之主要系統，該系統儲存之相關資訊，均為季河公司營業之核心事項，該系統之使用人，均為季河公司之員工，被告周世德並未將該系統對外銷售或作為其他用途，故專案管理系統屬被告周世德職務上完成之著作，至為灼然。**而被告周世德與季河公司間未曾就專案管理系統之著作財產權歸屬作相關之約定乙節，業經證人蘇正榮於偵查中證述無訛（見偵字第 11024 號偵查卷一第 44 頁），核與被告周世德於偵訊、原審審理中所述相合（見臺灣高雄地方法院檢察署 100 年度偵續字第 202 號卷第 78 頁，下稱偵續字第 202 號偵查卷；原審卷二第 19 頁）。揆諸著作權法第 11 條之規定，本案專案管理系統之著作財產權應歸雇用人即季河公司所有。

被告均辯稱：專案管理系統並非季河公司指示被告周世德研發，係被告周世德於下班時間所自行撰寫，且季河公司未因此支付被告周世德額外之薪資或獎金，該系統之著作財產權不應屬於季河公司云云。而季河公司未指示被告周世德開發專案管理系統，亦未就專案管理系統之研發支付被告周世德額外之報酬，業經被告供述一致。證人蘇正榮於原審審理中，亦坦認其對於被告周世德研發該系統之期間、地點或過程等事項，均不知情，未因此支付被告周世德額外之獎金或報酬（見原審卷二

第 73 頁背面）。**足見被告辯稱專案管理系統爲乃被告周世德所自行研發，且未因此獲取多餘之報酬，固屬有據。然查被告周世德前既擔任季河公司研發部門之主管，其對於所領導之部門人員或管理之事務範疇，本應有一定之領導策略或作爲，而非凡事均因循舊制，或僅被動執行公司之交辦事項，專案管理系統之研發目的及其功能，係用以協助被告周世德管理研發部門及季河公司之電腦程式，以利其職務之執行，自難以被告周世德最初非接受被告李建宏或證人蘇正榮之指示撰寫該系統程式，遽認專案管理系統非被告周世德之職務上著作。**

5. **智慧財產法院 98 年度刑智上更（一）字第 45 號刑事判決**

受雇人於職務上完成之著作，以該受雇人爲著作人。但契約約定以雇用人爲著作人者，從其約定。依前項規定，以受雇人爲著作人者，其著作財產權歸雇用人享有。但契約約定其著作財產權歸受雇人享有者，從其約定，著作權法第十一條定有明文。系爭超級尺之電腦程式，係由證人林志發撰寫介面程式，由乙○○用 HALCON 軟體撰寫影像處理的底層程式，用介面程式來呼叫影像處理的底層程式，而達成系爭單軸自動量測機「超級尺」之運轉，業據證人林志發於原審及證人鄭榮賢於偵查中證述明確。**固然該影像處理的底層程式係被告乙○○所撰寫，惟係屬其任職八目公司時於職務上完成之著作，而其與八目公司間既未約定著作財產權歸受雇人享有，則依上揭法律規定，其著作財產權即應歸雇用人八目公司所有。**

第四項　須先存在僱傭關係始有職務著作之適用

1. 經濟部智慧財產局民國 99 年 11 月 29 日電子郵件 991129a 號函

一、所詢民國 72 年所簽訂「三十六孝悌忠信」套書之著作權年限一事，問題1，依來函所述該套書係著作人於著作創作完成後，始與　貴館簽約，即自然人爲著作人，約定著作權（應指著作財產權）歸　貴館所有，其

後雖因著作權法迭有變更，惟其著作財產權尚在存續期間，其著作財產權之存續期間，依現行著作權法第 30 條規定，其著作財產權存續於著作人生存期間及其死亡後 50 年。因此，如著作人於民國 87 年去世，其著作財產權應存續至 137 年 12 月 31 日。

二、所詢問題 2，因現行法採創作保護主義，除有現行法第 11 條僱傭契約及第 12 條出資聘人之情形，著作人應爲實際創作完成之自然人，其著作財產權存續於著作人生存期間及其死亡後 50 年。如有現行法第 11 條及第 12 條之情形，而直接約定爲雇用人、出資人爲著作人，而該雇用人、出資人爲法人者，即爲現行法第 33 條所稱之？法人爲著作人之著作？，其著作權保護期間則需依現行法第 33 條計算之，即存續至公開發表或創作完成後 50 年。

三、至所詢問題 3，現行法第 11 條、第 12 條之情形，**係創作人於受雇或受聘後，於職務範圍內或出資目的內所完成之著作，始有其適用，而本案係創作人吳君先完成其著作後，始與 貴館簽約，核其性質屬現行法第 36 條之著作財產權之讓與，與現行法第 11 條、第 12 條有別。**

2. 經濟部智慧財產局民國 96 年 12 月 25 日電子郵件 961225 號函

一、依著作權法（以下簡稱本法）之規定，出資聘請他人完成之著作，如雙方未約定著作人及著作財產權之歸屬，則由受聘人爲著作人並享有著作財產權，出資人得利用該著作。因此，所詢案例一，**乙畫家爲該畫之著作人並享有著作財產權，甲公司僅取得該畫之所有權**，之後甲公司出售該畫予丙公司，丙公司亦僅取得該畫之所有權，丙公司若欲將該畫作作爲公司之簡介封面，除符合本法第 44 條至第 65 條規定之合理使用情形外，必須徵得著作財產權人的授權，始得爲之，否則即有可能構成侵害他人「重製權」及「散布權」之行爲，而須負擔民、刑事責任。又將他人畫作作爲公司簡介封面，其合理使用空間相對有限。

二、所詢案例二，乙畫家爲該畫之著作人並享有著作財產權，丁出版公司如欲出版甲之傳記，利用乙之畫作於甲之傳記內頁，必須事先徵得乙畫家

的授權，始得爲之，否則即有可能構成侵害他人「重製權」及「散布權」之行爲，而須負擔民、刑事責任。惟若符合本法第 52 條規定之情形，爲報導、評論、教學、研究或其他正當目的之必要，在合理範圍內，得主張引用已公開發表之著作。

第五項　不限於公務時間、地點完成之著作

1. 經濟部智慧財產局民國 99 年 11 月 5 日智著字第 09900109330 號函

　　有關 貴籌備處所詢「臺灣國家國樂團是否得依著作權法規定支付團員授權費」一案，復如說明，請查照。

說明：

一、復 貴籌備處 99 年 10 月 28 日傳藝國樂字第 0990008482 號函。

二、所詢事項說明如下：

（一）按著作權法（下稱本法）第 10 條規定，著作人於著作完成時享有著作權。但本法另有規定者，從其規定。職此，臺灣國家國樂團（下稱國樂團）團員就其所創作完成之樂曲，除本法另有規定外（如本法第 11 條、第 12 條規定），當然亦享有著作權，任何人欲加以利用，除有合理使用之情形外，均應向團員取得授權，始得爲之。

（二）依本法第 11 條之規定，受雇人於職務上完成之著作，除契約另有約定外，以該受雇人爲著作人，著作財產權則歸雇用人享有。是以，國樂團與團員間如係屬雇傭關係，且未以契約約定著作財產權之歸屬，則團員於職務上創作完成之樂曲，其著作財產權仍歸國樂團享有。惟依來函所述情形，團員於公餘時間從事創作而完成之樂曲，是否屬於「職務上完成之著作」，則應分別情形而定：

1. 團員受國樂團委託創作或編曲，如屬職務分配上之工作，**縱團員係於公餘時間創作完成之樂曲，仍應屬職務上完成之著作**，團員與國樂團間如無特別約定，該樂曲之著作財產權仍歸屬於國樂團享有，國樂團演出該

著作，無須另行向團員取得授權或支付使用報酬。

2. 團員單純基於個人興趣或專業，於公餘時間創作完成之樂曲，如與所任職務無關，則非屬職務上完成之著作，該樂曲之著作財產權當然歸屬於團員享有，國樂團欲演出該著作，必須向團員洽取授權。（三）國樂團欲出版團員作品，涉及重製及散布著作之行為，亦應依上述規定，依事實狀況決定是否向團員取得授權。（四）由於著作權係屬私權，故授權與否及使用報酬金額多寡，均應由權利人及利用人雙方協商決定，著作權法並未規定其付標準，爰此，於國樂團應取得授權之情況下，其如已與團員就各項利用行為使用報酬標準達成合意，比照國樂團所定支付標準支付使用報酬予團員，似非法所不許。

2. 經濟部智慧財產局民國 98 年 6 月 6 日電子郵件 980606b 號函

有關 您所詢問的問題，本局答復如下：

一、按著作權法第 11 條規定：「受雇人於職務上完成之著作，以該受雇人為著作人。但契約約定以雇用人為著作人者，從其約定。」「依前項規定，以受雇人為著作人者，其著作財產權歸雇用人享有。但契約約定其著作財產權歸受雇人享有者，從其約定。」爰此，您於職務上完成之著作，若與公司無特別約定時，則您係該著作之著作人，但著作財產權歸公司享有。**另所謂「於職務上完成之著作」，係事實認定之問題，須以工作性質作實質判斷（例如是否在雇用人指示、企劃下所完成，是否利用雇用人之經費、資源所完成之著作等），與工作時間及地點無必然之關係，並應於具體個案認定之，合先敘明。**

二、有關您來文所詢事項，就您來文所述，若該圖文係您個人旅遊所攝影或就旅遊心得所為之文字描述而與公司業務無關，且僅係提供充實公司電子報內容，則該著作權似屬您所有，您自可禁止他人利用，甚至撤回該圖文均可，至於如何證明該著作與工作無涉等係屬事實認定之問題，如有爭議，仍應由司法機關調查認定之。

3. 經濟部智慧財產局民國 97 年 10 月 17 日電子郵件 971017B 號函

依著作權法（以下稱本法）第 11 條規定：「受雇人於職務上完成之著作，以該受雇人為著作人。但契約約定以雇用人為著作人者，從其約定。」「依前項規定，以受雇人為著作人者，其著作財產權歸雇用人享有。但契約約定其著作財產權歸受雇人享有者，從其約定。」所謂「於職務上完成之著作」，係事實認定之問題，須以工作性質作實質判斷（例如是否在雇用人指示、企劃下所完成，是否利用雇用人之經費、資源所完成之著作等），**與工作時間及地點無必然之關係**，所詢學校老師將其教學內容寫成著作，以及醫院的醫師將其看病的經驗寫成書，其著作財產權歸屬 1 節，參照以上說明，應於具體個案認定之，尚難一概而論。

4. 智慧財產法院 102 年度民著訴字第 50 號民事判決

再按著作權法第 11 條所稱「職務上完成之著作」，除應以工作性質來做實質判斷，**與受雇人之工作時間及地點並無必然之關係外**，其範圍不僅限於原先所擔任之職務內為限，尚應包括任職期間被指定所完成者。

第六項　是否為法人實際創作？

1. 經濟部智慧財產局民國 98 年 7 月 15 日電子郵件 980715a 號函

一、依著作權法（簡稱本法）規定，著作人於著作完成時享有著作權，其包括著作人格權及著作財產權，惟如有本法第 11 條（僱傭關係）、第 12 條（聘任關係）之情形，始可約定以非實際創作著作之人為著作人，進而享有著作人格權及著作財產權，先予敘明。

二、來函所述，如受託人為法人者，政府機關（委託人）委託其所完成之成果是否可依本法第 12 條規定「於契約中約定機關為著作人，享有著作人格權及著作財產權」，謹說明如下：

（一）**按出資聘請法人完成之著作，因並非由法人實際創作而係該法人**

之「**職員**」**所創作完成**，故就該著作之著作權之約定，並無從依本法第 12 條之規定，直接約定以出資人爲著作人或其享有著作財產權，而係先依本法第 11 條規定，視該法人與職員之間就著作人或著作財產權有無特別約定，如無特別約定，則該職員（受雇人）就其職務上完成之著作爲著作人，其著作財產權歸該職員所任職之法人（雇用人）享有。最後，再由該公司依本法第 36 條或第 37 條之規定，將該著作之著作財產權讓與或授權予出資人後，出資人始取得該著作之著作財產權或被授權人之地位，進而合法利用該著作。惟有關著作人格權之部分，依本法第 21 條之規定，不得讓與或繼承，但得約定不行使，故爲避免侵害該著作之著作人格權，出資人尙須與法人（著作人）約定著作人格權不行使之約款。

（二）因此，政府機關欲出資聘請法人完成著作時，有關著作權歸屬之約定，本局均建議各機關與該法人約定，由該法人與其職員依本法第 11 條第但書約定，由該法人爲著作人（同時取得著作人格權及著作財產權），該法人再依本法第 36 條或第 37 條之規定，讓與或授權予該政府機關，同時該法人並應承諾不行使著作人格權，明確雙方之著作權法律關係，併予敘明。

2. 經濟部智慧財產局民國 97 年 8 月 8 日電子郵件 970808a 號函

關於「委託案件」的著作權請教

一、有關出資聘請他人完成之著作之著作權歸屬，依著作權法（下稱本法）第 12 條規定，出資聘請他人完成之著作，若有約定著作人或著作財產權之歸屬時，從其約定；若未約定著作人及著作財產權之歸屬，則以該受聘人爲著作人，並享有該著作之著作財產權，而出資人可在出資之目的範圍內利用該著作，又「利用」之方式與範圍，本法並無特別規定，應依出資當時之目的及雙方約定之利用範圍來決定。

二、所詢問題 1，**A 公司聘請您拍攝照片，有關該照片（攝影著作）之著作權歸屬問題，依照上述規定，應視您與 A 公司間是否有特別約定，如果**

是約定A公司爲著作人或著作財產權，則A公司享有著作權財產權；如約定您爲著作人或並無特別約定時，則您享有著作財產權，但是A公司得在出資的目的與範圍內利用該著作。

三、需特別說明的是，由於著作之著作權與著作附著物之物權並不相等，因此您所拍攝的 1000 張照片（攝影著作附著之物），其所有權、著作權的歸屬問題，您是否有義務將所拍攝的照片全數交給A公司或保留部分，仍涉及契約約定之問題，亦即應視您與A公司間之約定而定，又著作權與物之所有權不同，各該照片（攝影著作）之著作財產權人，並不因爲這些照片的所有權歸屬，而影響其對著作權之享有與行使。

四、所詢問題2，就同一場景同時或先後完成相同或近似的攝影作品，均屬各自獨立的創作，如各自都具備原創性，固然均受本法之保護，惟您得否將2張近似照片之著作權分別讓與不同公司？依照前述說明，仍應視您與A公司之契約內容而定。

五、至於所詢問題3，您得否將A公司提供的衛星導航作標數據提供予C公司一事，由於「數據」不受著作權保護，因與著作權無涉，歉難答覆。

第七項　出資範圍：推舉編輯、提供旅費尚非屬於職務著作

1. 經濟部智慧財產局民國 98 年 6 月 18 日智著字第 09800051640 號函

一、依著作權法（下稱本法）第 3 條第 1 項第 1 款規定，著作係指屬於文學、科學、藝術或其他學術範圍之創作，因而族譜所記載人名或親屬關係如純屬事實敘述者，該等事實資料將因缺乏創作性而不受本法之保護，任何人皆得利用之；除非族譜中相關之記載事項有符合上述著作之要件者，始受本法保護，他人如予侵害者，須負相關之民、刑事責任。至於族譜之編輯（如版面設計、資料之呈現方式等）如具有創作性者，依本法第 7 條規定：「就資料之選擇及編排具有創作性者爲編輯著作，以獨立之著作保護之。」對於編輯上的創作性給予保護，然而該編輯著作所

編輯內容如屬於事實資料而無涉創作者，仍非本法保護之對象。

二、復按本法第 10 條規定：「著作人於著作完成時享有著作權。但本法另有規定者，從其規定。」因此，所詢「族譜」如依上述說明屬本法保護之著作，且非受雇人職務上所完成，或他人出資請求完成等情形（須另依本法第 11 條、第 12 條定其著作權之歸屬）者，該著作之著作權原則上均由實際從事創作之人享有。**茲依來函所述「宗親會推舉某甲著手進行編輯」、「兩次提供旅費」之情況，尚難認有上述「受雇人職務上完成」或「出資聘人」完成著作之情形，併予敘明。**

三、有關 貴會推舉某甲編輯之族譜，某甲對其是否享有著作權一節，請參考上述說明。另本局「著作權資料檢索系統」已上傳本局網站（http://www.tipo.gov.tw/）供各界參考，其中包括有著作權法專責機關歷年所作法令解釋，歡迎檢索。

第八項　雙方若具有民法僱傭關係，適用第 11 條

1. 經濟部智慧財產局民國 97 年 8 月 20 日電子郵件 970820b 號函

有關投稿及受雇人之著作權法疑義

一、所詢問題 1 某甲投稿報社，並獲刊載 1 次，該報社又另將某甲的文章貼於該報社的網站上，某甲之其他權利有無影響一節，按某甲與該報社間如無其他約定者，則該報社僅有刊載該文章 1 次之權利，該報社事後如將該文章登載於其網站上，則已構成「重製」及「公開傳輸」他人語文著作之行為，除有著作權法（下稱本法）第 44 條至第 65 條所規定「合理使用」之情形外，應取得某甲之授權，始得為之，否則即屬侵害某甲之著作財產權。至您所詢之某甲之其他權利，究何所指不明，無法答復。

二、問題 2 某甲一稿數投各家報社，是否違反著作權法之疑義，著作權係著作人專有，一稿數投，係著作權人行使權利之方式，惟實務上報社多禁

止一稿數投，如有違反，係屬違約，應依某甲與報社之約定處理。

三、問題3某甲的著作經報社刊登後，可否將其著作貼於某甲專屬網站部落格上疑義，因為某甲將其著作投稿於報社，除其與報社有特別約定外，該著作之著作財產權仍歸某甲享有，某甲當可本於權利人的地位，利用其著作而貼於自己之部落格。

四、**另本法第11條所規定之「受雇人」，係指雙方具有僱傭關係之受雇人而言，包括公務員，其定義請依民法規定認定之。**

2. 經濟部智慧財產局民國97年4月1日電子郵件970401a號函

一、著作權法（以下稱本法）係採創作保護主義，著作人於著作完成時即享有著作權（包含著作人格權及著作財產權）。來函所詢語文教學中心老師之授課演講內容可能屬本法所稱的語文著作，如將該授課之演講內容全程錄音，涉及語文著作之重製，應於徵得著作財產權人之授權後始得為之。

二、有關上述授課之演講內容的著作權歸屬問題，可分為下列二種情形加以說明：

（一）**屬僱傭關係完成之著作者**：如老師是語文教學中心的受雇人，其授課之演講內容，是其職務上完成的著作的話，該演講內容之著作人、著作財產權歸屬的認定，首先應視雙方的約定來決定，若雙方沒有約定的話，原則上，老師為該演講內容的著作人，只享有著作人格權，語文教學中心為著作財產權人，享有著作財產權。

（二）**屬承攬關係完成之著作者**：如老師是語文教學中心所聘請，其授課之演講內容，是因語文教學中心出資聘請而完成，且雙方的法律關係屬「承攬」的話，其著作人、著作財產權人應由雙方約定來決定，若雙方未做任何約定，則老師為該授課之演講內容之著作人，享有著作人格權及著作財產權，但語文教學中心得在出資的目的和範圍內利用該演講內容。

3. 經濟部智慧財產局民國 99 年 4 月 22 日電子郵件 990422 號函

一、台端詢問關於申請由貴公司製作之獎狀、畢業證書、一般證書框圖著
作權一事，如該書類等之框圖具有原創性，依我國著作權法（下稱本
法）規定屬著作者，則依第 10 條之規定係採創作保護主義，即著作人
於著作完成時即享有著作權。因此，貴公司無須申請著作權登記或註
冊，即可自動受本法保護。又按著作權係屬私權，著作權人應與其他一
般私權之權利人相同，對其權利之存在自負舉證責任，故著作權人應
保留創作過程、發行及其他與權利有關事項之資料，作為證明自身權
利之依據，日後發生私權爭執時，由法院依權利人提出之事證，加以
認定。至於如何證明自身擁有著作權，請參考本局「著作人舉證責任
及方法」宣導資料。（網址：http://www.tipo.gov.tw/ch/AllInOne_Show.
aspx?path=3439&guid=4fc1b73e-715e-41ca-b018-6b7ae43665d7&lang=zh-
tw）

二、另按本法第 11 條第 1 項及第 2 項之規定：「受雇人於職務上完成之著
作，以該受雇人為著作人。但契約約定以雇用人為著作人者，從其約
定。（第 1 項）依前項規定，以受雇人為著作人者，其著作財產權歸雇
用人享有。但契約約定其著作財產權歸受雇人享有者，從其約定。（第
2 項）」**本條所稱之「受雇人」係指公司員工、公務員、獨資或合夥之
受雇用之人，或其他任何具有雇傭關係之受雇用之人。是以，公司員工
於職務上完成之著作，原則上以該員工為著作人，享有著作人格權，而
雇用人即公司則享有著作財產權，併予說明。**

4. 智慧財產法院 102 年度民著上字第 27 號民事判決

　　上訴人之營業項目為各種電銲機及切割機之買賣安裝等，有聯牧公
司臺中市政府營利事業登記證影本乙份在卷可參（見臺中地院檢察署 98
年度他字第 2144 號偵查卷第 6 頁），**證人○○○於上訴人處擔任副理、
廠長從事公司機械部分之職務，其與上訴人間指揮與監督關係，係受
雇上訴人以提供勞務工作，○○○於上訴人之工作內容，顯非受上訴人**

之**委託而處理事務**。揆諸著作權法第 11 條之規定，○○○受雇於上訴人，其職務上完成之系爭 A 組圖之著作，以上訴人為著作人，而○○○與上訴人亦未對○○○所為著作之著作權及著作財產權為特別之約定，是上訴人為系爭 A 組圖之著作財產權人。

第九項　其他判斷方法

1. 智慧財產法院 103 年度刑智上易第 74 號刑事判決

因此，綜合審酌告訴人執行職務之內容與態樣、被告公司對其職務之**執行客觀上有指揮監督之情事，以及告訴人取自被告公司之所得、其報酬與勞務之對價性與關連性**，足認告訴人勞務之供給不具獨立性，且**相關報酬之給付不以工作之完成為必要**，是兩造間之法律關係應屬僱傭而非授權。是系爭電腦程式著作乃告訴人在受雇於被告公司期間，受被告公司指揮監督而為被告公司完成之電腦程式著作，屬職務上之著作，因告訴人與被告公司並未約定系爭電腦程式著作之著作人及著作財產權之歸屬，則依前揭著作權法第 11 條第 2 項前段之規定，該電腦程式著作之著作財產權應屬被告公司所有。

2. 智慧財產法院 99 年度民著上字第 5 號民事判決

證人李佳玲於原審結證稱：在伊感覺，被告（即被上訴人）應該是原告（即上訴人）公司員工，伊只知道被告在原告公司資訊部，其他的不曉得；伊沒注意到被告上班有無打卡，資訊部只有被告一人，軟體的部分都是由被告負責等語（見原審卷第 2 冊第 37 至 38 頁）。又證人許瓊慧於原審結證稱：原告沒有為被告投保勞健保，據伊所知是被告說不需要加保；被告在工作上是受原告公司老闆周相宇指揮監督，但周相宇不太懂電腦軟體；原告是雇用被告吧，因為原告每個月都會給被告薪資，薪資是伊經辦的，薪資扣繳憑單是給會計師處理；原告公司給被告的酬勞是每個月給，不是依承辦的案件給等語（見原審卷第 2 冊第 38 至 39 頁）。

　　綜上，於 89 年間至 92 年間，就系爭軟體對外合約之締結、磋商，均由上訴人法定代理人周相宇處理，至軟體安裝、使用、維護與除錯問題等事宜則由被上訴人處理。**而雇用人對受雇人之指揮監督，係指雇用人指示受雇人執行一定職務，受雇人因其所提供之勞務而取得雇用人所給與之報酬。而所謂監督，係指對勞務之實施方式，時間及地點加以指示或安排之一般的監督而言，並不以雇用人須與受雇人同具專業知識或能力爲限。**綜觀前述被上訴人與上訴人、第三人、上訴人公司內部人員之關係，**客觀上，上訴人爲對外與第三人簽訂衛星船位自動回報系統軟體合約，即指示被上訴人進行系爭軟體之簡報與說明，簽約後指示被上訴人爲客戶安裝與維護軟體，對被上訴人服勞務之實施方式、時間、地點加以指示或安排，被上訴人係爲上訴人執行業務，所執行之軟體相關業務係由上訴人指定，非由被上訴人自由決定是否承作，受上訴人之管理與監督，不具有獨立工作之性質。**縱使上訴人之法定代理人周相宇或員工未如被上訴人具有電腦軟體、資訊科技之專業知識，惟被上訴人爲上訴人履行標案及契約，而提供自己的 VesselTrac 軟體，將之客製化改作成爲系爭軟體，係爲上訴人執行其職務，自有一般指揮監督之情事。故被上訴人辯稱上訴人法定代理人周相宇對軟硬體完全外行，上訴人公司無人懂電腦軟體，無從指揮監督被上訴人云云，要無足取。

第三節　著作權法第 12 條之構成要件或判斷要素

第一項　非無償

1. 經濟部智慧財產局民國 101 年 12 月 5 日電子郵件 1011205 號函

有關 您所詢問的問題，說明如下：

一、一般而言，網頁在瀏覽器上通常會以文字資料（語文著作）、圖像檔案（美術、圖形或攝影著作）及超連結（不涉及著作權問題）等元素呈

現，至於電腦螢幕上顯示出的系列影像（也就是連續的電腦螢幕畫面）則為視聽著作。至於所詢網站是否可能成為著作權法第 7 條所稱「編輯著作」而受保護，尚須視具體資料的選擇及編排情形決定，無法一概而論，如您設計之網站就資料之選擇及編排均具有創作性，方得成為著作權法第 7 條所稱之「編輯著作」而受保護；又依著作權法第 10 條規定，著作權人除依著作權法第 11 條（職務著作權利的歸屬）及第 12 條（出資聘人著作權的歸屬）規定決定著作財產權歸屬外，原則上在著作完成時，即取得各該著作之著作權（包括著作人格權及著作財產權）。

二、至於**來函所述您為他人設計之網頁，因您係無償為他人設計，與著作權法第 12 條規定有別**。如您的著作權未讓與，仍依著作權法第 10 條規定，於著作完成時即取得您所創作之各該著作之著作權。

第二項　須先存在聘雇關係始有職務著作之適用

1. 經濟部智慧財產局民國 99 年 11 月 29 日電子郵件 991129a 號函

一、所詢民國 72 年所簽訂「三十六孝悌忠信」套書之著作權年限一事，問題 1，依來函所述該套書係著作人於著作創作完成後，始與　貴館簽約，即自然人為著作人，約定著作權（應指著作財產權）歸　貴館所有，其後雖因著作權法迭有變更，惟其著作財產權尚在存續期間，其著作財產權之存續期間，依現行著作權法第 30 條規定，其著作財產權存續於著作人生存期間及其死亡後 50 年。因此，如著作人於民國 87 年去世，其著作財產權應存續至 137 年 12 月 31 日。

二、所詢問題 2，因現行法採創作保護主義，**除有現行法第 11 條僱傭契約及第 12 條出資聘人之情形**，著作人應為實際創作完成之自然人，其著作財產權存續於著作人生存期間及其死亡後 50 年。如有現行法第 11 條及第 12 條之情形，而直接約定為雇用人、出資人為著作人，而該雇用人、出資人為法人者，即為現行法第 33 條所稱之「法人為著作人之著

作」，其著作權保護期間則需依現行法第 33 條計算之，即存續至公開發表或創作完成後 50 年。

三、至所詢問題 3，現行法第 11 條、第 12 條之情形，**係創作人於受雇或受聘後，於職務範圍內或出資目的內所完成之著作，始有其適用，而本案係創作人吳君先完成其著作後，始與 貴館簽約，核其性質屬現行法第 36 條之著作財產權之讓與，與現行法第 11 條、第 12 條有別。**

2. 智慧財產法院 102 年度民著上易字第 1 號民事判決

經查，觀諸證人即 000000000000 編輯 000000 與證人即 000000000000 會計兼行政人員 000000 於原審證述之內容，證人 000000 於原審準備程序證稱：「（問：證人 000000 是否認識原告林玉？因何事由認識原告林玉？）我在刊物請她開始採訪之前不認識她，**是因為我收到她的履歷後才請她幫我們採訪。**」、「（問：貴公司是否因承接國立臺灣工藝研究發展中心出版的『臺灣工藝』季刊而對外徵求寫稿的人員才收到前開履歷？）是。」、「（問：是否描述當時徵人的方式或內容？）我們接到其履歷後，剛好有一個單元需要記者去做採訪，所以我就打電話問她是否可以接受這個案子，她說可以，就請她幫我寫。」（見原審卷（二）第 52 至 53 頁），而證人 000000 於原審準備程序證稱：「（問：原告林玉與 000000000000 之關係為何？除國立臺灣工藝研究發展中心之採購案件外，是否有其他合作？）**她是我們約稿的作者。除了此採購案外沒有其他的合作。**」、「（問：約稿作者是否是指她來投稿，還是妳們指定範圍請她撰寫？）**證人不算投稿，是由她去採訪作者，至於範圍由她與作者討論。**」（見原審卷（二）第 123 頁），綜合上開證人之證述可知，林玉並非本即任職於 000000000000，而於 000000000000 承接工藝中心之臺灣工藝季刊後，逕由 000000000000 **指定其為臺灣工藝季刊之「工藝之家」專欄撰稿**，林玉係因 000000000000 承接工藝中心之臺灣工藝季刊後而對外徵求之寫稿人員，其於投遞履歷後方獲聘為臺灣工藝季刊之「工藝之家」專欄撰寫文章，故林玉與 000000000000 間並非雇用關係，則林玉之上開著作，即非於職務上所完成之著作。又證人 000000 另於原審準備程

序證稱：「（問：林玉寫稿的時候，000000000000 有無事先與林玉簽任何的契約？）沒有。」（見原審卷（二）第 54 頁），以及證人 000000 亦於原審準備程序證稱：「（問：000000000000 除了跟工藝中心簽訂制式的採購契約外，是否會另外與個別作者簽訂著作權歸屬的內容？）沒有簽署。」（見原審卷（二）第 123 頁），參照前開證人 000000 與 000000 之證述可知，000000000000 並未與林玉間簽立契約，就其所撰寫之系爭著作之著作財產權歸屬做約定，則依著作權法第 12 條第 2 項之規定，應認受聘人即林玉為系爭著作之著作人，且因 000000000000 與林玉間並未就系爭著作之著作財產權何屬作約定，則系爭著作之著作財產權亦應由林玉所享有。

第三項　不限於公務時間、地點完成之著作

1. 經濟部智慧財產局民國 99 年 11 月 5 日智著字第 09900109330 號函

　　　有關 貴籌備處所詢「臺灣國家國樂團是否得依著作權法規定支付團員授權費」一案，復如說明，請查照。

說明：

一、復 貴籌備處 99 年 10 月 28 日傳藝國樂字第 0990008482 號函。

二、所詢事項說明如下：

（一）按著作權法（下稱本法）第 10 條規定，著作人於著作完成時享有著作權。但本法另有規定者，從其規定。職此，臺灣國家國樂團（下稱國樂團）團員就其所創作完成之樂曲，除本法另有規定外（如本法第 11 條、第 12 條規定），當然亦享有著作權，任何人欲加以利用，除有合理使用之情形外，均應向團員取得授權，始得為之。

（二）依本法第 11 條之規定，受雇人於職務上完成之著作，除契約另有約定外，以該受雇人為著作人，著作財產權則歸雇用人享有。是以，國樂團與團員間如係屬雇傭關係，且未以契約約定著作財產權之歸屬，則團員於職務上創作完成之樂曲，其著作財產權仍歸國樂團享有。惟

依來函所述情形，團員於公餘時間從事創作而完成之樂曲，是否屬於「職務上完成之著作」，則應分別情形而定：

1. 團員受國樂團委託創作或編曲，如屬職務分配上之工作，縱團員係於公餘時間創作完成之樂曲，仍應屬職務上完成之著作，團員與國樂團間如無特別約定，該樂曲之著作財產權仍歸屬於國樂團享有，國樂團演出該著作，無須另行向團員取得授權或支付使用報酬。

2. 團員單純基於個人興趣或專業，於公餘時間創作完成之樂曲，如與所任職務無關，則非屬職務上完成之著作，該樂曲之著作財產權當然歸屬於團員享有，國樂團欲演出該著作，必須向團員洽取授權。

（三）國樂團欲出版團員作品，涉及重製及散布著作之行為，亦應依上述規定，依事實狀況決定是否向團員取得授權。

（四）由於著作權係屬私權，故授權與否及使用報酬金額多寡，均應由權利人及利用人雙方協商決定，著作權法並未規定其付標準，爰此，於國樂團應取得授權之情況下，其如已與團員就各項利用行為使用報酬標準達成合意，比照國樂團所定支付標準支付使用報酬予團員，似非法所不許。

2. 經濟部智慧財產局民國 98 年 6 月 6 日電子郵件 980606b 號函

有關 您所詢問的問題，本局答復如下：

一、按著作權法第 11 條規定：「受雇人於職務上完成之著作，以該受雇人為著作人。但契約約定以雇用人為著作人者，從其約定。」「依前項規定，以受雇人為著作人者，其著作財產權歸雇用人享有。但契約約定其著作財產權歸受雇人享有者，從其約定。」爰此，您於職務上完成之著作，若與公司無特別約定時，則您係該著作之著作人，但著作財產權歸公司享有。**另所謂「於職務上完成之著作」，係事實認定之問題，須以**

工作性質作實質判斷（例如是否在雇用人指示、企劃下所完成，是否利用雇用人之經費、資源所完成之著作等），與工作時間及地點無必然之關係，並應於具體個案認定之，合先敘明。

二、有關您來文所詢事項，就您來文所述，若該圖文係您個人旅遊所攝影或就旅遊心得所為之文字描述而與公司業務無關，且僅係提供充實公司電子報內容，則該著作權似屬您所有，您自可禁止他人利用，甚至撤回該圖文均可，至於如何證明該著作與工作無涉等係屬事實認定之問題，如有爭議，仍應由司法機關調查認定之。

3. 經濟部智慧財產局民國 97 年 10 月 17 日電子郵件 971017B 號函

依著作權法（以下稱本法）第 11 條規定：「受雇人於職務上完成之著作，以該受雇人為著作人。但契約約定以雇用人為著作人者，從其約定。」「依前項規定，以受雇人為著作人者，其著作財產權歸雇用人享有。但契約約定其著作財產權歸受雇人享有者，從其約定。」**所謂「於職務上完成之著作」，係事實認定之問題，須以工作性質作實質判斷（例如是否在雇用人指示、企劃下所完成，是否利用雇用人之經費、資源所完成之著作等），與工作時間及地點無必然之關係**，所詢學校老師將其教學內容寫成著作，以及醫院的醫師將其看病的經驗寫成書，其著作財產權歸屬 1 節，參照以上說明，應於具體個案認定之，尚難一概而論。

第四項　是否為法人實際創作？

1. 經濟部智慧財產局民國 98 年 7 月 15 日電子郵件 980715a 號函

一、依著作權法（簡稱本法）規定，著作人於著作完成時享有著作權，其包括著作人格權及著作財產權，惟如有本法第 11 條（僱傭關係）、第 12 條（聘任關係）之情形，始可約定以非實際創作著作之人為著作人，進而享有著作人格權及著作財產權，先予敘明。

二、來函所述，如受託人為法人者，政府機關（委託人）委託其所完成之成

果是否可依本法第 12 條規定「於契約中約定機關爲著作人，享有著作人格權及著作財產權」，謹說明如下：

（一）**按出資聘請法人完成之著作，因並非由法人實際創作而係該法人之「職員」所創作完成**，故就該著作之著作權之約定，並無從依本法第 12 條之規定，直接約定以出資人爲著作人或其享有著作財產權，而係先依本法第 11 條規定，視該法人與職員之間就著作人或著作財產權有無特別約定，如無特別約定，則該職員（受雇人）就其職務上完成之著作爲著作人，其著作財產權歸該職員所任職之法人（雇用人）享有。最後，再由該公司依本法第 36 條或第 37 條之規定，將該著作之著作財產權讓與或授權予出資人後，出資人始取得該著作之著作財產權或被授權人之地位，進而合法利用該著作。惟有關著作人格權之部分，依本法第 21 條之規定，不得讓與或繼承，但得約定不行使，故爲避免侵害該著作之著作人格權，出資人尚須與法人（著作人）約定著作人格權不行使之約款。

（二）因此，政府機關欲出資聘請法人完成著作時，有關著作權歸屬之約定，本局均建議各機關與該法人約定，由該法人與其職員依本法第 11 條第但書約定，由該法人爲著作人（同時取得著作人格權及著作財產權），該法人再依本法第 36 條或第 37 條之規定，讓與或授權予該政府機關，同時該法人並應承諾不行使著作人格權，明確雙方之著作權法律關係，併予敘明。

2. 經濟部智慧財產局民國 95 年 10 月 31 日電子郵件 951031c 號函

一、依著作權法（以下稱本法）規定，出資聘人完成之著作，其著作人及著作財產權之歸屬，可依當事人之約定定之。如無約定，由受聘人爲著作人並享有著作財產權，惟出資人得利用該著作。**惟須注意的是出資聘人關係之「受聘人」，須爲自然人時，始可依本法第 12 條規定，約定其著作人及著作財產權人之歸屬。受聘人爲法人時，應適用本法第 11 條規定，定其著作人及著作財產權之歸屬，出資人無從依本法取得該著作**

之權利。

二、貴會就委託國外藝人設計舞蹈及音樂劇，函詢著作權歸屬一節，若該等著作確係 貴會出資聘人完成之著作，應依上述說明，先行釐清其著作人及著作財產權人。如有約定，例如：約定由 貴會爲著作人或約定由 貴會享有著作財產權，則依其約定定其著作人及著作財產權人之歸屬； 如無約定，則應由該國外藝人爲著作人並享有著作財產權，但 貴會得在出資之目的範圍內利用該著作，此時，該國外藝人既爲著作人及著作財產權人，自得利用該著作。至於該著作之著作財產權由 貴會享有時，該受聘之國外藝人非經 貴會之授權，不得販售著作之重製物，亦不得利用該著作。

3. 最高法院 99 年度台上字第 481 號民事判決

　　按著作權法第三條第一項第二款規定著作人指創作著作之人。同法第一條後段規定本法未規定者，適用其他法律之規定，而依民法第一編總則、第二章人之相關規定，「人」係包括自然人（第一節）及法人（第二節），且著作權法第三條第一項第二款所稱著作人並無排除法人之規定，則自然人及法人自均得爲著作人，洵無疑義。又依著作權法第十條規定著作人於著作完成時，享有著作權。但本法另有規定者，從其規定。同法第十一條及第十二條就雇用或出資聘請他人完成著作之著作人爲何人及著作財產權之歸屬，即設有特別規定，原則上以受雇人或受聘人爲著作人，例外得以契約約定雇用人或出資人爲著作人。如以受雇人爲著作人者，除契約另有約定著作財產權歸受雇人享有外，其著作財產權歸雇用人享有。如以受聘人爲著作人者，其著作財產權之歸屬依契約之約定，未約定者，其著作財產權歸受聘人享有，但出資人得利用該著作。因之，雇用或出資聘請他人完成著作之情形，均非不得以契約約定著作人、著作權人及著作財產權之歸屬。原審基此見解，以上訴人爲訴外人尙億國際事業有限公司（下稱尙億公司）之負責人（董事長），代表該公司與被上訴人財團法人紡織產業綜合研究所（原名財團法人中

國紡織工業研究中心，下稱紡研所）**簽訂委託研究開發契約**，其中第一條、第二條及第六條約定由**尚億公司接受紡研所之委託**，負責拍攝以台灣地區之自然景觀、人文、現代建築爲主題之攝影作品，紡研所則負責出資匯入尚億公司帳戶，**第七條並約定有關作品之所有權、專利權、著作權及其他智慧財產權均歸屬尚億公司所有**，紡研所擁有計畫執行期間（民國九十二年四月一日至同年十二月三十一日）共計九個月，及執行後之二十四個月（九十三年一月一日至九十四年十二月三十一日）之攝影作品及台灣人文藝術創作之作品使用權等情，認系爭攝影著作之著作人及著作權人均爲尚億公司，非上訴人個人，上訴人主張其爲系爭攝影著作之著作人及著作權人，被上訴人侵害其著作財產權，即屬無據，經核並無違背法令之情形。

4. 最高法院 100 年度台上字第 1895 號民事判決

　　被上訴人將系爭工程轉包予上訴人施作，上訴人撰寫系爭程式並安裝於新北市政府工務局電腦系統中，經業主即新北市政府於九十六年十二月十七日完成部分驗收程序。被上訴人固以上訴人未交付系統規格說明書等文件爲由，於九十六年十二月十八日發函解除系爭契約，惟上訴人已完成系爭程式之撰寫及安裝，並通過此部分之驗收，被上訴人僅能就系統規格說明書等文件部分解除契約，尚不得解除全部契約，故應認兩造間就系爭程式部分之契約並未解除，仍屬有效存在。就被上訴人交付新北市政府之程式與上訴人創作之程式比對結果，除 05JSP 程式碼係鴻維公司獨立創作完成外，其餘程式碼內容與上訴人程式相同比率高達九成以上，另文字檔內容經檢視亦爲相同。證人賴季鋒證稱：只有 05JSP 程式碼是鴻維公司針對契約所完成的系統程式碼，其餘均係備份新北市政府機器內之資料等語，足見除 05JSP 程式外，其餘係重製上訴人之系爭程式。按出資聘請他人完成之著作，除前條情形外，該受聘人爲著作人。但契約約定以出資人爲著作人者，從其約定。依前項規定，以受聘人爲著作人者，其著作財產權依契約約定歸受聘人或出資人

享有。未約定著作財產權之歸屬者，其著作財產權歸受聘人享有。依前項規定著作財產權歸受聘人享有者，出資人得利用該著作。著作權法第十二條定有明文。被上訴人將其向新北市政府承攬之系爭工程轉包予上訴人，由上訴人撰寫系爭程式，系爭程式應屬被上訴人出資聘請上訴人完成之著作，兩造並未約定系爭程式之著作人及著作財產權之歸屬，依上開規定，應以受聘人即上訴人為著作人及著作財產權人，但被上訴人得在不違契約目的範圍內為利用行為。**查兩造於簽約時均知悉被上訴人所以委請上訴人撰寫系爭程式著作，係為承攬新北市政府「九十五年度台北縣政府建築管理數化作業」，兩造並曾多次共同前往業主單位進行需求訪談，確認程式內容。**是以，提供符合業主需求之電腦程式著作，乃被上訴人出資目的，亦為兩造簽約目的。被上訴人嗣雖因上訴人拒不交付系爭規格說明文件，而另行委請鴻維公司進行後續工程，將安裝於新北市政府工務局電腦系統中之系爭程式加以備份後增加「好站連結」、「道路管線挖掘工程資訊」二新功能，並重製程式碼交付新北市政府工務局，惟**此等行為均係為滿足業主需求，並非挪作系爭工程以外之其他場合使用，自仍在兩造認知之工程目的範圍內，應屬合於目的之利用行為**，不構成著作權之侵害。至被上訴人於九十七年五月十三日出具著作權讓與同意書予新北市政府，係屬無權處分，未經上訴人同意，不生著作財產權讓與效力，況新北市政府業以九十八年三月十一日北工建字第○九七○六八六九八三號函撤銷上開同意書之備查，自未對上訴人造成損害。從而，上訴人依著作權法第八十八條第一項及同條第二項第二款規定，訴請被上訴人賠償一百六十六萬二千八百二十二元本息，洵屬無據，不應准許，因而維持第一審所為上訴人敗訴之判決，經核於法並無違誤。

按著作權法第十二條第三項所指出資聘請他人完成之著作，出資人得利用該著作之範圍，應依出資人出資或契約之目的定之，在此範圍內所為之重製、改作自為法之所許。又出資人之利用權乃係本於法律之規定，並非基於當事人之約定，與著作完成之報酬給付，並非立於互為對

待給付之關係，自無同時履行抗辯之可言。上訴人謂重製、改作專屬著作人，非屬著作權法第十二條第三項規定之利用範圍，且以報酬之領取與出資人之利用權為同時履行抗辯，不無誤會。

第五項　適用第 12 條：無監督關係、無底薪、獨立作業

1. 經濟部智慧財產局民國 99 年 6 月 22 日智著字第 09900052860 號函

主旨：電視節目於拍攝過程中產生之工作帶、樣帶等其著作權歸屬疑義，復如說明，請 查照。

說明：

一、依 貴局 99 年 6 月 4 日新廣一字第 09906215314 號函辦理。

二、依來函及經洽 貴局承辦人得悉，所詢「**拍攝電視節目**」專指出資聘請他人拍攝之情形，至於工作帶、樣帶則指未經剪輯、後製之拍攝母帶而言。所詢工作帶、樣帶如具原創性者，自受著作權法（下稱本法）之保護，惟因電視節目從拍攝到剪輯、後製等作業上，在各個階段均有智慧心血的投入，從拍攝到剪輯完成應該是「整體地被當成 1 個視聽著作」來受保護，工作帶、樣帶本身並未產生獨立的著作權。也就是說，創作過程中拍攝的工作帶、樣帶，以及**經剪輯、後製完成的電視節目應整體地被當作 1 個視聽著作，其著作權之歸屬應依合約及著作權法第 12 條有關出資聘人著作之歸屬等相關規定認定之。**

2. 最高法院 100 年度刑智上訴字第 25 號刑事判決

本案被告自承其與告訴人鍾安榮之間並**無監督管理關係**，告訴人之勞健保係另掛在一家餐廳，非被告，亦**未按期支付底薪予告訴人**（參本院卷第二十七頁），告訴人鍾安榮亦稱其係獨立作業之人，非受雇於被告等語（參本院卷第二十八頁），**可知被告與告訴人間應係依個案出資受聘關係，而非雇傭關係。**又本案被告與告訴人間就系爭著作之歸屬並未明文約定，則依上開規定意旨，自應以受聘人即告訴人為著作人，著

作財產權亦歸告訴人所有。本案告訴人於受被告委託，爲「瑪奇朵」業
主設計圖案時，固然曾交付二張圖稿，並經業主選用「小廚師圖（即 B
稿）」，亦自被告處收受五千元，惟該筆費用僅係就該次業主所選用之
「小廚師圖（即 B 稿）」，並不包含「咖啡豆子圖（即 A 稿）」之報酬，
告訴人主觀上亦未與被告間達成以五千元價格含蓋二圖之意思表示合
致，而告訴人與被告間復未就系爭美術著作之權利歸屬簽訂任何契約，
則「咖啡豆子圖（即 A 稿）」圖案之美術著作自仍歸告訴人所有，任何
人未經告訴人即著作人鍾安榮之同意或授權，不得意圖銷售而擅自重製
使用，詎被告在未經告訴人同意或授權情形下，竟將系爭「咖啡豆子圖
（即 A 稿）」稍微修改線條並上色，交付另案之業主，自係侵害告訴人
之著作權。

3. 智慧財產法院 102 年度民著上易字第 1 號民事判決

　　經查，觀諸證人即 000000000000 編輯 000000 與證人即
000000000000 會計兼行政人員 000000 於原審證述之內容，證人 000000
於原審準備程序證稱：「（問：證人 000000 是否認識原告林玉？因何事
由認識原告林玉？）我在刊物請她開始採訪之前不認識她，**是因爲我收
到她的履歷後才請她幫我們採訪。**」、「（問：貴公司是否因承接國立
臺灣工藝研究發展中心出版的『臺灣工藝』季刊而對外徵求寫稿的人員
才收到前開履歷？）是。」、「（問：是否描述當時徵人的方式或內容？）
我們接到其履歷後，剛好有一個單元需要記者去做採訪，所以我就打電
話問她是否可以接受這個案子，她說可以，就請她幫我寫。」（見原審
卷（二）第 52 至 53 頁），而證人 000000 於原審準備程序證稱：「（問：
原告林玉與 000000000000 之關係爲何？除國立臺灣工藝研究發展中心
之採購案件外，是否有其他合作？）**她是我們約稿的作者。除了此採購
案外沒有其他的合作。**」、「（問：約稿作者是否是指她來投稿，還是
妳們指定範圍請她撰寫？）**證人不算投稿，是由她去採訪作者，至於範
圍由她與作者討論。**」（見原審卷（二）第 123 頁），綜合上開證人之

證述可知，林玉並非本即任職於000000000000，而於000000000000承接工藝中心之臺灣工藝季刊後，逕由000000000000**指定其爲臺灣工藝季刊之「工藝之家」專欄撰稿，林玉係因000000000000承接工藝中心之臺灣工藝季刊後而對外徵求之寫稿人員，其於投遞履歷後方獲聘爲臺灣工藝季刊之「工藝之家」專欄撰寫文章，故林玉與000000000000間並非雇用關係，則林玉之上開著作，即非於職務上所完成之著作。**又證人000000另於原審準備程序證稱：「（問：林玉寫稿的時候，000000000000有無事先與林玉簽任何的契約？）沒有。」（見原審卷（二）第54頁），以及證人000000亦於原審準備程序證稱：「（問：000000000000除了跟工藝中心簽訂制式的採購契約外，是否會另外與個別作者簽訂著作權歸屬的內容？）沒有簽署。」（見原審卷（二）第123頁），參照前開證人000000與000000之證述可知，000000000000並未與林玉間簽立契約，就其所撰寫之系爭著作之著作財產權歸屬做約定，則依著作權法第12條第2項之規定，應認受聘人即林玉爲系爭著作之著作人，且因000000000000與林玉間並未就系爭著作之著作財產權何屬作約定，則系爭著作之著作財產權亦應由林玉所享有。

第六項　適用第12條：雙方爲有民法承攬關係

1. 經濟部智慧財產局民國97年4月1日電子郵件970401a號函

一、著作權法（以下稱本法）係採創作保護主義，著作人於著作完成時即享有著作權（包含著作人格權及著作財產權）。來函所詢語文教學中心老師之授課演講內容可能屬本法所稱的語文著作，如將該授課之演講內容全程錄音，涉及語文著作之重製，應於徵得著作財產權人之授權後始得爲之。

二、有關上述授課之演講內容的著作權歸屬問題，可分爲下列二種情形加以說明：

（一）**屬僱傭關係完成之著作者：**如老師是語文教學中心的受雇人，其授課之演講內容，是其職務上完成的著作的話，該演講內容之著作人、著作財產權歸屬的認定，首先應視雙方的約定來決定，若雙方沒有約定的話，原則上，老師為該演講內容的著作人，只享有著作人格權，語文教學中心為著作財產權人，享有著作財產權。

（二）**屬承攬關係完成之著作者：**如老師是語文教學中心所聘請，其授課之演講內容，是因語文教學中心出資聘請而完成，且雙方的法律關係屬「承攬」的話，其著作人、著作財產權人應由雙方約定來決定，若雙方未做任何約定，則老師為該授課之演講內容之著作人，享有著作人格權及著作財產權，但語文教學中心得在出資的目的和範圍內利用該演講內容。

2. 經濟部智慧財產局民國 95 年 11 月 3 日電子郵件 951103a 號函

一、所詢「抄譜」是否屬重製，不算版權乙節，因著作權法（以下簡稱本法）並無「版權」一詞，來函所稱「版權」，似應指「著作權」。又「重製」，依本法規定係指以印刷、複印、錄音、錄影、攝影、筆錄或其他方法直接、間接、永久或暫時之重複製作，所詢抄譜，如係指就總譜為全部或部分抄錄，仍屬本法之「重製」行為，抄譜人並不會因其「抄譜」行為產生「著作」而享有著作權。至於抄譜費應依教育部規定領抄譜費，亦或有他法可以依循支領抄譜費等，不屬著作權法疑義，歉難表示意見。

二、出資聘請他人完成之著作，其著作財產權之歸屬，原則上應由雙方當事人訂立契約決定之，當事人間未約定時，依本法第 12 條規定，以受聘人為著作財產權人，但出資人可以在出資之目的和範圍內利用該著作。依 台端提供之樂團與團員擬訂定之空白委託作曲、編曲合約書以觀，立約雙方就工作內容、報酬、著作權授權利用等條件均有約定，依上述本法第 12 條之說明，樂團若與團員簽訂上述合約，並約定著作權屬於團員（受聘人），即應依約認定受聘人為該音樂著作之著作人並享有著作權。

三、關於團員作編曲的費用，教育部要求依行政院規定執行只能支給加班費，是否有牴觸，以及如有牴觸，是否可依本法第 12 條規定申覆，或有無其他更有利之申覆條件等問題，按本法第 12 條僅規定出資人聘人完成著作，其著作人及著作財產權之歸屬。至於其他有關酬金之支付等，則與本法無關，不生與本法第 12 條牴觸之問題。至於樂團與受聘人簽約的作品，之後再使用其作品時，是否應依約執行支付版權使用費一節，既涉及契約之約定，則若有爭議，亦應由法院就具體個案審認之。

第七項　不適用第 12 條：推舉編輯、提供旅費尚非屬於職務著作

經濟部智慧財產局民國 98 年 6 月 18 日智著字第 09800051640 號函

一、依著作權法（下稱本法）第 3 條第 1 項第 1 款規定，著作係指屬於文學、科學、藝術或其他學術範圍之創作，因而族譜所記載人名或親屬關係如純屬事實敘述者，該等事實資料將因缺乏創作性而不受本法之保護，任何人皆得利用之；除非族譜中相關之記載事項有符合上述著作之要件者，始受本法保護，他人如予侵害者，須負相關之民、刑事責任。至於族譜之編輯（如版面設計、資料之呈現方式等）如具有創作性者，依本法第 7 條規定：「就資料之選擇及編排具有創作性者為編輯著作，以獨立之著作保護之。」對於編輯上的創作性給予保護，然而該編輯著作所編輯內容如屬於事實資料而無涉創作者，仍非本法保護之對象。

二、復按本法第 10 條規定：「著作人於著作完成時享有著作權。但本法另有規定者，從其規定。」因此，所詢「族譜」如依上述說明屬本法保護之著作，且非受雇人職務上所完成，或他人出資請求完成等情形（須另依本法第 11 條、第 12 條定其著作權之歸屬）者，該著作之著作權原則上均由實際從事創作之人享有。**茲依來函所述「宗親會推舉某甲著手進行編輯」、「兩次提供旅費」之情況，尚難認有上述「受雇人職務上完成」**

或「出資聘人」完成著作之情形，併予敘明。

三、有關 貴會推舉某甲編輯之族譜，某甲對其是否享有著作權一節，請參
考上述說明。另本局「著作權資料檢索系統」已上傳本局網站（http://
www.tipo.gov.tw/）供各界參考，其中包括有著作權法專責機關歷年所作
法令解釋，歡迎檢索。

第八項　利用目的範圍：當初之出資目的及探求當事人真義

1. 經濟部智慧財產局民國 98 年 12 月 11 日電子郵件 981211b 號函

一、依據著作權法（下稱本法）第 12 條規定，出資聘請他人完成之著作，若
未約定著作人及著作財產權之歸屬，則以該受聘人為著作人，並享有該
著作之著作財產權（此時受聘人享有著作人格權與著作財產權），而出
資人可在出資目的範圍內利用該著作。但契約約定以出資人（包括政府
部門）為著作人者，從其約定（此時出資人享有著作人格權與著作財產
權），合先說明。

二、您來函所詢問題，經與您電話聯繫後獲告係您參加設計開發生產紀念品
採購招標得標後，採構單位因您設計製作之產品暢銷，於該批產品售完
後，是否得為繼續量產該項產品而再辦理招標之疑義，首先，須先釐清
者為該紀念品之著作權歸屬，按若原合約書如您電洽中所述，並未約定
著作財產權之歸屬，則依上述本法第 12 條規定，您享有您所設計作品
之著作財產權，但是採購單位得在出資目的範圍內利用該著作，亦即，
**若繼續量產該產品係在採購單位出資的目的範圍內，則該單位即使未取
得該作品之著作財產權，仍得再度辦理招標量產該作品而無需再徵得您
同意。至於採購單位之再度辦理招標利用您的作品之行為是否在該採購
單位原標招合約書的目的範圍內，仍應探求雙方當事人之真意而定。**

三、又有關您所設計之作品如何受保護及有何條款可以保護創作者之疑義，
按本法規定，「著作」係指屬於文學、科學、藝術或其他學術範圍之

創作。來函所稱設計開發生產之「紀念品」，如非著作（例如依著作標示之尺寸、規格或器械結構圖等以按圖施工之方法將著作表現之概念製作成立體物者），則並無著作權的問題；如屬著作物（例如以立體形式單純性質再現平面美術著作內容，如小鴨卡通圖製成小鴨玩具（立體物）），則除本法另有規定外（例如上述本法第 12 條），其著作人於著作完成時享有著作權，任何人除有本法第 44 條至第 65 條合理使用外，均必須經過著作權人的同意，始可以利用其著作。至於利用著作之版權費用如何計算，係屬民法私權契約行為，應由雙方當事人自行洽商決定之。

2. 經濟部智慧財產局民國 94 年 1 月 17 日電子郵件 940117a 號函

一、依著作權法（下稱本法）**第 12 條第 3 項規定，出資聘人完成之著作，未約定著作財產權歸屬時，其著作財產權歸受聘人享有，至於出資人則可利用該著作。「利用」之方式與範圍，本法並無特別規定，應依出資當時之目的及雙方原定之利用範圍來決定。**

二、依本法第 59 條第 1 項規定，合法電腦程式著作重製物之所有人，為了配合其所使用機器之需要，可以修改該程式，但限於該所有人自行使用。所說的「因配合其所使用機器之需要」，依 81 年著作權法修正該條文之真意，確係指配合電腦硬體設備而言，並不包含配合其他電腦軟體程式的使用，至於所做的修改則限於利用電腦程式所須採行之必要步驟，而且要在該電腦程式原設計之目的範疇內始得修改。三、來函所說的「因配合所有人使用之需要」，並不是配合所使用機器的需要，不能適用上述第 59 條第 1 項的規定，但可進一步思考是否合於著作權法第 65 條第 1 項及第 2 項合理使用概括條文。本局認為如參考歐盟 1991 年「關於電腦程式之法律保護」指令第 5 條第 1 項及第 4 條（a）款、（b）款規定，依電腦程式預定目的的使用，其修改不影響原著作財產權人之權利，例如改正錯誤之情形，利用人似亦有主張合理使用之空間。

3. 最高法院 92 年度台上字第 1298 號刑事判決

上訴人係受青新出版社有限公司之聘請繪製插畫，則其完成之無恥鼠著作，出資人依法自得利用之，此為著作權法第十二條第三項所明定，故被告依該公司之指示利用該無恥鼠造型於英文課本上，並不違法，**上訴人縱曾表示不願公司使用無恥鼠造型於課本上，亦不能拘束公司**，則證人彭尊聖於第一審所稱上訴人不同意把無恥鼠用於公司之英文課本上等證言，於判決本旨不生影響，原判決未說明未予採信之理由，不能據為合法之上訴理由。

4. 智慧財產法院 99 年度民著訴字第 86 號民事判決

按「出資聘請他人完成之著作，除前條情形外，以該受聘人為著作人。但契約約定以出資人為著作人者，從其約定。依前項規定，以受聘人為著作人者，其著作財產權依契約約定歸受聘人或出資人享有。未約定著作財產權之歸屬者，其著作財產權歸受聘人享有。依前項規定著作財產權歸受聘人享有者，出資人得利用該著作。」著作權法第 12 條定有明文。經查兩造對於第三家店之裝潢與招牌係何人設計，雖有爭議存在，但對於兩造間有承攬之法律關係存在，及第三家店之裝潢與招牌係由被告出資完成之事實，則無爭執，因此，縱認第三家店之裝潢與招牌係由原告設計，**被告亦有利用之權限，則本件之主要爭點應為出資人得利用之範圍為何**。2. 關於著作權法第 12 條出資人之利用範圍為何，**應依出資目的及其他情形而為綜合判斷**。經查被告出資聘請原告施工之目的即在於裝潢，有吳鳳店裝潢工程估價單 1 件在卷足憑（詳本院卷第 165頁），則被告於裝潢店面之範圍內，自得利用第三家店之設計；逾越裝潢店面之範圍，例如：將招牌與內部裝潢圖形著作製作為畫冊出售（不以此為限），則無使用之權限。次查第四家店係由被告自營，沿用與第三家店近似或相同之設計，並未逾越裝潢店面之範圍，被告自有利用之**權限**。

5. 台灣高等法院 91 年度上更（一）字第 828 號刑事判決

小叮噹丑○○出資聘請自訴人為小叮噹雜誌畫插畫著作，並未約定

著作財產權歸屬於出資之小叮噹雜誌，該插畫著作財產權歸受聘之自訴人享有，業如前述，雖依著作權法第十二條第三項規定，出資之被告壬○○得利用該著作。惟按「著作財產權讓與之範圍依當事人之約定；其約定不明之部分，推定爲未讓與。」；「著作財產權人得授權他人利用著作，其授權利用之地域、時間、內容、利用方法或其他事項，依當事人之約定；其約定不明之部分，推定爲未授權。」、「前項被授權人非經著作財產權人同意，不得將其被授與之權利再授權第三人利用。」；「著作財產權人投稿於新聞紙、雜誌或授權公開播送著作者，除另有約定外，推定僅授與刊載或公開播送一次之權利，對著作財產權人之其他權利不生影響。」，分別爲行爲時即八十七年一月二十一日修正公布著作權法第三十六條第三項、第三十七條、第四十一條所明定。**本件小叮噹知識乙○○○每期所使用之插畫聘由癸○○以一頁黑白插畫六百元之報酬繪製提供，並已逐期刊載一次，被告壬○○無法證明自訴人已將著作財產權讓與，或已取得自訴人授權重製之權利，亦無證據足以證明得爲二次以上之刊載，竟意圖銷售而擅自重製自訴人之插圖著作，於八十七年三月間，將癸○○所繪製刊登於「小叮噹知識乙○○○」之插畫集結成冊，再行出版發行兒童安全手冊一書，依前開著作權法第四十一條所定，顯已超越同法第十二條第三項之「利用該著作」之範疇，所爲已違反著作權法第九十一條第二項意圖銷售或出租而擅自以重製之方法侵害他人之著作財產權者之規定，至明。**

6. 台灣高等法院高雄分院 91 年度上訴字第 411 號刑事判決（出資人之利用行爲不包括重製、改作）

按修正後著作權法第十二條固規定：「出資聘請他人完成之著作，除前條情形外，以該受聘人爲著作人。但契約約定以出資人爲著作人者，從其約定。依前項規定，以受聘人爲著作人者，其著作財產權依契約約定歸受聘人或出資人享有。未約定著作財產權之歸屬者，其著作財產權歸受聘人享有。」、「依前項規定著作財產權歸受聘人享有者，出

資人得利用該著作」。本件建築作權雖係發生在著作權法修正前，**當時之著作權法第十二條固無修正後第三項之規定，然出資人出資之目的通常係欲利用受聘人完成之著作，此有著作權法修正理由可按**（見本院上訴（三）卷第二十二頁），**是當時之著作權法雖無上開規定，惟此為法理之當然解釋，而非立法之創設**（見本院上訴（三）卷第七十頁），且同案被告甲〇〇並未依約解除鶴聲國中與告訴人丙〇〇等人間之契約，此據告訴人丙〇〇等陳明在卷（見本院上訴（二）卷第九十一頁），同案被告甲〇〇於檢察官偵查中亦供稱：未通知告訴人等語（見八十四年度偵字第六九五五號卷第四十一頁）。且依鶴聲國中與告訴人丙〇〇等所訂立之契約亦未約定需經屏東縣政府完成審查後設計工作才完成，此有卷附之設計監造契約第六條之約定可按，證人蔡采樺於檢察官偵查中亦證稱：送縣政府前，我們學校審查就算通過等語（見八十四年度偵字第六九五五號卷第二七六頁背面）。且依著作權法第十條之規定，著作人於完成著作時即享有著作權，無待於他人審核。固堪認鶴聲國中有權利用告訴人丙〇〇等人所完成之著作。**惟出資人得利用受聘人所完成之著作之範圍為何？著作權法雖未明文規範，設計監造契約內亦未明示「利用」之方式，參照修正後著作權法第二十九條之一所定，出資人必須取得著作權時，始享有著作權法第二十二條至二十九條之重製、改作等權利觀之，在出資人未取得著作權，而當事人契約又未明定利用方式下，出資人之利用行為應不包括改作權在內，被告丁〇〇辯稱有權改作云云，應無可採。**

第九項　與著作權音樂仲介團體之關係

經濟部智慧財產局民國 96 年 5 月 16 日智著字第 09600037930 號函

二、依著作權法（下稱本法）第 12 條之規定，出資聘請他人完成之著作，如雙方未約定著作人及著作財產權之歸屬，則由受聘人為著作人並享有著作財產權，出資人得利用該著作。因此，所詢案例 A 廣告公司出資聘請

音樂創作人甲創作，雙方既未約定著作財產權之歸屬，則由受聘人即甲
為著作人並享有著作財產權，出資人即 A 公司得利用該著作。至出資人
「利用」之方式與範圍，本法並無特別規定，應依出資當時之目的及雙
方原定之利用範圍來決定。

三、復依著作權仲介團體條例（下稱本條例）第 13 條第 2 項之規定，會員在
交由仲介團體管理權利之範圍內，不得自行授權或另委託第三人代其授
權。且實務上著作財產權人多以專屬授權之方式將其權利委由仲介團體
管理，在專屬授權範圍內自己亦不得行使權利。如違反上述禁止規定，
亦即，會員在仲介團體管理之範圍內另行授權他人利用其著作者，所為
之授權應屬無效。

四、綜上，茲將所詢著作權疑義答覆如下：（一）所詢問題（一）：A 廣告
公司在出資聘人契約目的之範圍內，取得利用該音樂著作的權限，即包
括來函所述之契約中已訂明之利用型態，由於已依本法第 12 條之規定
取得利用之權限，在出資契約目的範圍內即無須另行支付費用予仲介團
體。（二）所詢問題（二）：A 廣告公司與音樂創作人甲之合約如僅說
明創作目的為「廣告音樂」，但未明訂廣告利用之方式，則 A 之各種利
用行為是否在該出資聘人契約目的範圍內，仍應探求雙方當事人之真意
而定。如在出資目的範圍內的利用行為，自無須另行支付費用；惟如超
出該出資之目的範圍，則應另行向著作財產權人取得授權，此時甲如已
將權利交由仲介團體管理者，自不得自行授權給 A 公司利用該廣告音
樂。（三）所詢問題（三）：甲雖為仲介團體之會員，仍得受 A 公司之
委託創作廣告音樂，而與 A 公司訂立出資聘人之契約。此時其所創作之
廣告音樂，在仲介團體管理之範圍內已委由仲介團體管理，甲自己不得
行使權利，惟查，A 公司依本法第 12 條規定在出資之目的範圍內亦已取
得利用該著作之權利，並不會因為甲可否自己行使權利而受影響。（四）
所詢問題（四）：乙為仲介團體之會員，且已將其音樂著作之權利交由
仲介團體管理，依本條例第 13 條第 2 項之規定即不得自行授權，其所

為的授權行為應不生法律上之效力。換言之，依來函所述之情形，仲介團體在管理範圍內得向 B 公司要求支付音樂使用費，並得依本條例第 36 條之規定，以自己之名義就該未經授權之利用行為提起侵權行為之訴訟。

第四節　解約問題

第一項　經濟部智慧財產局民國 101 年 9 月 20 日電子郵件 1010920 號函

一、依照您來信所述，某人（出資人）出資委託　您（受聘人）設計網站的 LOGO，但一直沒有匯款進來，事後並發現原本的 LOGO 圖片被他拿去他新的網站一節，有關出資聘請他人完成著作，其著作財產權之歸屬，依著作權法第 12 條規定，出資聘人完成之著作，其著作人及著作財產權之歸屬，原則上當事人得透過契約約定予以認定。如雙方未約定時，則由受聘人為著作人並享有著作財產權，而出資人得在出資的目的及範圍內利用該著作。**當事人簽立合約後，著作已完成，出資人未給付價金，是否會影響著作權歸屬？則應視出資聘請之合約狀態而定，如果出資聘請之合約已合法終止，即無所謂之出資聘人完成著作之情形存在；反之，如果出資聘請合約仍存在，只是出資人未給付價金，則不影響著作財產權之歸屬**，只是受聘人得循民事契約關係，請求相對人依約履行對待給付之問題。然由於著作權係屬私權，因此就上述情形（合約終止後，著作權如何歸屬、利用等）均涉及私契約之認定，發生爭議時，亦須依個案事實，由司法機關予以審認。

第二項　經濟部智慧財產局民國 101 年 6 月 13 日電子郵件 1010613b 號函

有關 您的來信涉及的著作權法相關問題，本組回復如下：

一、依照您來信所述，**某公司委託您撰寫活動企劃標案，並約定您若於特定期日前完成該企劃案者，即授權該公司使用您所撰寫之企劃案作為該公司向桃園縣政府投標之用，該公司並應依約給付報酬（如得標應給付標金 5%），現該公司卻遲未給付上開約定之報酬，為此您欲終止原本就企劃書之授權。**此一問題涉及著作權法第 12 條出資聘請他人完成著作，事後出資者未給付價金時如何認定著作財產權之歸屬、及出資人得否利用該著作的問題，對此本組曾有相關函釋說明（如附），提供給您參考。其餘您與該公司間之合約爭議，涉及民事契約的履約問題，如有爭議，建議循司法途徑予以釐清。

附件

令函日期：中華民國 97 年 04 月 08 日

令函案號：智著字第 09716001070 號

令函要旨：

有關貴公司函詢著作權法第 12 條著作財產權歸屬疑義 1 案，復請　查照。

說明：

一、依　貴公司 97 年 3 月 7 日書函辦理。

二、有關出資聘請他人完成著作，其著作財產權之歸屬，依著作權法（下稱本法）第 12 條規定，**出資聘人完成之著作，其著作人及著作財產權之歸屬，原則上當事人得透過契約約定予以認定。如雙方未約定時，則由受聘人為著作人並享有著作財產權，而出資人得在出資的目的及範圍內利用該著作。但受聘人為法人時，應適用本法第 11 條雇用著作之規定，定其著作人及著作財產權之歸屬，出資人無從依本法第 12 條取得該著作之權利。**

三、所詢若當事人簽立合約後於著作未完成前，發生終止合約且未給付價金

等情事,是否影響著作權歸屬1節,由於未完成之著作,並無著作權,不生著作權歸屬之問題。

四、惟若當事人簽立合約後,著作已完成,出資者未給付價金,是否會影響著作權歸屬?則應視出資聘請之合約狀態而定,如果出資聘請之合約已合法終止,即無所謂之出資聘人完成著作之情形存在;反之,如果出資聘請合約仍存在,只是出資者未給付價金,則不影響著作財產權之歸屬,只是受聘人得循民事契約關係,請求相對人依約履行對待給付之問題。然由於著作權係屬私權,因此就上述情形(合約終止後,著作權如何歸屬、利用等)均涉及私契約之認定,發生爭議時,亦需依個案事實,由司法機關予以審認。

第三項　經濟部智慧財產局民國 99 年 11 月 10 日電子郵件 991110a 號函

一、照片、圖片應屬著作權法(本法)保護之攝影著作、美術著作,至於出資聘請法人完成之著作,應依本法第 11 條規定定其著作權歸屬,也就是說,需視受聘公司與其員工(實際完成著作之人)間有無特別約定而定;如無約定者,以該員工(受雇人)為著作人,相關著作之著作財產權則歸受聘公司享有,而出資聘請法人完成著作之人除另依本法第 36 條受讓取得該等著作之著作財產權外,需依本法第 37 條規定取得受聘公司之授權後,始得合法於網路上利用該等著作。

二、所詢 貴公司經受託建置「電子商務網站」,**雙方並未約定所完成著作之著作人及著作財產權歸屬,因而該等經完成著作之著作財產權歸屬,請依上述說明認定之。至於委託人支付部分款項並與 貴公司終止契約後,究委託人有無利用該等著作之權限,涉及履約問題,仍應由司法機關依實際個案調查具體事證後認定之。**

第四項 經濟部智慧財產局民國 97 年 4 月 8 日智著字第 09716001070 號函

有關貴公司函詢著作權法第 12 條著作財產權歸屬疑義 1 案，復請 查照。

說明：

一、依 貴公司 97 年 3 月 7 日書函辦理。

二、有關出資聘請他人完成著作，其著作財產權之歸屬，依著作權法（下稱本法）第 12 條規定，出資聘人完成之著作，其著作人及著作財產權之歸屬，原則上當事人得透過契約約定予以認定。如雙方未約定時，則由受聘人為著作人並享有著作財產權，而出資人得在出資的目的及範圍內利用該著作。但受聘人為法人時，應適用本法第 11 條雇用著作之規定，定其著作人及著作財產權之歸屬，出資人無從依本法第 12 條取得該著作之權利。

三、所詢若當事人簽立合約後於著作未完成前，發生終止合約且未給付價金等情事，是否影響著作權歸屬 1 節，由於未完成之著作，並無著作權，不生著作權歸屬之問題。

四、惟若**當事人簽立合約後，著作已完成，出資者未給付價金，是否會影響著作權歸屬？則應視出資聘請之合約狀態而定，如果出資聘請之合約已合法終止，即無所謂之出資聘人完成著作之情形存在；反之，如果出資聘請合約仍存在，只是出資者未給付價金，則不影響著作財產權之歸屬，只是受聘人得循民事契約關係，請求相對人依約履行對待給付之問題。然由於著作權係屬私權，因此就上述情形（合約終止後，著作權如何歸屬、利用等）均涉及私契約之認定，發生爭議時，亦需依個案事實，由司法機關予以審認。**

第五項　經濟部智慧財產局民國 95 年 12 月 12 日電子郵件 951212a 號函

　　台端所稱之設計圖面、電腦圖檔及企劃資料若屬上述所稱之著作，著作人依本法可享有著作權，**來函所稱業主在簽約後取走上述資料，並未依約支付簽約金云云，倘若上述設計圖等係業主出資完成之著作，業主縱未取得著作財產權，然依本法第 12 條第 3 項規定，業主（即出資人）可在出資之目的範圍內利用該著作，業主未依約支付簽約金，則屬於民事上契約責任之問題，尚不構成侵害著作權。倘若上述設計圖等非屬業主出資完成之著作，則業主未經授權或同意，擅自依據設計圖興建渡假民宿建築物，是否構成侵害著作財產權，因屬私權爭執，須由法院就具體個案調查證據認定事實後，依法審判之**，著作權主管機關為行政機關，並無責令停止侵權行為或處罰侵權行為之權限，故仍請參酌本法第六章「權利侵害之救濟」、第七章「罰則」等相關規定處理。

第六項　最高法院 99 年度台上字第 1757 號民事判決

　　查系爭程式為被上訴人出資聘請上訴人完成，上訴人將系爭程式安裝於台北縣政府之電腦系統後，被上訴人已通知上訴人解除合約，另將系爭工程轉包予鴻維公司，為原審所認定之事實，準此，**兩造合約解除如屬合法，契約自始歸於消滅，則被上訴人對於系爭程式已無利用權。兩造間合約是否已經被上訴人合法解除，原審未予推闡調查明晰，遽認被上訴人對於系爭程式有利用權，已有可議**。又被上訴人對於系爭程式之利用權範圍如何？得否再將系爭程式交付鴻維公司利用？非無疑問。原審認被上訴人重製系爭程式交鴻維公司利用，均屬其利用權範疇，又未敘明認定所憑之依據，亦有判決不備理由之違法。

第五節　學校與教師、補習班與補習班教師、教師與學生是否適用職務著作之規定

第一項　學校與教師之關係

智慧財產法院 98 年度民著上字第 8 號民事判決

◎按著作權法所保護之著作，係指著作人所創作之精神上作品，而所謂精神上作品，除須爲思想或感情上之表現，且有一定表現形式等要件外，尚須具有原創性，而此所謂原創性之程度，固不如專利法中所舉之發明、新型、新式樣等專利所要求之原創性程度（即新穎性）較高，亦即不必達到完全獨創之地步。即使與他人作品酷似或雷同，如其間並無模仿或盜用之關係，且其精神作用達到相當之程度，足以表現出作者之個性及獨特性，即可認爲具有原創性（最高法院 97 年度臺上字第 1214 號民事判決要旨參照）。次按，原創性包含原始性及創作性二大層面，前者係指著作並非著作人抄襲他人著作而獨立創作，後者係指該著作係基於個人之精神作用，表達其思想或情感，足以顯示著作之個性，而所謂原始性並非指完全不得參考他人著作，倘著作人在參考他人之著作，本於自己獨立之思維、智巧及風格而創造另一獨立著作，該著作仍不失其原始性。又著作權之保護僅限於表達，而不及於思想或概念本身，此爲著作權法第 10 條之 1 所明訂，足見思想或概念在著作權法上並無排他性，倘著作人僅係接受他人思想或概念之激發，而本於自己精神作用而爲創作，仍爲受著作權法保護之著作。

◎系爭報告原始電子檔之建立時間及修正時間確與被上訴人旁聽該課程及交報告期間相吻合，並無造假之情事，足見被上訴人確曾於 87 年 10 月間旁聽上訴人任課之「國際私法專題研究」課程，而於課堂上負責報告亞航安諾德遺產案件（即臺灣臺北地方法院 45 年訴字第 248 號民事判決）之相關國際私法問題，並依上訴人所指定之方式於期末即 88 年 1 月底完成系爭報告，而可確認系爭報告之著作人確爲被上訴人，且系爭報告之內容具有相當程度

之精神作用，並表達被上訴人之思想，而足以顯現其創作之個性，應符合創作性之要件。

◎教師於課堂上之講授內容，如具原創性，依我國著作權法第 5 條第 1 項之規定固得以語言著作加以保護，然就語言著作主張著作權者仍須舉證其語言著作之原創性及著作之具體內容，有關上訴人於上課期間講授前開案例之口述內容為何，雖經證人阮國禎、許淑清於嘉義地檢署時證稱：有上過與系爭判決有關之課程，上課時未見過系爭論文，但曾上過這樣的內容等語（見 89 年度發查字第 567 號卷第 121 頁），然其授課內容為何，尚難僅憑上開證述而加以確定，上訴人復未能提出其他證據證明其語言著作之內容，則其主張被上訴人係重製其語言著作而不具原始性，即非可採。抑且，被上訴人撰寫系爭報告係透過上課過程之口頭報告後，再由教師引導講授，繼而於課堂討論激發國際私法相關問題及概念，上訴人既未能舉證證明其於授課時所口述之內容已符合受著作權法保護之語言著作，則被上訴人將課堂討論所得之概念，以其個人風格形諸於文字加以表達，依首揭說明，仍應具有原創性，縱系爭報告所敘述之理論，與被上訴人自承引用之學者理論相悖，此乃學生學期報告缺乏學術嚴謹度之問題，尚不得以此即謂被上訴人之系爭報告不具原創性。

◎按法院於認定有無侵害著作權之事實時，應審酌一切相關情狀，就認定著作權侵害的二個要件，即所謂接觸及實質相似為審慎調查審酌，其中實質相似不僅指量之相似，亦兼指質之相似；在判斷語文著作是否抄襲時，宜依重製行為之態樣，就其利用之質量按社會客觀標準分別考量。而有無接觸並不以提出實際接觸之直接證據為必要，倘二著作間明顯近似，而足以合理排除後者有獨立創作之可能性，或二著作間存有共同之錯誤、不當之引註或不必要之冗言等情事，均可推定後者曾接觸前著作。

◎查證人柯志民於刑案偵查中證稱：88 年 1 月底期末告訴人（即本件被上訴人）將系爭報告連同磁片交給伊，伊再交給被告（即本件上訴人）之助理李春政，事後書面報告及磁片均未返還，李春政有無交給被告則不知，但

伊就該課程有成績通過等語（見 91 年度偵續字第 49 號偵查卷第 53 頁反面至第 55 頁），證人李春政亦證稱：88 年 1 月告訴人（即本件被上訴人）口頭報告亞航安諾德遺產案件，上課時告訴人也有交付大綱給我們，88 年 1 月底期末研究生及告訴人均需繳書面報告及磁片給被告（即本件上訴人）等語（見偵續卷第 61 頁），業如前述，足證上訴人確有合理機會接近系爭報告。次查，除上訴人自承系爭報告之內容與系爭論文之內容大部份實質近似外，系爭論文經與系爭報告互核結果，系爭論文第 84 頁下半至第 96 頁上半經劃線部分，其段落鋪陳、文字用語、論理方式及評析結果均與系爭報告如出一轍（詳如附件一、二），而構成明顯近似，另系爭報告第 3 頁第 3 行中論及「涉外民事法律適用第 22 條」，顯係漏載「依涉外民事法律適用『法』」之『法』字，而在系爭論文第 87 頁第 12 行中論及「涉外民事法律適用第二十二條」，亦係漏載該『法』字，系爭報告第 4 頁第 27 行中論及「依我涉外民事法律第 28 條之規定」，顯係漏載「依我涉外民事法律『適用法』」之『適用法』三字，而系爭論文第 89 頁第 7 行中論及「依涉外民事法律第二十八條之規定」，亦係漏載『適用法』三字，系爭報告第 9 頁第 7 行中論及「結婚不符『公該』儀式之要求」，顯係『公開』之誤寫，而系爭論文第 93 頁第 21 行中亦為相同『公該』之誤載等等共同之錯誤（詳如附件一、二），由上開證據足以推定上訴人確曾接觸系爭報告，且系爭論文並非上訴人所獨立創作。

　　◎按受雇人於職務上完成之著作，以該受雇人為著作人。但契約約定以雇用人為著作人者，從其約定。依前項規定，以受雇人為著作人者，其著作財產權歸雇用人享有。但契約約定其著作財產權歸受雇人享有者，從其約定。前二項所稱受雇人，包括公務員，著作權法第 11 條定有明文。次按，供個人或家庭為非營利之目的，在合理範圍內，得利用圖書館及非供公眾使用之機器重製已公開發表之著作，著作權法第 51 條亦定有明文。**本件上訴人向被上訴人、柯志民、何國雄及李春政等人講授國際私法專題課程時係擔任中正大學法律研究所專任副教授之事實，為兩造所不爭，則上訴人既受雇於中正大學向被上訴人等學生授課，其授課內容（語言著作）之著作財產權原則**

上應歸雇用人即中正大學所享有，而非上訴人所享有，且被上訴人嗣後製作系爭報告時縱有利用上開上訴人之授課內容，然被上訴人係使用個人之電腦製作報告，而非利用供公眾使用之機器，且利用該授課內容僅係製作系爭報告繳交予上訴人作為學習評量之用，並未加以散布或營利，是以依著作權法第 51 條之規定，縱被上訴人有重製行為亦屬合理使用行為，而不構成著作財產權之侵害。

第二項　補習班與補習班教師之關係

1. **經濟部智慧財產局民國 100 年 5 月 31 日電子郵件 1000531b 號函**

   您好！有關 您所詢問的問題，本組答復如下：

一、有關**補習班老師所編寫的講義之著作權歸屬**，原則上**歸屬實際完成創作**著作之人享有，惟若是屬「受雇人於職務上完成之著作」或「出資聘請他人完成著作」之情形，則依著作權法第 11 條及第 12 條之規定視當事人有無特約而定，本局 93 年 5 月 17 日電子郵件 930517 號函已有函釋如附件，請 參考。

二、另由於著作權係屬私權，有關系爭講義著作財產權的歸屬及是否構成著作權侵害等，應於發生爭議時，由司法機關調查證據認定之。

三、以上說明，請參考著作權法第 3 條、第 10 條、第 11 條及第 12 條之規定。

   附件

   令函日期：中華民國 93 年 05 月 17 日

   令函案號：電子郵件 930517

   令函要旨：

一、有關在補習班任教所編寫的講義何人有權利將其出版或做其他利用，應視該講義之著作財產權歸屬何人。原則上創作著作之人為著作人，除了

下列情形外，**您是編寫講義的著作人，得依著作權法享有著作權，如果您編寫的講義是屬於受雇人職務上完成之著作，或是出資聘請他人完成之著作的性質，**則有關著作財產權歸屬情形詳如下列說明：（一）如您是補習班的受雇人，且該講義是屬於職務上完成的著作，則雙方可以約定著作人及著作財產權歸屬，如無約定，則以您為著作人，補習班為著作財產權人。因此，補習班將之出版或交由其他老師使用，並無不可；您則因為不是著作財產權人，故不能將講義委由其他出版社出版。（二）如非前述受雇人職務上完成之著作，而您與補習班之間為出資聘人完成著作之關係，則雙方如約定著作財產權歸屬，則應依雙方之約定來決定您或補習班誰是著作財產權人，如無約定，則您為著作人及著作財產權人，但補習班因出資的關係，可以在出資的目的和範圍內利用您所完成的著作。因此，補習班可以為著作財產權之利用行為，包括出版講義等，甚至交由其他老師使用，主要看補習班出資請您編寫講義時的目的和原定的利用範圍來決定。這種情形下，您是著作財產權人，當然可以做出版等合法行使著作財產權的行為。

2. 經濟部智慧財產局民國 94 年 6 月 13 日電子郵件 940613A 號函

一、老師上課的內容是「語文著作」，受著作權法的保護，至何人有權利將其做其他利用，應視該著作之著作財產權歸屬何人。因此，**受雇於補習班的老師，上課內容如為職務上完成的著作，在雙方無特別約定下，依著作權法第 11 條之規定，老師為著作人，補習班為著作財產權人，**所以補習班可以為著作財產權之任何利用行為，含您來函所稱補習班上課時利用錄影設備將老師上課之情形錄製成錄影帶，並提供給補習班學生作為補課或複習之用，且該等利用行為係本於著作財產權人之地位行使權利，與合理使用無涉。

3. 經濟部智慧財產局民國 93 年 12 月 20 日電子郵件 931220 號函

一、在補習班任教所設計的教材何人有權使用，應視該教材之著作財產權歸屬於何人。有關著作財產權歸屬情形說明如下：

（一）**如您是補習班的受雇人，且該教材是屬於職務上完成的著作，則雙方可以約定著作人及著作財產權歸屬，如無約定，則以您為著作人，補習班為著作財產權人。因此，補習班當然有權使用。**

（二）如非前述受雇人職務上完成之著作，而您與補習班之間為出資聘人完成著作之關係，則應依雙方之約定來決定您或補習班誰是著作財產權人，如無約定，則您為著作人及著作財產權人，但補習班因出資的關係，可以在出資的目的和範圍內利用您所完成的著作。因此，補習班出資請您編寫教材，可否出版，主要看補習班出資請您設計教材時的目的和原定的利用範圍來決定。

二、著作權係採創作保護主義，也就是說著作人在著作完成時即享有著作權。由於著作權係屬私權，著作權人對權利的存在要自己負擔舉證責任，所以建議您最好保留創作、發行過程及其他與您權利有關之資料，來證明您的權利確實存在，萬一發生著作權的爭執時，法院會依照您所提出之事證，加以認定。此外著作權法也特別規定，凡是在著作原件或其已發行之著作重製物上，或是在將著作公開發表的時候，以通常之方法表示著作人或著作財產權人之本名或眾所週知之別名，或者著作之發行日期和地點的話，就可以依照這些表示「推定」著作人是誰，著作財產權歸誰享有，著作是什麼時候公開發行的，發行的地點在那裡等等。因此，著作權人如果要享受這項「推定」的利益（換句話說，要推翻「推定」，則必須由對方承擔起舉證責任的負擔），建議宜善用此項機制。

4. 經濟部智慧財產局民國 93 年 5 月 17 日電子郵件 930517 號函

一、有關在補習班任教所編寫的講義何人有權利將其出版或做其他利用，應視該講義之著作財產權歸屬何人。原則上創作著作之人為著作人，除了下列情形外，您是編寫講義的著作人，得依著作權法享有著作權，**如果您編寫的講義是屬於受雇人職務上完成之著作，或是出資聘請他人完成之著作的性質，則有關著作財產權歸屬情形詳如下列說明：**（一）如您是補習班的受雇人，且該講義是屬於職務上完成的著作，則雙方可以約

定著作人及著作財產權歸屬，如無約定，則以您爲著作人，補習班爲著作財產權人。因此，補習班將之出版或交由其他老師使用，並無不可；您則因爲不是著作財產權人，故不能將講義委由其他出版社出版。（二）如非前述受雇人職務上完成之著作，而您與補習班之間爲出資聘人完成著作之關係，則雙方如約定著作財產權歸屬，則應依雙方之約定來決定您或補習班誰是著作財產權人，如無約定，則您爲著作人及著作財產權人，但補習班因出資的關係，可以在出資的目的和範圍內利用您所完成的著作。因此，補習班可以爲著作財產權之利用行爲，包括出版講義等，甚至交由其他老師使用，主要看補習班出資請您編寫講義時的目的和原定的利用範圍來決定。這種情形下，您是著作財產權人，當然可以做出版等合法行使著作財產權的行爲。

5. 經濟部智慧財產局民國 96 年 8 月 21 日電子郵件 960821b 號函

一、**補習班老師編寫的講義是「語文著作」，受著作權法的保護，該著作之著作財產權歸屬，應由補習班與編寫老師雙方約定，或參照著作權法第 11 及 12 條規定處理。** 至於補習班將講義發給學生，學生取得的是該講義之所有權，與著作權無涉，因爲著作權與著作附著物（講義）之所有權是兩個不同的權利，所有權是物權的一種，屬於民法規定的權利；而著作權是一種無體財產權，在於保護文學、科學、藝術或其他學術範圍之創作，包括著作人格權及著作財產權，屬於著作權法規定的範疇。

二、老師上課講授的內容如具原創性，應屬受著作權法保護的「語文著作」，整理老師上課筆記的人，如僅是就老師的講解忠實紀錄，則該筆記爲老師的語文著作之重製，整理的人無另一新的著作權，但如就老師講授內容加以改寫或增加內容而有原創性，則會成爲另一新的衍生著作，得另享有著作權。但衍生著作之保護，對原著作之著作權不生影響，因此改寫必須徵得老師的授權，否則會侵害老師的改作權。

三、又我國著作權法未賦予著作人享有「出借權」，故如將補習班發的講義或老師上課的筆記出借給同學、朋友，而此筆記是老師同意學生紀錄

的，屬於合法的重製物。因該「出借」行為非屬著作權法所保護的著作財產權，不會違反著作權法。但是如果取得的講義或筆記是非法重製的盜版物時（例如未經老師同意學生紀錄），屬於視為侵害著作權的行為，必須負擔民、刑事法律責任。

6. 臺灣高等法院 97 年度上易字第 1255 號刑事判決

被告係擔任楓橋補習班美語助教工作，竟於 95 年 4 月 3 日擅自影印楓橋補習班試卷，適為告訴人發覺，告訴人並隨同至被告住處內取出試卷。而被告於告訴人陪同返回住處前，事先請簡燕茹以電話通報家人，將存放楓橋補習班試卷之資料夾預先藏放；復於告訴人取回資料夾之際，遭被告母親多所阻止，顯見被告係未經許可擅自影印楓橋補習班試卷。再依被告與告訴人簽訂之「全職人員聘僱合約」，明確記載聘僱人員不得擅自重製補習班試卷。而該合約附件一第 6 點「協助教師影印文件及協助教學」、第 10 點「補課及落後學生之加強」，係由告訴人決定試卷內容，並預先影印一定數量，於測驗當日始由助教取得試卷。又告訴人對於試卷控管流程，係由告訴人依照班級學生人數預先影印後，再於上課前交付各助教領取，倘有剩餘，則集中保管處理，事後對缺席學生補課時，則自剩餘考卷資料夾拿取，如有短缺試卷之情形，亦應告知告訴人後始得影印。每位助教均係於當日上課前，始知試卷內容為何，被告要無預先知悉試卷內容做為備課之需要，縱於事後針對缺席學生補課，亦無必要影印試卷供己使用。被告身為楓橋補習班之助教，依其工作性質本無影印試卷之權責，聘僱合約亦載明禁止轉印及外洩，被告擅自影印告訴人試卷後，當告訴人索回之際，竟預先通報家人，而多所阻擾、隱瞞，被告確有擅自影印告訴人試卷等事實，業據原判決詳載理由依據……

按著作權法第 11 條規定：「受雇人於職務上完成之著作，以該受雇人為著作人。但契約約定以雇用人為著作人者，從其約定。依前項規定，以受雇人為著作人者，其著作財產權歸雇用人享有。但契約約定其著作財產權歸受雇人享有者，從其約定。前二項所稱受雇人，包括公務員。」**本件告訴人指稱係聘用外籍老師編撰試卷，依著作權法第 11 條第 2 項前段規定，該試卷之**

著作權自歸屬告訴人所有。被告既未舉證另有契約約定該試卷著作財產權歸受雇人即外籍教師所有，空言指稱告訴人並無著作權，殊無可採。

第三項 教師與學生是否適用職務著作之規定

1. 經濟部智慧財產局民國 101 年 5 月 7 日電子郵件 1010507 號函

一、按著作權法規定，著作係屬於文學、科學、藝術或其他學術範圍之創作，且著作人於著作完成時即享有著作權。因此，您的影片作品、碩士論文如具有原創性，即為受著作權法保護之「視聽著作」、「語文著作」，且由於您係獨立完成著作，**並非受雇於他人或在他人之出資下所完成**（請參考著作權法第 11 條、第 12 條之規定），故完成時您即享有著作權（包括著作權人格權與著作財產權），而您所就讀之音像紀錄研究所如未參與創作，則並未享有著作財產權。故任何人如欲利用（例如重製、播放等行為）您的影片作品、碩士論文，除符合著作權法第 44 條至第 65 條合理使用規定外，應徵得您的同意，始得合法利用，合先說明。

二、復按著作權法第 15 條第 2 項第 3 款之規定，依學位授予法撰寫之碩士論文，著作人已取得學位者，推定著作人同意公開發表其著作。而所謂的公開發表，係指「權利人以發行、播送、上映、口述、演出、展示或其他方法向公眾公開提示著作內容。」因此，如您並未為反對公開發表之表示，則他人公開發表您的碩士論文，並不會構成侵害您「公開發表」的著作人格權，但如欲以重製等方式利用您的碩士論文，則另涉及著作財產權之利用，仍須徵得您的同意。又法律上所稱之「推定」，如當事人可舉證為相反證明者，自得推翻該法律所推定之事實。因此，如您於授權書勾選「不同意公開發表」，則本條項之推定即不適用。

2. 經濟部智慧財產局民國 95 年 5 月 22 日電子郵件 950522b 號函

一、所詢國科會補助下完成之專題論文，其著作權之歸屬，請參照如下說

明：

（一）學生所撰寫之論文，如指導教授僅爲觀念之指導，並未參與內容表達之撰寫，依著作權法（下稱本法）規定，學生爲該論文之著作人，並於論文完成時，即享有該論文之著作權。如指導教授不僅爲觀念的指導，且參與內容之表達而與學生共同完成論文，且各人之創作，不能分離利用者，則爲共同著作，學生與指導教授爲論文的共同著作人並共同享有著作權，此等共同著作著作權（包括著作財產權及著作人格權）的行使，即應取得學生與指導教授之共同同意後，始得爲之。

（二）另該專題論文之完成，**如符合本法第12條出資聘請他人完成之著作，若未約定著作人及著作財產權之歸屬，則以該受聘人（創作人）爲著作人，並享有該著作之著作財產權（此時受聘人享有著作人格權與著作財產權），而出資人（國科會）可在出資目的範圍內利用該著作。但契約約定以出資人（國科會）爲著作人者，從其約定（此時出資人享有著作人格權與著作財產權）。**因此，其著作人及著作人格權之歸屬一節，原則上先依契約認定，如雙方未約定，以創作著作之人爲著作人，享有著作人格權及財產權，但得依契約約定不行使著作人格權。簡言之，出資聘人完成之著作，究由誰爲「著作人」，誰享有人格權、財產權，是否約定不行使著作人格權，均屬民法私權契約行爲，悉依雙方當事人自行洽商決定之。

二、又本法規定，「改作」乃專屬於著作人之權利，任何人欲改作他人著作，除符合本法第44條至第65條合理使用之規定外，皆應徵得著作財產權人之同意或授權，始得爲之。因此，若指導教授不是著作人（即導教授僅爲觀念之指導，並未參與內容表達之撰寫），原則上未經該著作財產權人同意或授權是不可以將該專題論文交由其他學生修改，掛名另行發表的，否則，會有侵權的問題。

三、以上說明，請參考著作權法第 3 條第 1 項第 1-3 款、第 10 條、第 11 條、第 12 條、第 21 條、第 36 條、第 37 條之規定以及本局所撰「有關碩、博士論文著作權歸屬爭議之問題說明」及「有關學生在學期間撰寫課程相關各類研究報告之著作權歸屬」說帖如附。

附件：

有關碩、博士論文著作權歸屬爭議之問題說明

　　近年來我國碩、博士學生人數不斷增加，有關碩、博士論文所生之著作權爭議也日趨增多，亦即碩、博士學生與其指導教授之間，就其所完成論文之著作權，應歸屬何人取得，有必要作進一步釐清。

　　按碩、博士學生所撰寫之論文，如指導教授僅為觀念之指導，並未參與內容表達之撰寫，依著作權法規定，學生為該論文之著作人，並於論文完成時，即享有該論文之著作權。如指導教授不僅為觀念的指導，且參與內容之表達而與學生共同完成論文，且各人之創作，不能分離利用者，則為共同著作，**學生與指導教授為論文的共同著作人並共同享有著作權，此等共同著作著作權（包括著作財產權及著作人格權）的行使，即應取得學生與指導教授之共同同意後，始得為之。**

　　就實務上而言，在學生完成論文的過程當中，如指導教授除了指導外並參與論文完成者，則此時論文著作權應如何歸屬、如何行使，即易生爭議。為避免此爭議，智慧局建議，學生與指導教授可事先就論文著作權之歸屬及事後權利行使方式，包括論文應如何公開發表、發表時應如何標示著作人姓名、論文事後可作何種修改以及未來應如何授權他人利用等事項，達成協議。或亦可由學校、教育主管機關就此等問題訂定一特別規範，使學生與指導教授均能有所遵循，以適當解決此等爭議問題。

　　有關學生在學期間完成報告著作權歸屬之說明

　　近來迭有大專校院學生反映，其在校期間在教師指導或指示之下完成之報告，在教師要求下簽立「學生願意放棄該報告之著作財產權，日後不得投

稿」或「學生願意由教師繼續修改該報告，日後在與教師共同掛名條件下投稿」或其他類似文字之約定，則其所完成報告之著作權究歸學生或教師享有抑雙方共有，產生疑義，有必要予以釐清。

按學生在校期間所完成報告，如果教師僅給予觀念的指導，而係由學生自己撰寫報告內容，則學生為該報告之著作人，可依著作權法享有、行使著作權，包括各項著作人格權及著作財產權。如果教師不僅給予觀念的指導，更進一步參與報告的撰寫，則教師與學生就自己撰寫之部分各自享有著作權，如各自撰寫之部分不能分離利用時，則成立共同著作，共同享有該著作之著作權，包括各項著作人格權及著作財產權。有關學生在校期間在教師指導之下完成報告之著作權，應掌握上述原則，予以判斷。

就實務上若干學生與教師間簽署「學生願意放棄該報告之著作財產權，日後不得投稿」之約定，如教師僅係擔任指導之角色，由學生自己完成報告，則學生為該報告之著作權人，享有著作財產權與著作人格權。如學生「拋棄」著作財產權，則於「拋棄」時，該份報告之著作財產權消滅，成為「公共所有」，任何人皆得利用，其指導教師並不會因學生拋棄著作財產權而取得該項權利。此外，著作縱使經學生拋棄著作財產權成為公共所有，其著作人格權之保護不受影響，教師欲利用該著作時，仍應表示真正著作人（即學生）之姓名，不能改以表示自己之姓名，充為著作人。

至於教師不僅給予觀念的指導，更進一步參與報告的撰寫，成立共同著作之情形，如學生願意「拋棄」著作財產權，則其所拋棄之權利，依法歸其他共有著作財產權人（即教師）所有。但在姓名表示部分，除非學生表示不行使姓名表示權，否則仍應將共同著作人（即包括教師與學生）並列，不能僅列自己為唯一著作人。

又除職務上或出資聘人完成之著作，得由當事人約定著作人、決定著作人格權及著作財產權之歸屬外，其他創作型態均係由實際上從事創作之人為著作人，於著作完成時享有著作人格權及著作財產權。前述學生與教師間簽署「學生願意由教師繼續修改該報告，日後在與教師共同掛名條件下投稿」

之約定，必須教師與學生事實上有共同創作行為，始能成立共同著作人，始能共同具名投稿。因此，若是學生在教師觀念指導下完成報告後再與教師共同「掛名」為著作人，因教師並無創作行為，並非著作人，此一「掛名投稿」行為，與著作權法之規定不符；反之，若在創作過程中，教師不僅給予觀念的指導，更進一步參與報告的撰寫，成立共同著作之情形，教師與學生自得以共同著作人之身分，共同具名投稿。

　　學生在學期間完成之報告，其教師除了指導外並參與撰寫之情形，較易產生著作權爭議。為避免此爭議，智慧局建議，學生與教師可事先就報告著作權之歸屬及事後權利行使方式，包括報告應如何公開發表、發表時應如何表示著作人姓名、報告事後可作何種修改以及未來應如何授權他人利用等事項，達成協議。或亦可由學校、教育主管機關就此等問題訂定一特別規範，使學生與教師均能有所遵循，以預防或解決爭議。

3. 經濟部智慧財產局民國 95 年 4 月 14 日智著字第 09516001330 號函

　　有關學生在學期間撰寫課程相關各類研究報告之著作權歸屬所生疑義，所做進一步之釐清。

　　近來迭有大專校院學生反映，其在校期間在教師指導或指示之下完成之報告，在教師要求下簽立「學生願意放棄該報告之著作財產權，日後不得投稿」或「學生願意由教師繼續修改該報告，日後在與教師共同掛名條件下投稿」或其他類似文字之約定，則其所完成報告之著作權究歸學生或教師享有抑雙方共有，產生疑義，有必要予以釐清。

　　按學生在校期間所完成報告，如果教師僅給予觀念的指導，而係由學生自己撰寫報告內容，則學生為該報告之著作人，可依著作權法享有、行使著作權，包括各項著作人格權及著作財產權。如果教師不僅給予觀念的指導，更進一步參與報告的撰寫，則教師與學生就自己撰寫之部分各自享有著作權，如各自撰寫之部分不能分離利用時，則成立共同

著作，共同享有該著作之著作權，包括各項著作人格權及著作財產權。有關學生在校期間在教師指導之下完成報告之著作權，應掌握上述原則，予以判斷。

就實務上若干學生與教師間簽署「學生願意放棄該報告之著作財產權，日後不得投稿」之約定，如教師僅係擔任指導之角色，由學生自己完成報告，則學生為該報告之著作權人，享有著作財產權與著作人格權。如學生「拋棄」著作財產權，則於「拋棄」時，該份報告之著作財產權消滅，成為「公共所有」，任何人皆得利用，其指導教師並不會因學生拋棄著作財產權而取得該項權利。此外，著作縱使經學生拋棄著作財產權成為公共所有，其著作人格權之保護不受影響，教師欲利用該著作時，仍應表示真正著作人（即學生）之姓名，不能改以表示自己之姓名，充為著作人。

至於教師不僅給予觀念的指導，更進一步參與報告的撰寫，成立共同著作之情形，如學生願意「拋棄」著作財產權，則其所拋棄之權利，依法歸其他共有著作財產權人（即教師）所有。但在姓名表示部分，除非學生表示不行使姓名表示權，否則仍應將共同著作人（即包括教師與學生）並列，不能僅列自己為唯一著作人。

又除**職務上或出資聘人完成之著作，得由當事人約定著作人、決定著作人格權及著作財產權之歸屬外，其他創作型態均係由實際上從事創作之人為著作人，於著作完成時享有著作人格權及著作財產權。**前述學生與教師間簽署「學生願意由教師繼續修改該報告，日後在與教師共同掛名條件下投稿」之約定，必須教師與學生事實上有共同創作行為，始能成立共同著作人，始能共同具名投稿。因此，若是學生在教師觀念指導下完成報告後再與教師共同「掛名」為著作人，因教師並無創作行為，並非著作人，此一「掛名投稿」行為，與著作權法之規定不符；反之，若在創作過程中，教師不僅給予觀念的指導，更進一步參與報告的撰寫，成立共同著作之情形，教師與學生自得以共同著作人之身分，共

同具名投稿。

　　學生在學期間完成之報告，其教師除了指導外並參與撰寫之情形，較易產生著作權爭議。為避免此爭議，智慧局建議，學生與教師可事先就報告著作權之歸屬及事後權利行使方式，包括報告應如何公開發表、發表時應如何表示著作人姓名、報告事後可作何種修改以及未來應如何授權他人利用等事項，達成協議。或亦可由學校、教育主管機關就此等問題訂定一特別規範，使學生與教師均能有所遵循，以預防或解決爭議。

第六節　政府機關之問題及著作權之歸屬

第一項　經濟部智慧財產局民國 98 年 11 月 23 日電子郵件 981123b 號函

一、所詢有關工藝所出資補助工藝家進行創作之智財權歸屬，可否依著作權法第 12 條認定之疑義，說明如下：

（一）按著作權法（下稱本法）第 12 條係規定出資聘人完成著作之著作權歸屬，此係指出資人雖未自己完成著作，但針對所需要之著作，聘請他人代其完成著作並給予報酬，從而，針對出資者及實際完成著作者雙方著作權權益，特立法予以規範，俾平衡雙方之利益。故出資人所給付之報酬與受聘人完成著作間，具有私法上之對價關係。**來函所述工藝所出資補助工藝家一事，如屬公法上之補助，應依相關補助規定進行審核及補助，與完成之著作間並不必然具上述之私法上之對價關係，此與本法第 12 條之規範尚屬有間**，因此，工藝所如欲利用受補助者完成之著作，宜以書面契約明確約定其著作權歸屬，如歸受補助者，宜將補助機關所欲利用之範圍，明確臚列，取得受補助者（即著作財產權人）之授權，

　　　如當事人約定不明，推定爲未讓與或未授權（請參考本法第36條及第37條規定）。

（二）若上述出資補助行爲符合本法第12所定出資聘人完成著作之情形，即可依該條文規定約定著作財產權之歸屬，如雙方未約定時，則由受聘人爲著作人並享有著作財產權，而出資人得在出資的目的及範圍內利用該著作。

（三）另依據專利法第7條第3項之規定，一方出資聘請他人從事研究開發者，其專利申請權及專利權之歸屬依雙方契約約定；契約未約定者，屬於發明人或創作人。但出資人得實施其發明、新型或新式樣。因此，對於委託他人從事研究開發者，其專利權之歸屬，原則上仍需視契約之約定。

二、又行政院針對政府機關（構）編列科技計畫預算，補助、委託或出資進行科學技術研究發展計畫所獲得之智慧財產權及成果之歸屬及運用等事宜，訂有「政府科學技術研究發展成果歸屬及運用辦法」。依據該辦法第3條第1項前段規定「資助機關補助、委託或出資之科學技術研究發展所獲得之研發成果，除經資助機關認定歸屬國家所有者外，歸屬執行研究發展之單位所有。」針對該研發成果之運用以及移轉或讓與等部分，仍有特別之規範。建請向補助機關詢問並釐清該條款規定之內容，俾免後續爭議。

第二項　經濟部智慧財產局民國98年2月20日電子郵件980220號函

　　關於 您所詢的問題，答復如下：

一、來函所稱之辭典，係爲您本人所服務之政府機關所有（含著作人格權及著作財產權）者，則其真正之著作權人爲該政府機關所屬之行政主體（例如：中華民國政府或地方政府），該政府機關可本於該辭典著作財產權「管理者」或「代表者」之地位，自行或授權他人將該辭典之內容

爲修訂（改作）並出版（散布），合先說明。

二、所詢 A 校增修後的辭典是否爲著作權法（下稱本法）所保障之獨立著 作
一節，尙涉及該增修後之辭典著作財產權如何歸屬之問題，分別依下列
說明：

（一）如該政府機關與 A 校（公立學校）隸屬同一行政主體之法人（如
同屬於中央政府或同一地方自治團體），均屬爲此一行政主體行
使特定權限、管理特定財產之機關。因此，A 校增修該辭典，僅
須取得該機關之協助或予同意即可。惟此種情形並非本法所規定
之授權。又如增修後之辭典若有新創意之加入（就原著作另爲創
作），依本法第 6 條第 1 項規定固可認爲「衍生著作」，而以獨
立著作保護之。惟縱 A 依本法第 11 條、第 12 條之規定取得著作
財產權，該權利仍歸屬於所屬同一之行政主體。僅可認係約定該
機關與 A 校爲該衍生著作著作財產權之共同「管理者」或「代表
者」，而非共有著作財產權之情形。

（二）如該機關與 A 校非隸屬於同一行政主體之法人，或 A 校具有私法
人之性質時，A 校增修該辭典之行爲，自須取得該機關之同意。
A 校在取得該機關同意下所爲完成之增修，如屬前述所稱之「衍
生著作」者，原則上應由實際創作之人取得著作權。惟如 A 校依
本法第 11 條、第 12 條之規定，取得該增修後辭典之著作財產權
者，該 A 校自可本於著作財產權人（或其所隸屬之行政主體之「管
理者」或「代表者」）之地位，依本法第 36 條第 1 項之規定，以
讓與之方式與該機關約定「共有」該修訂後辭典之著作財產權，
並依雙方當事人之約定或依本法第 40 條之 1 之規定，履行彼此間
之權利義務。

**第三項　經濟部智慧財產局民國 98 年 5 月 8 日經授智字第 09820030590
號函**

　　主旨：有關政府機關辦理採購，廠商履約成果涉及著作權約定時，本部意見如說明，請 查照參考並請轉所屬知照。

　　說明：

一、按著作權法（下稱本法）第 10 條規定：「著作人於著作完成時享有著作權。但本法另有規定者，從其規定。」因此，著作權原則上屬於從事創作之人（即著作人），而本法另有規定，**依本法第 11 條受雇人職務上完成之創作，以及第 12 條出資聘人完成之著作等情形，雙方得於契約中另行約定著作人及相關著作權之歸屬**。至於著作人於創作完成取得著作權後，亦可依本法第 36 條規定讓與著作財產權予政府機關，或依同法第 37 條規定將著作授權政府機關使用。

二、近來迭有文化創意產業廠商或個人（例如表演人）反應，渠等於參與機關採購時（如於機關舉辦之特定活動中表演），該機關對該著作並無繼續利用之公務上需求或規劃（未來利用該表演之可能性甚低），卻一律要求投標廠商須將其著作財產權約定讓與該機關，除影響著作人權益（表演人憂慮嗣後在其他場合另行演出時，是否會受著作財產權讓與之影響而無法再演出？）、降低業者參與政府採購案之意願、不利於著作之流通利用外，亦將阻礙我國文化創意產業之發展。

三、按本法第 1 條前段明文揭示：「為保障著作人著作權益，調和社會公共利益，促進國家文化發展，特制定本法。」由於著作必須流通利用才能產生經濟價值，本法保護著作權之最終意旨仍在於促進國家文化發展。此外，參諸行政院公共工程委員會編訂之「勞務採購契約範本」、「財物採購契約範本」等，並未要求各機關於採購契約中必須與廠商約定取得採購成果之著作權，因而建請各機關辦理採購時，應視採購之性質及公務個案需求，斟酌有無取得著作財產權之必要性；亦即在行政目的之範圍內，可考量採取與著作權人約定授權機關利用之方式，除可兼顧公務之需求外，亦可使民間業者有機會利用其創作之成果，俾充分發揮著作財產權之經濟效用，並避免機關因取得不必要之著作財產權而徒增採

購成本，進而提昇國家整體之文化創意競爭力。

第四項　經濟部智慧財產局民國 96 年 12 月 17 日智著字第 09600107280 號函

（一）按著作權法第 12 條係規定出資聘人完成著作之著作權歸屬，此係指出資人雖未自己完成著作，但針對所需要之著作，聘請他人代其完成著作並給予報酬，從而，針對出資者及實際完成著作者雙方著作權權益，特立法予以規範，俾平衡雙方之利益。故出資人所給付之報酬與受聘人完成著作間，具有私法上之對價關係。有關 貴署來函所詢行政機關輔助民間單位，該輔助款是否屬著作權法第 12 條「出資」一事，經查，該輔助款原則上係屬公法上之補助，故應依相關補助規定進行審核及補助，與完成之著作間並不必然具上述之私法上之對價關係，此與著作權法第 12 條之規範尚屬有間。

（二）又著法第 12 條所稱「利用」，其「利用」之方式與範圍，著作權法並無特別規定，應依出資當時之目的及雙方原定之利用範圍來決定。又出資人超過契約目的的範圍之利用行為，仍須取得著作財產權人之授權，否則即有侵害著作權之可能。

（三）至所詢行政機關於決定核發補助款後，欲利用受補助團體機關所完成之著作，究竟應以契約規範或直接於補助辦法中規定？何者為妥及如何規範一事，經查，政府機關依法令為行政補助者係屬公法行為，而著作權約定為私法行為，二者本質上並不相同，似難以公法性質之「補助作業要點」代替私法上之契約行為。故建議針對補助個案，宜以書面契約明確約定其著作權歸屬（究歸補助機關或歸受補助單位），如歸受補助單位者，宜將補助機關所欲利用之範圍，明確臚列，取得受補助單位（即著作財產權人）之授權，以杜爭議，至於「補助作業要點」欲予配合規範者，亦可併行。

第五項　經濟部智慧財產局民國 96 年 2 月 5 日智著字第 09620030150 號函

主旨：承詢有關「九二一震災災後重建實錄」後續管理事宜一案，復如說明，請 查照。

說明：

一、依行政院 96 年 1 月 22 日院臺建辦字第 0960001942 號函轉 貴府同年月 11 日府民地字第 0960600012 號函辦理。

二、茲依來函及經洽承辦人所悉，前行政院九二一震災災後重建推動委員會（下稱重建會）委託 貴府籌編「九二一震災災後重建實錄」，經 貴府委託國立中興大學於 94 年間完成編纂（迄至 93 年 6 月部分），並約定由 貴府享有著作財產權。至 貴府與重建會間對著作財產權之歸屬雖無明文約定，惟於 91 年 6 月 20 日重建會召開之會議紀錄中則有「該實錄著作權由重建會與臺灣省政府共同擁有」之記載。嗣重建會裁撤，經概括承受該會業務之前行政院九二一震災社區重建更新基金清理小組（下稱清理小組）就該實錄進行修編並增補 93 年 7 月至 95 年 2 月 4 日間資料後印製完成。

三、承上所述，茲以 貴府與重建會隸屬同一行政主體之法人（中華民國），雖經約定共有「九二一震災災後重建實錄」一書之著作財產權，實則該書之著作財產權仍係歸屬中華民國，僅係由 貴府與重建會及承受業務之清理小組共同為系爭著作財產權之管理。因之，清理小組無由為系爭著作財產權之讓與或授權，僅係財產管理上之權限劃分問題，尚與著作權法無涉。檢附本部智慧財產局 95 年 9 月 18 日電子郵件 950918 影本一則，敬請 卓參。

四、至於 貴府以清理小組於 95 年 12 月 31 日結束運作，向 大院請釋「九二一震災災後重建實錄」一書之後續管理事宜，因涉財產管理上之行政權限規劃，尚非本部權責，歉難表示意見。

第六項　經濟部智慧財產局民國 96 年 9 月 7 日電子郵件 960907a 號函

一、著作權法並無「版權」一詞，來函所稱「版權」，似應指「著作權」，政府機關委託研究案之著作權歸屬，應視委託契約雙方約定，若約定由委託機關取得著作財產權（著作權歸委託機關所屬公法人如：「中華民國」所有，政府機關則爲「管理者」或「代表者」），委託機關基於著作財產權人之地位，除不得侵害著作人格權外，得自行或委託他人將研究案內容加以重製，並進行販售等散布行爲，不會違反著作權法。

二、至於**委託研究案之委託機關依委託契約取得著作財產權後，是否將研究案內容對外販售？如何販售？於何處販售等問題，係屬各機關之出版品管理問題，宜由各機關自行考量。**

第七項　經濟部智慧財產局民國 95 年 9 月 18 日電子郵件 950918 號函

一、依著作權法（下稱本法）第 21 條規定：「著作人格權專屬於著作人本身，不得讓與或繼承。」依前揭規定，著作人格權具一身專屬性，屬於著作人本身，故不得讓與或繼承。至所謂「不行使著作人格權」係指不行使著作權法第 15 條至第 17 條所規定之權利，並非指著作人不得享有前述權利，故著作人約定不行使著作人格權時，契約之一方當事人如有未經他方之著作人同意而公開發表、表示或不表示著作人之姓名或改變著作之內容、形式及名目等行爲時，因著作人對該當事人已約定不行使其著作人格權，自不得向該當事人主張著作人格權之侵害，自亦不得依著作權法第 6 章、第 7 章規定請求救濟或訴請科刑處罰。由於著作權性質上係屬私權，基於契約自由原則，當事人間是否約定著作人不行使其著作人格權，應尊重雙方之約定。

二、來函稱甲方（行政機關）接受第三者（行政機關）出資，由甲方委託乙方（公立學術機構）進行專案研究，契約中明訂著作財產權歸甲所有，乙方保有著作人格權；又該研究報告之版權歸屬爲研究報告編印成輯

（含光碟）後其著作由第三者及甲方共同擁有，詢及出資之第三者是否具有修改研究報告之權利乙節。茲依所述，應係指甲方與第三者共同擁有系爭研究報告之著作財產權，可能區分以下情形：

（一）**如甲（政府機關）與第三者（政府機關）隸屬同一行政主體之法人（如同屬中央政府或同一地方自治團體）者，甲與第三者均屬為該行政主體行使特定權限、管理特定財產之行政機關，系爭研究報告之著作財產權歸屬其所屬之法人，而非該政府機關甲，僅係由甲為系爭著作財產權之管理，甲與第三者間並無著作財產權之讓與或授權問題。**至第三者得否對系爭研究報告進行修改乙節，實務上，第三者或基於財產管理上之行政權限劃分，洽請管理之甲機關協助處理或予同意，惟此種情形並非著作權法所規定之讓與或授權。

（二）**如甲方（政府機關）與第三者（政府機關）非隸屬同一行政主體之法人者，亦即有2個公法人存在時，此時，因系爭研究報告之著作財產權係由甲所屬之公法人取得，其是否同意由第三者及其所屬之公法人修改著作，端視管理者甲是否代其所屬之公法人授權第三者改作而定。**惟如經管理者甲授權改作該項著作，而第三者對所為之改作行為另涉及著作人格權之侵害，復別無與著作人約定不行使著作人格權之情事時，該第三者所屬之公法人仍應負侵害著作人格權之民、刑事責任。

（三）至所詢「著作由第三者及甲方共同擁有，且研究經費係該第三者全部支付，該第三者是否具有修改研究報告之權利？」乙節，如該第三者與甲方係隸屬同一公法人，則著作財產權歸屬該公法人享有，不生第三者與甲方共有著作財產權之問題。此時，第三者可否修改，請參照上述（一）之說明。如該第三者與甲方非隸屬同一公法人，則出資聘人契約之當事人為甲方所屬之公法人與乙方，縱使研究經費實際係由該第三者全部支付，惟第三者既非契

約當事人，自不可能依契約對該著作取得著作財產權或法定利用權，尚無任何修改該著作之權利可言。其欲修改者，仍應徵得管理者甲之授權。

第八項　經濟部智慧財產局民國 95 年 3 月 27 日電子郵件 950327a 號函

一、就著作權之保護而言，我國現行著作權法採「創作保護主義」，也就是著作人於著作完成時就享有著作權，不以申請著作權登記或註冊為權利取得之要件。**又著作權包括著作財產權及著作人格權，著作財產權得讓與他人或授權他人利用；著作人格權則專屬於著作人本身，不得讓與或繼承，但當事人間得約定不行使著作人格權。**合先敘明。

二、同法規定，**出資聘請他人完成之著作，若未約定著作人及著作財產權之歸屬，則以該受聘人為著作人，並享有該著作之著作財產權（此時受聘人享有著作人格權與著作財產權），而出資人可在出資目的範圍內利用該著作。但契約約定以出資人（包括政府部門）為著作人者，從其約定（此時出資人享有著作人格權與著作財產權）。因此，所詢受政府部門之委託所完成之著作的著作人及著作人格權之歸屬一節，原則上先依契約認定，如雙方未約定，以創作著作之人為著作人，享有著作人格權及財產權，但得依契約約定不行使著作人格權。**簡言之，出資聘人完成之著作，究由誰為「著作人」，誰享有人格權、財產權，是否約定不行使著作人格權，均屬民法私權契約行為，悉依雙方當事人自行洽商決定之。

第九項　經濟部智慧財產局民國 94 年 10 月 21 日電子郵件 941021 號函

一、來函所稱「共同完成之插圖」，是否屬共同著作，應視該著作是否符合

著作權法（下稱本法）第 8 條「二人以上共同完成之著作，其各人之創作，不能分離利用者，為共同著作」之規定，是共同著作成立之要件，除須 2 人以上共同創作外，其各人創作部分，亦不能分離利用，如有分離個別利用之可能性，則非共同著作。因此，原則上一幅插圖為一個著作，如係各人分別完成不同之插圖，該插圖可以分別加以利用者，則非屬共同著作，如係 2 人以上完成同一幅插圖，則屬共同著作，共同著作需經著作財產權人全體的同意後才能利用。

二、原則上創作著作之人為著作人，除有本法第 11 條所稱「受雇人於職務上完成之著作」及第 12 條所稱「出資聘人完成之著作」等兩種情形以外。因此，市政府與市府員工間、市政府與非市府員工間有關著作權歸屬的問題，應視雙方係屬上述何種情形而定：

（一）如該作者係屬市府員工，且該插圖是職務上完成之著作，則雙方未約定著作權歸屬時，以員工為著作人，市政府為著作財產權人，則市政府身為著作權人自得行使權利（包括著作的重製、上網，及授權他人使用等等），無須再徵得原著作人的同意。如該插圖是市府員工非職務上完成之著作，則應視雙方是否有出資聘人關係存在，其情形與非市府員工完成著作時相同，請參見下述說明。

（二）如為出資聘人完成之著作，雙方未約定著作權歸屬時，以實際創作著作之受聘人為著作人及著作財產權人，但市政府可以在出資的目的和範圍內利用該著作，惟並不包括授權第三人利用。

（三）如既非職務上完成之著作，亦非出資聘人完成之著作，則以實際創作著作之人享有著作財產權，此時市政府並無利用之權限。

第三章 三方關係（出資人、承包商／公司、實際創作者）

第一節 經濟部智慧財產局民國 101 年 11 月 22 日電子郵件 1011122 號函

您好！有關來函所詢問題，本局答復如下：

一、函詢問題一，民宿業者乙聘請網頁設計公司丙設計乙之官方網站，該網站著作權之歸屬，**應視丙與其員工之約定而定，如未特別約定，則丙擁有該網站的著作財產權，而其員工為該網站之著作人，通常情形，乙須透過丙將網站之著作財產權轉讓或授權後，始得利用之。因此，網站之著作財產權是否仍歸屬丙，乙僅取得利用之授權，抑或乙取得著作財產權，須視雙方之約定而定。**

二、函詢問題二、三，依著作權法第 52 條之規定，為報導、評論、教學、研究或其他正當目的之必要，在合理範圍內，得引用已公開發表之著作，而所稱「引用」係指基於上述目的而節錄或抄錄他人著作，供自己創作之參證、註釋等。因此，如乙取得該網站及網站文字、照片之著作財產權或專屬授權，則甲在得到乙的同意之下在自己的網站平台引用上述著作，即無侵害他人著作財產權之問題；若乙僅取得上述著作非專屬授權的利用授權，而丙仍擁有其著作財產權，則甲在自己的網站平台引用上述著作，仍應得到丙的同意、授權或符合上開「引用」之規定、並以合理之方式註明其出處，始得為之，否則，即有侵害丙著作財產權之可能。不過如果甲僅在自己的網站平台設置超連結，連結乙的網站，因未涉及著作的利用，不須得到丙的同意，亦得為之。

第二節　經濟部智慧財產局民國 101 年 7 月 4 日電子郵件 1010704 號函

有關 您所詢問的問題，本組答復如下：

一、依著作權法規定，著作人於著作完成時即享有著作權而受著作權法之保護。因此，著作權之歸屬，除有受雇人職務上完成著作（著作權法第 11 條）或出資聘請他人完成著作（著作權法第 12 條）之情形外，原則上歸實際完成創作之人所享有。

二、所詢 A 公司出資委託某乙開發電腦應用程式，其著作權歸屬，可分為下列兩種情形：

（一）**某乙為自然人，且非屬 A 公司之員工**，此時即屬上述出資聘人完成之情形，此時著作權之歸屬，應視乙及 A 有無特別約定，如有，其著作權之歸屬依當事人之約定定之。（例如，A 公司可直接約定為該電腦程式之著作人或著作財產權人）；如當事人間未約定者，依著作權法第 12 條第 1 項、第 2 項後段規定，則該電腦程式著作之著作人及著作財產權均歸受聘人乙享有；惟依同條第 3 項之規定，出資人 A 公司得於出資目的範圍內利用該著作，並不會有侵害著作權之問題。

（二）**如某乙本身為法人**，而實際完成著作之人為某乙之員工，此時出資人 A 公司並無法依著作權法第 12 條之規定，直接約定為著作人。而須先依著作權法第 11 條，判斷該著作究歸某乙或某乙之員工所有；如有約定，依其約定。如未約定時，某乙之員工仍為著作人，某乙則取得著作財產權。A 公司須依著作權法第 36 條或第 37 條之規定，自某乙繼受取得或獲得授權，始得合法利用。另 A 公司亦得約定某乙之員工不得對其行使著作人格權。

第三節　經濟部智慧財產局民國 100 年 10 月 14 日電子郵件 1001014 號函

有關 您的來信，謹回復如下：

一、**貴公司委託廠商（法人）開發 IC 控制程式，於此種情形，所完成的著作之著作權歸屬，應依著作權法（下稱本法）第 11 條規定，視該廠商與其員工〈實際完成程式之人〉有無特別約定而定；若無約定，以該員工（受雇人）為著作人，惟該著作之著作財產權則歸該廠商享有，因此出資人無法逕依本法第 12 條第 3 項規定利用他人著作。**是以，貴公司如欲利用該程式，如未依本法第 36 條受讓取得該電腦程式著作之著作財產權，尚可依契約之授權範圍而得合法利用，依一般商業習慣及社會通念，類此契約多已包含授權出資人得在出資目的之範圍內利用，至於授權範圍及條件如未明確規定，則應探求當事人真意，故所詢 貴公司得否利用該電腦程式著作？得否規避或破解著作權人所採取之「防盜拷措施」？得否授權第三人利用？等問題，建議 貴公司與該廠商協商釐清。

二、又 IC 控制程式上著作權人所為之「權利管理電子資訊？（請參考本法第 3 條第 1 項第 17 款規定），除非符合本法第 80 條之 1 第 1 項之但書外，不得未經授權移除、變更，否則即可能構成違反本法第 80 條之 1 第 1 項之規定，須負擔民、刑事責任。

第四節　經濟部智慧財產局民國 100 年 10 月 13 日電子郵件 1001013c 號函

一、委託廠商拍攝之影音光碟（經洽瞭解，為 87 年以後拍攝完成者），屬著作權法（下稱本法）保護之視聽著作，**有關其著作人及著作財產權之歸屬，應視廠商與其工作人員有無本法第 11 條或第 12 條規定之適用後，再由 貴單位依本法第 36 條取得著作財產權。**如 貴單位確已取得著作財產權者，自得本於權利人之地位利用該影片（包含將影片上傳網站）。

二、有關 貴單位規劃將委託拍攝之影音光碟上傳網站一事，另涉及「重製」、「公開傳輸」影片中其他素材（如音樂、表演及詩文）等著作利用之行為，需取得影片中其他素材之著作權人之授權或有符合本法第 44 條至第 65 條規定合理使用之情形，始得為之。依傳來資料所示，該廠商雖於契約保證「所引用之畫面、音樂、圖像或其他著作，若涉及他人權利時，應事先取得權利人之同意」，惟其當時約定所取得之同意，是否及於網路上之利用行為，仍請 貴單位再行釐清為宜。因此，所詢被拍攝之詩人（表演人）就其經錄影之詩文朗讀及談話，同意 貴館為「公益性質的發表與出版」，是否包括將其表演上傳於網站？建議宜再向其釐清，以避免日後不必要之爭議。

三、至於 貴單位欲將委託廠商攝製之影音光碟上傳網站，是否涉及著作人之公開發表權一節，按將影音光碟上傳網站固屬著作「公開發表」方法之一，惟本法第 15 條規定，著作財產權人、被授權人、著作原件或重製物所有人行使權利時，即推定或視為著作人同意公開發表其著作。此外，著作如經第一次公開發表後，著作人對於此後之公開發表，亦不得再主張「公開發表權」。

第五節　經濟部智慧財產局民國 100 年 9 月 7 日電子郵件 1000907a 號函

一、按著作權法（下稱本法）之規定，著作係屬於文學、科學、藝術或其他學術範圍之創作，又依據我國司法實務之見解，認為拍攝人像之照片，如所拍攝之照片內無法察覺之所以選擇該照片拍攝之距離、角度有何特殊之考量，而於照片上所施之精神作用力甚低，則無法認為具有原創性，不符著作權法所稱攝影著作之要件，自不受本法所保護（請參考台北地方法院 83 年自字第 250 號刑事判決）。故來函所詢之大頭照是否具有原創性而屬於攝影著作，仍應由法院就具體個案事實認定之，尚難一概而論。如您係使用市面上的證件照自動販賣機拍攝大頭照，則該大頭

照僅係單純操作自動販賣機之結果而未具有原創性，非屬本法所稱之攝影著作，自無著作權之歸屬問題。又如大頭照係 您自己所拍攝或另行委託照相館拍攝，該等大頭照是否具有原創性而屬本法所稱之「著作」？應於實際個案具體予以判斷。

二、再者，如所詢之大頭照係屬本法所稱之著作，自受本法之保護，其著作權之歸屬，原則上歸實際完成創作之人所享有。**如係您出資聘請法人（照相館）完成之著作，應依本法第 11 條規定定其著作權歸屬，意即須視受聘公司與其員工攝影師（實際完成著作之人）間有無特別約定而定；如無約定者，以該員工攝影師（受雇人）為著作人，該大頭照之著作財產權則歸受聘公司（照相館）享有，而您須依本法第 36 條受讓取得該等著作之著作財產權或依第 37 條規定取得受聘公司之授權後，始得利用該大頭照。**

第六節　經濟部智慧財產局民國 100 年 8 月 12 日電子郵件 1000812 號函

一、貴公司請設計師設計圖案，並將所設計之圖案使用於拖鞋及 T 恤等商品一事，如該圖案具有原創性及創作性等要件，則為著作權法（下稱本法）所稱之著作，由該圖案之著作權人享有本法賦予之各項權利，如權利遭受侵害，著作權人並得依本法提起民、刑事救濟，先予敘明。

二、至**該圖案之著作權歸屬**，須視貴公司與設計師之關係而定。如設計師係**屬貴公司之員工，在未另以契約約定之下，由貴公司享有該圖案之著作財產權**，自得本於權利人之地位，對涉嫌侵權之人依法提起刑事告訴；**如設計師非屬貴公司之員工，而係由貴公司出資聘請設計圖案者，在未另以契約約定之下，該圖案之著作財產權歸設計師所有，貴公司並未取得著作財產權，僅得在出資目的範圍內利用該圖案，如有侵權情事發生，應由設計師或經其專屬授權之被授權人提起，而非貴公司。**

三、如貴公司擁有該圖案之著作財產權，可保留創作過程、發行及其他與權
　　利有關事項之資料，作為證明自身權利之依據，詳請參考本局「著作人
　　舉證責任及方法」宣導資料。又對該圖案之「重製」、「改作」及「散
　　布」，係著作財產權人專有之權利，如貴公司發現他人未經授權而擅自
　　為上述之行為，得在知有損害及賠償義務人二年起，或自侵權行為時起
　　十年內，得向行為人提出民事損害賠償，或在知悉行為人時起六個月
　　內，提起刑事告訴。建議您可檢具事證向保智大隊檢舉（檢舉專線：
　　0800-016-597，電子郵件帳號：yell@tipo.gov.tw）。

第七節　經濟部智慧財產局民國 100 年 3 月 22 日電子郵件 1000322c 號函

一、依您來函所提之情形，貴公司出資並欲取得設計公司所完成標誌圖案之
　　著作財產權一事，其著作財產權之法律關係，係先依據著作權法（下稱
　　本法）第 11 條之規定，由該設計公司與員工間決定該標誌圖案之著作人
　　及著作財產權之歸屬，再由設計公司依與貴公司間之契約約定，負有依
　　本法第 36 條之規定，讓與著作財產權予 貴公司，並使著作人承諾對 貴
　　公司不行使著作人格權之義務。相關契約文字究應如何表達，似可參考
　　政府採購合約之方式（如下附），斟酌實際情形增修以訂：

（一）貴公司與設計公司之著作權約定

　　　　　「依本合約完成之著作，乙方（即設計公司）應與其受雇人
　　　約定由乙方為著作人，並由乙方將著作財產權讓與甲方（即貴公
　　　司），乙方承諾對甲方不行使其著作人格權。乙方與其受雇人間
　　　約定著作人為乙方之約定書（詳如下（二））或其他證明文件，
　　　應於○○○前提交甲方收存。其新增成員部分，亦同。」

（二）該設計公司與其員工之著作人約定書

> 「立書人即受雇人○○○（以下簡稱丙方）受雇於乙方（即
> 設計公司），乙方爲履行與甲方（即貴公司）間「設計標誌圖案」
> 契約而由丙方職務上所完成之著作，雙方約定以乙方爲著作人，
> 由乙方享有著作人格權及著作財產權。」

二、復依本法第 21 條規定，著作人格權專屬於著作人本身，不得讓與或繼承，惟得約定不行使。另民法規定，權利能力、行為能力及自由均不得拋棄。如約定著作人放棄著作人格權者，是否有效，則另依民法相關規定予以判斷，併予敘明。

第八節　經濟部智慧財產局民國 99 年 10 月 25 日智著字第 09900104690 號函

有關 貴局欲將「小地方—臺灣社區新聞網」網站及 94 年 4 月 1 日至 99 年 12 月 31 日間於該網站所刊載之社區報導等，贈與民間團體所涉及之著作權問題，復如說明，請 查照。

一、復 貴局 99 年 10 月 18 日新授地一字第 0991520887 號函。

二、按一般網站涉及之著作權，在網頁建置方面，撰寫網頁之程式碼如係直接或間接使電腦產生一定結果爲目的所組成指令之組合者，即爲著作權法（下稱本法）所稱之「電腦程式著作」；而網頁在瀏覽器上呈現之內容，通常會包含文字資料（語文著作）、圖像檔案（美術、圖形或攝影著作）、超連結（不涉及著作權問題）及連續性的系列影像（視聽著作）等元素。至於社區報導，只要不是「單純爲傳達事實之新聞報導」，即得爲語文著作而受本法之保護。

三、貴局規劃將「小地方—臺灣社區新聞網」（經電洽 貴局承辦人回復略以，係指網站、網域名稱及網站上之內容）、94 年 4 月 1 日至 99 年 12 月 31 日間委託廠商建置之全國社區報導等，贈與民間團體一事，經檢視來函檢附之 94 年至 99 年「製作發行社區電子報」契約書及電請 貴局傳真之

94年網站建置契約書，貴局既經與廠商約定履約成果涉及之著作其著作權之歸屬，相關著作如為廠商完成者，依前開契約約定，貴局已取得該等著作之著作財產權，得本於著作財產權人之地位讓與他人，惟該網站之社區報導是否有履約廠商另行聘請他人完成者？宜再予釐清確認。至另涉及國有財產之處理事宜，因非屬本局主管業務，建請參照該主管機關之法令規定考量處理。

第九節　經濟部智慧財產局民國 99 年 8 月 23 日電子郵件 990823b 號函

一、按我國著作權法〈下稱本法〉所稱之「錄音著作」，係指「包括任何藉機械或設備表現系列聲音而能附著於任何媒介物上之著作」；又本法係採創作保護主義，除職務上完成之著作或出資聘人完成之著作，得另行約定著作權歸屬之外，著作人於著作完成時，即享有著作權〈參考本法第 10 條之規定〉，合先敘明。

二、依您來文所述，有關出資請錄音室或唱片公司進行錄音，所涉及錄音著作之著作權歸屬如何認定一節，分述如下：

（一）出資聘請自然人〈如錄音室〉進行錄音之部分

依本法第 12 條規定，出資聘請他人〈自然人〉完成之著作，若有約定著作人或著作財產權之歸屬時，從其約定；若未約定著作人及著作財產權之歸屬，則以該受聘人為著作人，並享有該著作之著作財產權。惟出資人可在出資之目的範圍內利用該著作，出資人並非當然因其出資而享有著作財產權。

（二）出資聘請法人〈如唱片公司〉進行錄音之部分

於此種情形，所完成的著作之著作權歸屬，則應依本法第 11 條規定，視該唱片公司與其員工〈實際完成錄音之人〉有無特別

約定而定；若無約定，以該員工（受雇人）爲著作人，惟該著作之著作財產權則歸該公司享有。是以，出資人除另依本法第36條受讓取得該錄音著作之著作財產權，或依本法第37條取得該唱片公司之授權而得合法利用外，擅自利用他人錄音著作之行爲，將構成侵害著作財產權之行爲，而有民、刑事責任。

三、至所詢「由唱片公司或錄音室向詞曲作者買歌再錄製」一節，按曲譜、歌詞等係屬「音樂著作」之範疇，唱片公司或錄音室可與詞曲之著作財產權人約定，取得將該「音樂著作」重製（含錄音）等之授權〈參考本法第37條之規定〉後，再錄製成「錄音著作」（如CD等）。是以，有關「錄音著作」所產生之著作權歸屬的問題，就唱片公司部分，則依本法第11條之規定，視其與員工〈實際完成錄音之人〉有無約定而定；就個人工作室而言，因其係實際完成著作之人，依本法第10條規定，自其創作完成時即享有著作權。

第十節　經濟部智慧財產局民國98年7月15日電子郵件980715a號函

一、依著作權法（簡稱本法）規定，著作人於著作完成時享有著作權，其包括著作人格權及著作財產權，惟如有本法第11條（僱佣關係）、第12條（聘任關係）之情形，始可約定以非實際創作著作之人爲著作人，進而享有著作人格權及著作財產權，先予敘明。

二、來函所述，如受託人爲法人者，政府機關（委託人）委託其所完成之成果是否可依本法第12條規定「於契約中約定機關爲著作人，享有著作人格權及著作財產權」，謹說明如下：

（一）按出資聘請法人完成之著作，因並非由法人實際創作而係該法人之「職員」所創作完成，故就該著作之著作權之約定，並無從依本法第12條之規定，直接約定以出資人爲著作人或其享有著作財

產權，而係先依本法第 11 條規定，視該法人與職員之間就著作人或著作財產權有無特別約定，如無特別約定，則該職員（受僱人）就其職務上完成之著作爲著作人，其著作財產權歸該職員所任職之法人（僱用人）享有。最後，再由該公司依本法第 36 條或第 37 條之規定，將該著作之著作財產權讓與或授權予出資人後，出資人始取得該著作之著作財產權或被授權人之地位，進而合法利用該著作。惟有關著作人格權之部分，依本法第 21 條之規定，不得讓與或繼承，但得約定不行使，故爲避免侵害該著作之著作人格權，出資人尙須與法人（著作人）約定著作人格權不行使之約款。

（二）因此，政府機關欲出資聘請法人完成著作時，有關著作權歸屬之約定，本局均建議各機關與該法人約定，由該法人與其職員依本法第 11 條第但書約定，由該法人爲著作人（同時取得著作人格權及著作財產權），該法人再依本法第 36 條或第 37 條之規定，讓與或授權予該政府機關，同時該法人並應承諾不行使著作人格權，明確雙方之著作權法律關係，併予敘明。

第十一節　經濟部智慧財產局民國 97 年 5 月 9 日電子郵件 970509a 號函

一、有關網頁涉及之著作權問題，區分「網頁建立」、「網頁內容」討論如下：

（一）網頁建立：經查網頁實際是一個文件，經由網址（URL）來識別與存取，並通過瀏覽器解釋網頁內容並據以呈現出網頁畫面，通常是以 HTML 格式撰寫。

1. 可能是電腦程式著作：網頁文件如果具備「原創性」（著作人自己的創作）及「創作性」（具備一定「創作高度」），且屬直接或間接使電腦產生一定結果爲目的所組成指令組合

者，得成為電腦程式著作而受著作權法（下稱本法）保護。因此，不論以何種電腦程式語言寫成，亦不論其是以原始碼（sourcecode）還是目的碼（objectcode）呈現，也不論它儲存在何種媒介物上，只要它是「直接或間接使電腦產生一定結果為目的所組成指令組合」，就受到著作權法之保護。

2. 然而，要注意的是，「程式描述」（如電腦程式尚未寫成原始碼之前設計階段所製作的流程圖、程式架構和程式內容的說明）或「支援電腦程式的輔助文件」（如電腦程式使用手冊和其他說明文件）等，不會歸類為電腦程式著作，而可能會以語文著作、圖形著作保護之。

3. 此外，用來撰寫電腦程式所用的程式語言（像 COBOL、BASIC、FORTRAN、C++、JAVA）、程式語言用法上的規則和程式演算法（program algorithm）等，由於都不是「直接或間接使電腦產生一定結果為目的所組成指令」，所以並非電腦程式著作，併予敘明。

（二）網頁內容：網頁通常在瀏覽器上會以文字資料（語文著作）、圖像檔案（美術、圖形或攝影著作）及超連結（不涉及著作權問題）等元素呈現。至於電腦螢幕上顯示出的系列影像（也就是連續的電腦螢幕畫面）則會被歸類為視聽著作。

二、依來函所稱您為某公司製作之網頁，如符合上述說明者，依本法第 10 條規定，您在著作完成時即取得各該著作之著作權（包括著作人格權及著作財產權），某公司除有著作權法第 44 條至第 65 條之合理使用情形外，未經您的同意，不得擅自改作或為其他著作權法所定之利用。但是您在製作該網頁時如為某公司聘僱之員工，得由僱傭雙方約定著作權之歸屬；雙方未約定時，原則上以受雇人為著作人，著作財產權則歸雇主享有；此時對於該網頁之修改除非損及您的名譽外（請參考著作權法第 17 條規定），否則某公司之修改（改作行為）應屬合法。

三、至於某公司取消您的網站超連結及管理權限等節，尚與著作權法無涉，本局歉難提供意見。

第十二節　經濟部智慧財產局民國 95 年 8 月 28 日電子郵件 950828c 號函

一、著作權法（下稱本法）第 11 條規定：「受雇人於職務上完成之著作，以該受雇人爲著作人。但契約約定以雇用人爲著作人者，從其約定。依前項規定，以受雇人爲著作人者，其著作財產權歸雇用人享有。但契約約定其著作財產權歸受雇人享有者，從其約定。」本法第 12 條規定：「出資聘請他人完成之著作，除前條情形外，以該受聘人爲著作人。但契約約定以出資人爲著作人者，從其約定。依前項規定，以受聘人爲著作人者，其著作財產權依契約約定歸受聘人或出資人享有。未約定著作財產權之歸屬者，其著作財產權歸受聘人享有。依前項規定著作財產權歸受聘人享有者，出資人得利用該著作。」是以，有關投標商參與投標之設計圖，在合約未規定之前提下，於得標後之著作權歸屬問題，說明如下：

（一）**得標商如爲自然人者**，依本法第 12 條規定，以該受聘人（投標商）爲著作人，並享有該著作之著作財產權，但出資人（招標機關）得利用該著作。

（二）**得標商如爲法人**，而該設計圖係由該法人之內部員工完成者（屬雇用關係），則該法人及其員工應依本法第 11 條規定，就完成之著作定其著作人及著作財產權人之歸屬，出資人則需經由著作財產權之讓與或授權關係而利用該著作。

二、又本法第 10 條規定，依本法取得之著作權，其保護僅及於該著作之表達，而不及於其所表達之思想、程序、製程、系統、操作方法、概念、原理、發現。得標商參考機關招標文件草圖所設計出的詳細設計圖，或

依機關意見修正的設計圖，如係利用該招標文件草圖之架構、原理，或依據機關設計概念的指引，而另為創作，則該設計圖得以獨立之著作保護之，其著作人及著作財產權之歸屬，請參考前述說明。

第十三節　經濟部智慧財產局民國 95 年 7 月 18 日電子郵件 950718b 號函

一、依著作權法（以下稱本法）規定，除職務上完成之著作或出資聘人完成之著作外，著作人於著作完成時享有著作權。於職務上完成之著作及出資聘人完成之著作，當事人亦得約定著作人，如無約定，則以受雇人或受聘人為著作人，如有約定著作人之情形，亦限於約定以當事人為著作人，例如約定以雇用人或出資人為著作人，不得約定當事人以外之第三人為著作人。**又出資聘人關係之「受聘人」，如為自然人，固可依本法第 12 條規定，定其著作人及著作財產權人之歸屬，如為法人，則該法人與其內部之員工係屬雇用關係，其完成之著作應依本法第 11 條規定（有關職務上完成之著作），定其著作人及著作財產權人之歸屬，至出資人得依著作財產權之讓與或授權關係而利用該著作，合先敘明。**

二、來函稱 貴工程司受業主委託辦理工程技術委託案，並依約定將部分受託工作分包予其他下包商，分包契約中得否約定契約外第三人（如業主）為分包契約工作之著作人一節，依上開條文規定，該分包商如係為自然人，則 貴工程司自可與其約定，由 貴工程司為著作人，並將該分包著作之著作財產權讓與業主，並承諾對該業主不行使著作人格權。 惟倘該分包商係法人，則 貴工程司應與其約定，由該法人與其職員約定由法人為著作人，並將該分包著作之著作財產權讓與業主，且承諾對業主不行使著作人格權。但如約定以業主為分包契約成果之著作人，則與本法創作之人為著作人之規定不符，該業主無法依該項約定被認定為著作人。

第十四節　經濟部智慧財產局民國 91 年 2 月 18 日（91）智著字第 0910000187 號函

一、復 貴所九十一年一月三日（九一）工研光企字第○○七九號函。

二、按著作權法（以下稱本法）第三條第一項第一款規定：「著作：指屬於文學、科學、藝術或其他學術範圍之創作。」而第五條第一項各款著作內容例示就著作之類別及其內容有詳細之規定，是創作如符合上述規定，且無本法第九條第一項所定不得為著作權標的之情形，著作人於著作完成時即享有著作權。專利說明書之內容或說明，如符合本法上述規定及說明，即受著作權法保護，不因其是否於本局發行之專利公報內公告或獲得專利證書與否而有不同。所詢問題一、二有關申請人向本局申請之專利說明書有無受我國著作權法保護，是否會因其被公告或獲證與否而有不同法效等疑義，請參酌上述說明。

三、另按本法第十條規定：「著作人於著作完成時享有著作權。但本法另有規定者，從其規定」，又專利法第七十六條規定：「發明專利權之核准、變更、延長、延展、讓與、信託、授權實施、特許實施、撤銷、消滅、設定質權及其他應公告事項，專利專責機關應刊載專利公報。」本局將專利說明書及其圖式登載於專利公報上，係依據上開專利法規定辦理，並未因此公告而取得該專利說明書及其圖式之著作權，其著作權依本法第十條規定，原則上仍屬各該撰寫專利說明書及其圖式之人所享有。至該「專利公報」上關於專利權之公告因屬公文書之一種，依本法第九條第一項第一款規定，並不得為著作權之標的。所詢問題三有關專利公告是否受保護及專利說明書及其圖式之著作權歸何人所享有等疑義，請參酌上述說明。

四、又「受雇人於職務上完成之著作，以該受雇人為著作人。但契約約定以雇用人為著作人者，從其約定。依前項規定，以受雇人為著作人者，其著作財產權歸雇用人享有。但契約約定其著作財產權歸受雇人享有者，

從其約定。前二項所稱受雇人，包括公務員。」「出資聘請他人完成之著作，除前條情形外，以該受聘人爲著作人。但契約約定以出資人爲著作人者，從其約定。依前項規定，以受聘人爲著作人者，其著作財產權依契約約定歸受聘人或出資人享有。未約定著作財產權之歸屬者，其著作財產權歸受聘人享有。依前項規定著作財產權歸受聘人享有者，出資人得利用該著作。」本法第十一條及第十二條分別定有明文。專利權人出資委託專利事務所撰寫之專利說明書：

（一）**如係由受聘專利事務所之員工所完成**，而無特別約定者，依第十一條規定應以該受雇之員工爲著作人，其著作財產權歸雇用人即專利事務所享有，專利權人僅得依本法第三十六條或第三十七條，自專利事務所受讓著作財產權或取得著作財產權之授權，始得利用該專利說明書，尚無本法第十二條第三項之利用可能。

（二）**如其爲專利事務所負責人自行完成時**，若無特別約定而依第十二條由完成專利說明書之受聘人即專利事務所負責人爲著作人，並享有著作財產權者，專利權人得依本法第十二條第三項利用該專利說明書，至其利用方式與範圍，本法並無限制。

（三）所詢問題四有關專利權人出資委託專利事務所撰寫專利說明書而無特別約定時，可依本法第十二條第三項作如何利用一節，請參酌上述規定及說明。

五、所詢問題五關於向美國專利局申請之專利說明書或已被刊載於美國專利公報者，有無受美國著作權保護，該著作權之歸屬如何，有無類似我國著作權法第十二條第三項之約定一節，因非本局職掌，歉難答復。

第十五節　經濟部智慧財產局民國 90 年 8 月 2 日（90）智著字第 0900006824 號函

所詢有關如何對印刷品主張著作人格權之行使以維護機關及廠商權益之

疑義一案,復如說明,請 查照。

說明:

一、依 貴局九十年七月十二日傳真及電話聯繫辦理。

二、按著作權法(下稱同法)著作權法第三條第一項第一款及同法第五條第一項對著作之定義及其種類已有明定,因此完成之作品,如合於上述規定,且無同法第九條不得爲著作權標的之情形,即依同法第十條本文之規定享有著作權,復按同法第十一條及第十二條分別規定:「受雇人於職務上完成之著作,以該受雇人爲著作人。但契約約定以雇用人爲著作人者,從其約定。依前項規定,以受雇人爲著作人者,其著作財產權歸雇用人享有。但契約約定其著作財產權歸受雇人享有者, 從其約定。前二項所稱受雇人,包括公務員。」「出資聘請他人完成之著作,除前條情形外,以該受聘人爲著作人。但契約約定以出資人爲著作人者,從其約定。依前項規定,以受聘人爲著作人者,其著作財產權依契約約定歸受聘人或出資人享有。未約定著作財產權之歸屬者,其著作財產權歸受聘人享有。依前項規定著作財產權歸受聘人享有者,出資人得利用該著作。」又出資聘請他人所完成之著作,如該受聘人係法人(如公司)時,則所完成著作之著作人爲孰?需視該受聘公司與其受雇人有無依同法第十一條第一項但書規定約定以受聘公司(即雇用人)爲著作人而定,如有,該受聘公司即爲該著作之著作人,於著作完成時即享有著作權(包括著作人格權及著作財產權);如否,該受聘公司之受雇人即爲該著作之著作人。出資人如欲成爲該著作之著作財產權人,僅得依同法第三十六條之規定,約定受讓該著作之著作財產權,否則,出資人若欲利用該著作,應依同法第三十七條之規定,由該著作之著作財產權人授權其利用。是前述 貴局招商設計之專用信封、信紙及文宣袋如係受著作權法保護之著作,其著作人之認定、著作財產權之歸屬與著作之利用範圍等疑義,請參考上述說明。

三、又若系爭專用信封、信紙及文宣袋係屬受著作權法保護之著作,著作權

法第二十一條明定著作人格權專屬於著作人本身，不得讓與或繼承。又「公開發表」雖同法第十五條明定爲著作人享有之著作人格權，惟依該條第二項第一款規定：「著作人將其尚未公開發表著作之著作財產權讓與他人或授權他人利用時，因著作財產權之行使或利用而公開發表者。」推定著作人同意公開發表其著作，則 貴局因受讓著作財產權或被授權利用該著作而公開發表該著作時，除有特別禁止之約定外，並非法所不許，至於 貴局如認爲該廠商不宜在單位出資後，因公開發表本案相關著作而獲取廣告上或其他無法詳估之利益，則應於契約中明定之。

第十六節　經濟部智慧財產局民國 89 年 5 月 30 日（89）智著字第 89004285 號函

二、按「受雇人於職務上完成之著作，以該受雇人爲著作人。但契約約定以雇用人爲著作人者，從其約定。依前項規定，以受雇人爲著作人者，其著作財產權歸雇用人享有。但契約約定其著作財產權歸受雇人享有者，從其約定。」「出資聘請他人完成之著作，除前條情形外，以該受聘人爲著作人。但契約約定以出資人爲著作人者，從其約定。依前項規定，以受聘人爲著作人者，其著作財產權依契約約定歸受聘人或出資人享有。未約定著作財產權之歸屬者，其著作財產權歸受聘人享有。依前項規定著作財產權歸受聘人享有者，出資人得利用該著作。」「著作財產權得全部或部分讓與他人或與他人共有。著作財產權之受讓人，在其受讓範圍內，取得著作財產權。著作財產權讓與之範圍依當事人之約定；其約定不明之部分，推定爲未讓與。」**分別爲著作權法（以下稱本法）第十一條第一、二項、第十二條及第三十六條所明定，先予敘明。**

三、來函稱甲公司擬請乙公司完成一多媒體簡報，並擬約定以乙公司爲著作人，其著作權讓與甲公司，乙公司並承諾不行使著作人格權，則所詢問題分述如后：

（一）關於問題一「爾後該多媒體簡報系統如部份內容需更新，可否逕請丙公司修改？是否需乙公司同意？法源依據何在？」一節：本案情形受聘人（乙公司）為法人，如欲成為著作人者，即應依本法第十一條第一項但書規定，由該法人（乙公司）與其職員對職務上完成之著作，約定以受聘人（乙公司）為著作人享有著作人格權及著作財產權，出資人（甲公司）再依本法第三十六條規定受讓該多媒體簡報之著作財產權，又受聘人（乙公司）已承諾不行使著作人格權，是出資人（甲公司）自得於承諾約定範圍內逕請第三人對該多媒體簡報修改，至雙方當事人約定「不行使著作人格權」涵義如何，應依雙方約定之具體內容認定之。

（二）關於問題二「該多媒體簡報可否直接約定以本公司（甲）為著作人，同時擁有著作人格權及著作財產權？法源依據何在？」一節：本案受聘人（乙公司）既必須先依本法第十一條第一項但書規定與其受雇人約定而成為著作人，出資人（甲公司）即無從再適用第十二條第一項但書規定約定而成為著作人。

第四章　著作人格權問題

第一節　著作人格權之歸屬是否得約定？著作人格權得
　　　否約定不行使？

第一項　經濟部智慧財產局民國 95 年 8 月 25 日電子郵件 950825 號函

一、依著作權法（以下稱本法）第 12 條規定，得為著作人或著作財產權之人，以出資人或受聘人為限。因此，依本法第 12 條約定著作財產權之歸屬時，並無約定以出資人及受聘人以外之第三人為著作財產權人之空間。

第二項　最高法院 99 年度台上字第 481 號民事判決

　　按著作權法第三條第一項第二款規定著作人指創作著作之人。同法第一條後段規定本法未規定者，適用其他法律之規定，而依民法第一編總則、第二章人之相關規定，「人」係包括自然人（第一節）及法人（第二節），且著作權法第三條第一項第二款所稱著作人並無排除法人之規定，則自然人及法人自均得為著作人，洵無疑義。又依著作權法第十條規定著作人於著作完成時，享有著作權。但本法另有規定者，從其規定。同法第十一條及第十二條就雇用或出資聘請他人完成著作之著作人為何人及著作財產權之歸屬，即設有特別規定，原則上以受雇人或受聘人為著作人，例外得以契約約定雇用人或出資人為著作人。如以受雇人為著作人者，除契約另有約定著作財產權歸受雇

人享有外，其著作財產權歸雇用人享有。如以受聘人為著作人者，其著作財產權之歸屬依契約之約定，未約定者，其著作財產權歸受聘人享有，但出資人得利用該著作。因之，**雇用或出資聘請他人完成著作之情形，均非不得以契約約定著作人、著作權人及著作財產權之歸屬**。原審基此見解，以上訴人為訴外人尚億國際事業有限公司（下稱尚億公司）之負責人（董事長），代表該公司與被上訴人財團法人紡織產業綜合研究所（原名財團法人中國紡織工業研究中心，下稱紡研所）簽訂委託研究開發契約，其中第一條、第二條及第六條約定由尚億公司接受紡研所之委託，負責拍攝以台灣地區之自然景觀、人文、現代建築為主題之攝影作品，紡研所則負責出資匯入尚億公司帳戶，第七條並約定有關作品之所有權、專利權、著作權及其他智慧財產權均歸屬尚億公司所有，紡研所擁有計畫執行期間（民國九十二年四月一日至同年十二月三十一日）共計九個月，及執行後之二十四個月（九十三年一月一日至九十四年十二月三十一日）之攝影作品及台灣人文藝術創作之作品使用權等情，認系爭攝影著作之著作人及著作權人均為尚億公司，非上訴人個人，上訴人主張其為系爭攝影著作之著作人及著作權人，被上訴人侵害其著作財產權，即屬無據，經核並無違背法令之情形。

第三項　經濟部智慧財產局民國 95 年 9 月 18 日電子郵件 950918 號函

一、依著作權法（下稱本法）第 21 條規定：「著作人格權專屬於著作人本身，不得讓與或繼承。」依前揭規定，著作人格權具一身專屬性，屬於著作人本身，故不得讓與或繼承。至所謂「不行使著作人格權」係指不行使著作權法第 15 條至第 17 條所規定之權利，並非指著作人不得享有前述權利，**故著作人約定不行使著作人格權時，契約之一方當事人如有未經他方之著作人同意而公開發表、表示或不表示著作人之姓名或改變著作之內容、形式及名目等行為時，因著作人對該當事人已約定不行使其著作人格權，自不得向該當事人主張著作人格權之侵害，自亦不得依著作權法第 6 章、第 7 章規定請求救濟或訴請科刑處罰。由於著作權性**

質上係屬私權，基於契約自由原則，當事人間是否約定著作人不行使其
著作人格權，應尊重雙方之約定。

二、來函稱甲方（行政機關）接受第三者（行政機關）出資，由甲方委託乙
　　方（公立學術機構）進行專案研究，契約中明訂著作財產權歸甲所有，
　　乙方保有著作人格權；又該研究報告之版權歸屬為研究報告編印成輯
　　（含光碟）後其著作由第三者及甲方共同擁有，詢及出資之第三者是否
　　具有修改研究報告之權利乙節。茲依所述，應係指甲方與第三者共同擁
　　有系爭研究報告之著作財產權，可能區分以下情形：

　　（一）如甲（政府機關）與第三者（政府機關）隸屬同一行政主體之法人
　　　　　（如同屬中央政府或同一地方自治團體）者，甲與第三者均屬為
　　　　　該行政主體行使特定權限、管理特定財產之行政機關，系爭研究
　　　　　報告之著作財產權歸屬其所屬之法人，而非該政府機關甲，僅係
　　　　　由甲為系爭著作財產權之管理，甲與第三者間並無著作財產權之
　　　　　讓與或授權問題。至第三者得否對系爭研究報告進行修改乙節，
　　　　　實務上，第三者或基於財產管理上之行政權限劃分，洽請管理之
　　　　　甲機關協助處理或予同意，惟此種情形並非著作權法所規定之讓
　　　　　與或授權。

　　（二）如甲方（政府機關）與第三者（政府機關）非隸屬同一行政主體
　　　　　之法人者，亦即有2個公法人存在時，此時，因系爭研究報告之
　　　　　著作財產權係由甲所屬之公法人取得，其是否同意由第三者及其
　　　　　所屬之公法人修改著作，端視管理者甲是否代其所屬之公法人授
　　　　　權第三者改作而定。惟如經管理者甲授權改作該項著作，而第三
　　　　　者對所為之改作行為另涉及著作人格權之侵害，復別無與著作人
　　　　　約定不行使著作人格權之情事時，該第三者所屬之公法人仍應負
　　　　　侵害著作人格權之民、刑事責任。

　　（三）至所詢「著作由第三者及甲方共同擁有，且研究經費係該第三者
　　　　　全部支付，該第三者是否具有修改研究報告之權利？」乙節，如

該第三者與甲方係隸屬同一公法人，則著作財產權歸屬該公法人享有，不生第三者與甲方共有著作財產權之問題。此時，第三者可否修改，請參照上述（一）之說明。如該第三者與甲方非隸屬同一公法人，則出資聘人契約之當事人為甲方所屬之公法人與乙方，縱使研究經費實際係由該第三者全部支付，惟第三者既非契約當事人，自不可能依契約對該著作取得著作財產權或法定利用權，尚無任何修改該著作之權利可言。其欲修改者，仍應徵得管理者甲之授權。

第二節　職務著作未得著作權人同意是否可公開發表？

經濟部智慧財產局民國 95 年 4 月 26 日電子郵件 950426b 號函

一、依現行著作權法規定，**受雇人於職務上所完成之著作，原則上，以受雇人為著作人。但是，如果以契約約定由雇用人為著作人時，從其約定。不過，在以受雇人為著作人時，該受雇人僅享有著作人格權而已，其著作的著作財產權仍歸雇用人享有（除非特別約定歸受雇人享有）。又同法規定，由雇用人自始取得尚未公開發表著作之著作財產權者，因其著作財產權之讓與、行使或利用而公開發表者，視為著作人同意公開發表其著作。**

二、茲就函詢公司勞動契約條款略以：員工於任職期間所有一切業務上之創作，歸公司所有，未經公司書面同意，不得擅自對外使用或發佈，非經公事須要亦不得任意複製、拷貝等語觀之，除非員工已事先得到公司書面同意可以個人名義對外發表文章或由其授權給出版社，否則，皆須由公司直接與出版社洽談授權事宜（亦即公司員工並沒有行使這項授權的權能）。

三、上述為行政機關之意見，僅供參考。由於著作權係屬私權，本案有關著作人之認定、著作財產權的歸屬、及有無約定不行使著作人格權等等，

勞資雙方如發生爭議，應由司法機關依具體個案調查事實，適用法律，才能為最終之認定。

第三節 著作人為自然人仍生存或法人存續時，著作人格權該如何行使？

第一項 經濟部智慧財產局民國 99 年 1 月 29 日電子郵件 990129b 號函

一、以下謹就您來函所詢疑義，說明如下：

（一）內政部 87 年 8 月 28 日台（87）內著字第 8705042 號函係配合當時著作權法第 11 條及第 12 條修正，針對政府機關委託研究、開發案件之著作權歸屬問題所擬之合約參考範例，按該等條文規定在現行著作權法並未變更，上述前內政部函釋目前仍可適用。又該函所揭示之參考範例，亦已納入本局 95 年 12 月編印之「政府委託案著作權問題處理守則」之宣導資料中，請 參酌。

（二）按著作權法（下稱本法）第 21 條規定，著作人格權專屬於著作人本身，不得讓與或繼承。即著作人格權具一身專屬性，屬於著作人本身，故不得讓與或繼承。至在委託他人完成著作之合約中所謂「不行使著作人格權」，係指不行使本法第 15 條至第 17 條所規定之權利，並非指著作人不得享有前述權利，因此，來函所述之乙方（即受任人）雖仍享有本法第 16 條所定，表示其本名、別名或不具名之姓名表示權，惟依據雙方合約中「乙方不行使著作人格權」之約定，甲方（委任人）縱未於著作公開時冠乙方之名稱，或甲方在公開發表著作時冠以甲方之名稱，因乙方已同意不向甲方主張姓名表示權，故甲方

之行為不構成侵害乙方之著作人格權。惟就甲方在公開發表著作時冠以甲方之名稱一節，是否會構成民法所定之侵權行為而應負損害賠償責任，或刑法所定之偽造文書罪而有刑事責任，則須予以考量。

第二項　經濟部智慧財產局民國 98 年 7 月 23 日電子郵件 980723 號函

一、有關問題一網頁著作權之部分，區分「網頁建立」和「網頁內容」兩部分，請參考本局 97 年 05 月 09 日電子郵件 970509a 說明。

二、有關著作權歸屬，依本法第 11 條規定，由設計公司與其受雇之員工約定著作人與著作財產權歸屬，如未約定，則受雇人為著作人，著作財產權歸設計公司即雇用人享有；此時，如您欲取得著作財產權，則須與設計公司或其員工約定由其讓與著作財產權與 您，但著作人格權專屬於著作人本身，不得讓與之。

三、網頁完成後於網路上供他人使用，不影響著作人和著作財產權人之權利，又如欲標明著作權歸屬，因其並無一定之內容、方式，惟建議可參考下述格式「（著作人名稱）王美文著作權所有？2009（最初發行年份）」。

四、有關 您免責聲明之內容是否有效，因其非屬本局之業務範圍，未便表示意見。

五、因著作權係屬私權，在具體個案中遇有爭議時，應由司法機關就個案之具體事實予以審認。以上說明，請參考著作權法第 11 條、第 21 條規定。

第三項　經濟部智慧財產局民國 98 年 7 月 15 日電子郵件 980715a 號函

一、依著作權法（簡稱本法）規定，著作人於著作完成時享有著作權，其包括著作人格權及著作財產權，惟如有本法第 11 條（僱傭關係）、第 12

條（聘任關係）之情形，始可約定以非實際創作著作之人爲著作人，進而享有著作人格權及著作財產權，先予敘明。

二、來函所述，如受託人爲法人者，政府機關（委託人）委託其所完成之成果是否可依本法第 12 條規定「於契約中約定機關爲著作人，享有著作人格權及著作財產權」，謹說明如下：

（一）按出資聘請法人完成之著作，因並非由法人實際創作而係該法人之「職員」所創作完成，故就該著作之著作權之約定，並無從依本法第 12 條之規定，直接約定以出資人爲著作人或其享有著作財產權，而係先依本法第 11 條規定，視該法人與職員之間就著作人或著作財產權有無特別約定，如無特別約定，則該職員（受雇人）就其職務上完成之著作爲著作人，其著作財產權歸該職員所任職之法人（雇用人）享有。最後，**再由該公司依本法第 36 條或第 37 條之規定，將該著作之著作財產權讓與或授權予出資人後，出資人始取得該著作之著作財產權或被授權人之地位，進而合法利用該著作。惟有關著作人格權之部分，依本法第 21 條之規定，不得讓與或繼承，但得約定不行使，故爲避免侵害該著作之著作人格權，出資人尚須與法人（著作人）約定著作人格權不行使之約款。**

（二）因此，政府機關欲出資聘請法人完成著作時，有關著作權歸屬之約定，本局均建議各機關與該法人約定，由該法人與其職員依本法第 11 條第但書約定，由該法人爲著作人（同時取得著作人格權及著作財產權），該法人再依本法第 36 條或第 37 條之規定，讓與或授權予該政府機關，同時該法人並應承諾不行使著作人格權，明確雙方之著作權法律關係，併予敘明。

第四節　著作人為法人消滅／解散登記時，著作人格權該如何行使？

經濟部智慧財產局民國 98 年 6 月 16 日智著字第 09800047860 號函

一、有關 貴局委請誠松企業有限公司（下稱誠松公司）設計評鑑標識圖樣，屬出資聘請法人完成之著作，其歸屬應依著作權法（下稱本法）第 11 條雇用著作規定定之，亦即該設計圖如係誠松公司內部員工（屬雇用關係）職務上完成之著作，原則上以該受雇員工爲著作人，著作財產權歸誠松公司享有（除非雙方另有約定），同時不論該著作之著作人及著作財產權歸屬，貴局（出資人）均需經由著作財產權之讓與或授權關係始得利用該著作。因此，貴局得否依該圖樣製作實體標識並申請商標登記後，發給旅館業者懸掛一節，仍需視 貴局與該公司之合約是否就該著作之讓與或授權有所約定而定，如未約定者，貴局仍須向著作財產權人取得授權後，始得利用之。

二、復依 貴局來函附件所載，**誠松公司目前業經「解散」登記**，則依本法第 30 條第 1 項及第 42 條第 2 款等規定，公司享有之著作財產權於解散登記後，只要仍在著作財產權存續期間內，仍應受本法之保護，至於該等著作財產權之歸屬，須視該公司於解散後依合併、分割、破產或清算之程序中有無著作財產權之承受或讓與而定之。**同時該等著作財產權在存續期間屆滿前，只有在公司（法人）人格消滅後，其著作財產權依法應歸屬於地方自治團體者，其著作財產權才會消滅，併予敘明。**

第五章　特殊案例

第一節　職務著作是否得事後約定？

最高法院 92 年度台上字第 5731 號刑事判決

依八十七年一月二十一日修正之著作權法第十一條第一項前段及第二項規定，受雇人職務上完成之著作，以受雇人爲著作人者，其著作財產權原則上歸雇用人享有，則雇用人本於著作財產權人之地位，自得專有行使其權利（此際，受雇人僅享有著作人格權）；但契約約定其著作財產權歸受雇人者，其著作財產權歸受雇人享有，則雇用人如欲利用該著作，即須取得受雇人（即著作財產權人）之授權。此項契約約定不以書面爲必要，口頭亦可，無論明示或默示，均可成立。查上訴人主張前揭電路圖之圖形著作，係於八十七年三月間指示當時之受雇人梁宇和研發架設電腦區○○路之配線面板，就該配線面板內一印刷電路板所設計之電路佈局圖，該電路圖之圖形著作乃其受雇人梁宇和於職務上完成之著作，依著作權法第十一條第一項前段規定，該圖形著作之著作人爲梁宇和。**上訴人雖謂依著作權法第十一條第二項前段規定，該圖形著作之著作財產權應歸其享有，但依梁宇和八十八年二月一日出具予上訴人之授權書及梁宇和在第一審之供證，均主張該著作財產權歸梁宇和享有**，其僅將所繪製之電路板圖形著作授權予上訴人使用，此觀該授權書記載：「本人梁宇和（身份證字號：略）同意將 pcb/pl /3pc 板之使用權，授與合利展公司（統一編號：略。負責人康永和，身份證字號：略）製造生產，圖形如附件（略）。如若合利展公司有違反任何法律事件，或未經本人同意，將其轉賣他人，或結束營業，或公司重整，以上有任何一件發生，本人將收回其所有權利。授權人：梁宇和（簽章）。合利展有限公司負責人康永和（簽章）」

等情自明。且依自訴意旨所載，上訴人亦係主張「梁宇和將該著作之著作財產權授與自訴人使用」，基於梁宇和授權其使用上開著作財產權之被授權人地位，以其被授權之權利遭被告侵害爲由提起本件自訴，並非本於其自己係「著作財產權人」被害而自訴甚明。再者，**梁宇和於第一審經訊以：「你是 pcb/pl /3pc 板之著作權人？」「著作權是誰的？」時，均據分別證稱：「是的。」「是我的。」**等各語；嗣經辯護人詰問：「你曾與自訴人簽了一份授權書，自內容看，pc 板授權予自訴人生產，除此之外，你有無授權第三人或自己生產？」，梁宇和則證稱：「我還可以授權別人做。我沒讓自訴人獨家生產。」（見一審卷第四一頁、第四三頁、第五二至五三頁），**顯見梁宇和均供證上開圖形著作之著作財產權歸其享有，及由其授權上訴人使用無訛。**又該授權書約定梁宇和得在一定條件成就下，終止對上訴人之前開授權，尤徵上開圖形著作之著作財產權係約定歸梁宇和享有而授權上訴人利用。苟謂上訴人原本即享有著作財產權，則梁宇和又何來授權及收回該項授權？**況著作財產權爲無體財產權，爲資產之一部分，上訴人既以量產上開電路圖 pc 板爲業，倘上開圖形著作之著作財產權歸自訴人公司所有，當屬公司營業重要之資產，則公司股東退股時，自應將此著作財產權價值計算在公司資產內，而依各股東持有之股份或出資額比例結算之。**然就股東拆夥，公司財產如何結算一節，則經梁宇和於原審供稱：「以現值結算。pc 板沒有算在內。結算公司財產包括機器設備、模具、現金、應收應付帳款。pc 板著作權沒有計算在公司應結算之資產範圍內」等語（見更（一）卷第六四頁），亦足徵上開圖形著作之著作財產權原本即屬於梁宇和享有，而僅止於授權予上訴人使用而已。至上訴人提出之「合利展有限公司及和發達有限公司九十年八月二日股東會（紀錄）」影本，其決議第三項雖記載略以「康永和爲股東之（另一）公司有權使用上開 pc 板，但須每年支付權利金給合利展有限公司或和發達有限公司，或（原記載爲「轉交」，又刪除）梁宇和新台幣（下略）」，僅係證明上開圖形著作之著作財產權得由上訴人再授權，或由梁宇和授權予康永和所組擔任股東之公司使用（依股東會紀錄，梁宇和得授權其他公司利

用上開著作之情形，更足以證明其享有著作財產權），並不足以作為上訴人享有前揭著作財產權之有利認定。雖嗣後上訴人代表人梁宇和在原審更審時翻異前詞，改稱其係著作人，但著作財產權歸上訴人，其係「因為當時不懂法律，且有幾個同學合夥組公司，為了互信，避免自己人拆夥出去開公司使用 pc 板，所以（將自己獨立開發之電路圖）簽此份授權書給合利展公司使用」云云，暨上訴人之選任辯護人指稱：上開授權書目的在避免經營股東分歧，而非就著作財產權之歸屬為約定等，均與梁宇和在未擔任上訴人之代表人之前，於第一審之證述及授權書明白記載之事項悉不相侔，顯非可取。**又證人康永和證稱，當初沒有約定著作財產權歸公司還是私人，其不清楚簽授權書時，著作財產權應該屬於何人云云，亦不足以否定上開著作財產權歸梁宇和享有之認定。**則上訴人主張依著作權法第十一條第二項前段規定，該圖形著作之著作財產權應歸其公司享有，即屬無據，並非可採。而著作權法第三十七條第一項前段規定，著作財產權人得授權他人利用著作。著作財產權之授權有專屬授權與非專屬授權二者。非專屬授權，著作財產權人得授權多人，不受限制。專屬授權，則係獨佔之許諾，著作財產權人不得再就同一內容更授權第三人。是否專屬授權，依當事人之約定，其約定不明者，推定為未約定專屬授權（參見同項後段規定），即非專屬授權。上開圖形著作之著作財產權歸著作人梁宇和享有，由梁宇和授權予上訴人利用該著作。而依梁宇和前揭供證，其除已授權上訴人利用該著作外，既尚可授權第三人使用，前揭授權書亦未約定係專屬授權，則上訴人並非專屬授權之被授權人至明。梁宇和事後在原審更審時改稱其不可以再授權他人云云，自不足信。而九十年十一月十二日著作權法第三十七條第四項修正前，專屬授權之被授權人於其被授權之範圍內既獨占利用著作財產權，則其被授與之權利遭受侵害時，與原著作財產權人之權利被侵害，並無不同，自係犯罪之直接被害人，得依法提起告訴或自訴。然非專屬授權與專屬授權不同，並未獨占利用著作財產權，故非犯罪被害人，依法不得提起告訴或自訴。因認上訴人並非上開圖形著作財產權專屬授權之被授權人，自不得提起自訴。按不得提起自訴而提起

者，應諭知不受理之判決，刑事訴訟法第三百三十四條定有明文。本件第一審未爲程序上不受理之判決，遽爲實體上諭知被告無罪之判決，即有不合。因而撤銷第一審判決，改判諭知自訴不受理之判決。已詳予說明其論斷之基礎，核其所爲論述，俱與卷內資料相符，從形式上觀察，並無違背法令之情形存在。而解釋契約，固須探求當事人立約時之真意，不能拘泥於契約之文字，但契約文字業已表示當事人真意，無須別事探求者，即不得反捨契約文字而更爲曲解。**原判決以上開授權書已明確記載梁宇和同意將前揭電路圖之圖形著作使用權，授與上訴人製造生產，並保有終止該授權之權利，其文字已表示當事人之真意，原判決復參酌上訴人於自訴狀中亦主張「梁宇和將該著作之著作財產權授與自訴人使用」，而認定上開圖形著作完成時，已約定其著作財產權爲梁宇和所有，上訴人係基於梁宇和之授權始得使用該圖形著作，於法自屬有據，不容任意指爲違法。又梁宇和於第一審已供證「我還可以授權別人做，我沒讓自訴人獨家生產」，則原審據以認定梁宇和之授權爲「非專屬授權」，上訴人並未獨占利用前揭著作財產權，自非犯罪被害人，即無不依憑證據判斷之違法。**

第二節　法人可適用 12 條：知該工程為滿足業主需求、曾對業主需求進行訪談

第一項　最高法院 99 年度台上字第 481 號民事判決

按著作權法第三條第一項第二款規定著作人指創作著作之人。同法第一條後段規定本法未規定者，適用其他法律之規定，而依民法第一編總則、第二章人之相關規定，「人」係包括自然人（第一節）及法人（第二節），且著作權法第三條第一項第二款所稱著作人並無排除法人之規定，則自然人及法人自均得爲著作人，洵無疑義。又依著作權法第十條規定著作人於著作完成時，享有著作權。但本法另有規定者，從其規定。同法第十一條及第十二

條就雇用或出資聘請他人完成著作之著作人為何人及著作財產權之歸屬，即設有特別規定，原則上以受雇人或受聘人為著作人，例外得以契約約定雇用人或出資人為著作人。如以受雇人為著作人者，除契約另有約定著作財產權歸受雇人享有外，其著作財產權歸雇用人享有。如以受聘人為著作人者，其著作財產權之歸屬依契約之約定，未約定者，其著作財產權歸受聘人享有，但出資人得利用該著作。因之，雇用或出資聘請他人完成著作之情形，均非不得以契約約定著作人、著作權人及著作財產權之歸屬。原審基此見解，以上訴人為訴外人尚億國際事業有限公司（下稱尚億公司）之負責人（董事長），代表該公司與被上訴人財團法人紡織產業綜合研究所（原名財團法人中國紡織工業研究中心，下稱紡研所）簽訂委託研究開發契約，其中第一條、第二條及第六條約定由尚億公司接受紡研所之委託，負責拍攝以台灣地區之自然景觀、人文、現代建築為主題之攝影作品，紡研所則負責出資匯入尚億公司帳戶，第七條並約定有關作品之所有權、專利權、著作權及其他智慧財產權均歸屬尚億公司所有，紡研所擁有計畫執行期間（民國九十二年四月一日至同年十二月三十一日）共計九個月，及執行後之二十四個月（九十三年一月一日至九十四年十二月三十一日）之攝影作品及台灣人文藝術創作之作品使用權等情，認系爭攝影著作之著作人及著作權人均為尚億公司，非上訴人個人，上訴人主張其為系爭攝影著作之著作人及著作權人，被上訴人侵害其著作財產權，即屬無據，經核並無違背法令之情形。

第二項　最高法院 100 年度台上字第 1895 號民事判決（但仍限於當事人間，無法擴及最初之出資人）

被上訴人（按：富宏科技股份有限公司）將系爭工程轉包予**上訴人（按：尚盈有限公司）**施作，上訴人撰寫系爭程式並安裝於新北市政府工務局電腦系統中，經業主即新北市政府於九十六年十二月十七日完成部分驗收程序。被上訴人固以上訴人未交付系統規格說明書等文件為由，於九十六年十二月十八日發函解除系爭契約，惟上訴人已完成系爭程式之撰寫及安裝，並通過

此部分之驗收，被上訴人僅能就系統規格說明書等文件部分解除契約，尚不得解除全部契約，故應認兩造間就系爭程式部分之契約並未解除，仍屬有效存在。就被上訴人交付新北市政府之程式與上訴人創作之程式比對結果，除05JSP 程式碼係鴻維公司獨立創作完成外，其餘程式碼內容與上訴人程式相同比率高達九成以上，另文字檔內容經檢視亦為相同。證人賴季鋒證稱：只有 05JSP 程式碼是鴻維公司針對契約所完成的系統程式碼，其餘均係備份新北市政府機器內之資料等語，足見除 05JSP 程式外，其餘係重製上訴人之系爭程式。按出資聘請他人完成之著作，除前條情形外，該受聘人為著作人。但契約約定以出資人為著作人者，從其約定。依前項規定，以受聘人為著作人者，其著作財產權依契約約定歸受聘人或出資人享有。未約定著作財產權之歸屬者，其著作財產權歸受聘人享有。依前項規定著作財產權歸受聘人享有者，出資人得利用該著作。著作權法第十二條定有明文。被上訴人將其向新北市政府承攬之系爭工程轉包予上訴人，由上訴人撰寫系爭程式，系爭程式應屬被上訴人出資聘請上訴人完成之著作，兩造並未約定系爭程式之著作人及著作財產權之歸屬，依上開規定，應以受聘人即上訴人為著作人及著作財產權人，但被上訴人得在不違契約目的範圍內為利用行為。**查兩造於簽約時均知悉被上訴人所以委請上訴人撰寫系爭程式著作，係為承攬新北市政府「九十五年度台北縣政府建築管理數化作業」，兩造並曾多次共同前往業主單位進行需求訪談，確認程式內容。**是以，提供符合業主需求之電腦程式著作，乃被上訴人出資目的，亦為兩造簽約目的。被上訴人嗣雖因上訴人拒不交付系爭規格說明文件，而另行委請鴻維公司進行後續工程，將安裝於新北市政府工務局電腦系統中之系爭程式加以備份後增加「好站連結」、「道路管線挖掘工程資訊」二新功能，並重製程式碼交付新北市政府工務局，惟**此等行為均係為滿足業主需求，並非挪作系爭工程以外之其他場合使用，自仍在兩造認知之工程目的範圍內，應屬合於目的之利用行為，不構成著作權之侵害。至被上訴人於九十七年五月十三日出具著作權讓與同意書予新北市政府，係屬無權處分，未經上訴人同意，不生著作財產權讓與效力，**況新北市

政府業以九十八年三月十一日北工建字第〇九七〇六八六九八三號函撤銷上開同意書之備查,自未對上訴人造成損害。從而,上訴人依著作權法第八十八條第一項及同條第二項第二款規定,訴請被上訴人賠償一百六十六萬二千八百二十二元本息,洵屬無據,不應准許,因而維持第一審所為上訴人敗訴之判決,經核於法並無違誤。

按著作權法第十二條第三項所指出資聘請他人完成之著作,出資人得利用該著作之範圍,應依出資人出資或契約之目的定之,在此範圍內所為之重製、改作自為法之所許。**又出資人之利用權乃係本於法律之規定,並非基於當事人之約定,與著作完成之報酬給付,並非立於互為對待給付之關係,自無同時履行抗辯之可言。**上訴人謂重製、改作專屬著作人,非屬著作權法第十二條第三項規定之利用範圍,且以報酬之領取與出資人之利用權為同時履行抗辯,不無誤會。

第三節　依被告任職於告訴人公司時之九十年十一月十二日修正公佈之著作權法第十一條規定,受雇人擁有著作人格權,但僱用人擁有著作財產權

智慧財產法院 97 年度刑智上訴字第 5 號刑事判決

次按著作權法第八條所稱之「共同著作」,係指二人以上共同完成之著作,其各人之創作,不能分離利用者而言。申言之,該項「共同著作」之成立要件有三,即一、須二人以上共同創作。二、須於創作之際有共同關係。三、須著作為單一之形態,而無法將各人之創作部分予以分割而為個別利用者,始足當之。若二人以上為共同利用之目的,將其著作互相結合,該結合之多數著作於創作之際並無共同關係,各著作間復可為獨立分離而個別利用者,應屬「結合著作」,而非「共同著作」(最高法院九十二年度台上字第五一四號判決參照)。復按著作權法第四十條第一項規定:「共同著作各著

作人之應有部分，依共同著作人間之約定定之；無約定者，依各著作人參與創作之程度定之。各著作人參與創作之程度不明時，推定為均等。」。又同法第四十條之一第一項則規定：「共有之著作財產權，非經著作財產權人全體同意，不得行使之；各著作財產權人非經其他共有著作財產權人之同意，不得以其應有部分讓與他人或為他人設定質權。各著作財產權人，無正當理由者，不得拒絕同意。」（1）按九十年十一月十二日修正公佈之著作權法第十一條規定：「受雇人於職務上完成之著作，以該受雇人為著作人。但契約約定以雇用人為著作人者，從其約定（第一項）。依前項規定，以受雇人為著作人者，其著作財產權歸雇用人享有。但契約約定其著作財產權歸受雇人享有者，從其約定（第二項）。前二項所稱受雇人，包括公務員（第三項）。」；第四十條第一項復明文：「共同著作各著作人之應有部分，依共同著作人間之約定定之；無約定者，依各著作人參與創作之程度定之。各著作人參與創作之程度不明時，推定為均等。」。本件被告乙○○並不否認自九十一年九月二十三日起至九十二年十一月間止，擔任告訴人八目公司之研發經理，於任職期間與八目公司負責人丙○○及員工林志發、鍾玉如共同研發「Super Gauge 超級尺」機內所含之電腦控制程式。是被告乙○○於上開期間內與告訴人間之關係乃雇用人與受雇人關係，而告訴人八目公司「超級尺」機內所含之電腦控制程式則為乙○○於職務上所完成之著作，殆無疑問。告訴人公司負責人丙○○於原審雖曾以證人身分到庭證稱：「（問：你在開發『Super Gauge 超級尺』時，是四個人的團隊，當時開發時有無跟員工提到利益如何分享？或權利的歸屬問題？）當時我有跟他們說該產品的著作權依據著作權法第十一條規定是屬於公司的。‧‧‧」云云（參原審卷第四○頁），惟依證人即當時參與研發系爭電腦程式之成員林志發於原審到庭證稱：「（檢察官問：除了介面的程式之外還有其他的程式嗎？）這台機器以程式來講，一個是介面程式，是指使用者操作的介面，一個則是影像處理的底層程式，而底層程式是由乙○○用 HALCON 寫的模組，我用介面程式來呼叫他所寫的模組，而達成一個完整的程式。」、「（檢察官問：你的意思是說，你寫

的介面程式呼叫他寫的模組之後，你們的機器可以運作？）是的。」等語（以上參原審卷第九二頁）；以及另一證人即告訴人所指稱之共同創作人鍾玉如於原審作證時稱：「（檢察官問：妳在偵查庭時曾告訴檢察官，超級尺主要由乙○○研發，為何會說這句話？）···我問他（指乙○○）進來要做什麼，蕭先生說是負責產品研發。檢察官那天問我是不是由他負責，在我的認知是這樣想的。」、「（檢察官問：在測量機問世之前，完全由乙○○個人設計撰寫機器程式？）不能說完全由他，還有林志發寫操作介面，結構和外觀由他（指乙○○）畫圖，影像處理也是，蕭先生負責對他們做出來的東西測試修正，···」、「（檢察官問：是否有參與討論過程？）我本身不太懂他們討論內容，他們只要求我負責畫操作介面上的一些美工的圖示，還有LOGO 的設計。」、「（檢察官問：他們討論的問題妳能完全清楚了解嗎？）有的時候我會知道，有時也會問我的意見，但我的意見可能沒有具體的實用性，····。」（以上參原審卷第一○二、一○三頁）。依上開證詞可知，本件訴外人即證人鍾玉如所參與之部分，僅在於由訴外人即證人林志發所設計之介面程式部分，對於被告乙○○所設計之底層程式，鍾玉如則未參與，而證人林志發所設計之介面程式其作用在於呼叫由被告乙○○所撰寫之程式，是以，就訴外人林志發及被告乙○○所撰寫之程式而言，其目的均在於使告訴人八目公司所生產之「Super Gauge 超級尺」機器得以運作，二程式之間類似程序與實體之關係，僅據其一均無法順利使「Super Gauge 超級尺」機器運作，此二部分非不可區別，縱認為結合此二部分得以使「Super Gauge 超級尺」機器運作，可否因此即認為此二創作為共同創作，非無疑問？考其性質，毋寧認為係結合著作更為恰當。又縱認為此二部分之創作既無單獨存在之價值，應屬共同創作，惟其中各創作人之應有部分是否無從分割，亦非無疑。依上開證人所述，鍾玉如參與部分既屬輕微，且僅在林志發所創作之介面程式部分，而林志發對於乙○○所創作之底層程式部分又未實際參與撰寫，則實際上而言，應認為證人林志發及被告乙○○就其所設計、創作部分各為著作人，而證人林志發就被告乙○○所創作之底層程式部分、乙○○

就證人林志發所創作之介面程式部分，均不成立共有關係，自無著作權法第四十條之一規定之適用。（2）茲有疑義者，乃被告乙○○係受雇於告訴人八目公司，其於任職期間創作系爭電腦程式，該電腦程式之著作權究歸何人所有？於說明此部分內容時，宜先就系爭電腦程式是否享有著作權為釐清，按電腦程式並非單純運算公式而已，亦非單純數學計算方法，倘其具有一定功能性，且能與儀器結合而完成其所欲達成之目的，則該電腦程式即非單純數學運算公式，不僅得為專利權保護之標的，亦得為著作權法所保護之客體。本件被告乙○○於八目公司所設計之底層程式係為配合儀器使用，並非僅係單純之運算公式，乃為一定思想之表達，自得為著作權法保護之標的。**而本件被告與告訴人間並未以書面約定被告乙○○任職八目公司期間所為創作之著作其著作權歸屬，雖告訴人表示確有口頭約定歸公司所有云云，惟就此部分事實並無證據證明，以告訴人之身分而言，其提起本件告訴之目的既在於使被告受刑事訴追，則其陳述是否與事實相符，仍應調查其他證據以資審認，不能僅以其指訴為判斷依據。而本件有關系爭電腦程式著作權歸屬之疑義，除告訴人之指訴外，即無其他證據證明，依被告任職於告訴人公司時之九十年十一月十二日修正公佈之著作權法第十一條規定，就被告乙○○所創作之底層程式著作權部分，自應認為屬被告乙○○所有。而本件被告乙○○與告訴人之間復未簽署競業禁止及保密條款，則被告乙○○嗣後任職於皇捷公司，並將其擁有著作權之系爭電腦程式於皇捷公司使用，自未侵害告訴人公司之「著作權」。**

第四節　依照著作權法第 12 條第 1 項但書支付報酬是否為買斷？

最高法院 91 年度台上字第 1866 號刑事判決

（一）被告閱世界公司為出版「父母的理財執照」，分別於民國（下同）八十七年十月十三日、十一月十五日與上訴人及被告甲○○訂有出版契約，依合約第二條約定，上訴人及被告甲○○分別須負責該書之編

寫、協助提供書內圖片、表格、校對及修訂，而上訴人於與閱世界公司簽訂契約第一條，約定其所編著「父母的理財執照」一書交與閱世界公司獨家發行，被告甲○○則與閱世界公司於所簽訂契約第一條約定「乙方（即甲○○）負責企畫編輯郭欣妮所交予以上各書之毛稿」，有出版契約書二份在卷足憑，又閱世界公司所出版「父母的理財執照」一書，核其內容係由文字與圖片穿插編輯而成，核非僅以上訴人所提出之文字為內容，有該書在卷可稽，是則被告甲○○在上訴人之著作原稿上修改及編輯，乃基於履行契約義務所為，又本書係由上訴人提出文字著作後，由被告甲○○企劃編緝而成，其內容除部分文字調整、修改外，均保留原稿之原貌及精神，此有上訴人提出之原稿及成書可資比對，足認被告甲○○就上訴人著作原稿所為之修改及編緝，乃基於出版目的及市場之需求，均未做實質之變更，而保有原稿之同一性，亦難據此即認被告甲○○、乙○○係基於侵害之目的，而對上訴人所為文字著作為歪曲、割裂、竄改之行為，反因被告甲○○之潤飾，而使原稿文字更為流暢、有趣，而增加其可讀性，並符出版該書之目的。（二）本書除上訴人原有之文字稿外，尚經被告甲○○之剪裁及美術編緝，增添生動活潑之圖片、照片及簡潔之標題，且其大綱亦與原稿不同，使該書內容更為豐富，並增加其可看性，且美術編緝亦為著作之一種，已與文字著作結合而不可分，故本書係由上訴人及被告甲○○共同著作，應可認定，被告甲○○既為著作者之一，依著作權法第十六條規定即享有掛名之權利，無庸經上訴人之同意。分別於判決理由內記　甚詳，從形式上觀察，原判決並無違背法令情形。至被告甲○○因編輯出版之需要，對於上訴人著作之文字毛稿及部分文句、贅字雖稍加調整修改，然並非基於侵占之目的對上訴人所為之文字稿為歪曲、割裂、竄改，已如上述，況原審已認定美術編緝為著作之一種，則本書既由上訴人之文字著作及被告甲○○之美術著作共同編輯而成，自係二人「共同完成」之著作，該書依著作權法第

十六條規定將二人同列爲著作主編自無不合。**況依上訴人與閱世界公司所簽訂出版契約書第三項約定，本項著作權已由閱世界公司支付報酬而買斷，依著作權法第十二條第一項但書規定，上訴人於買斷後，亦無著作權被侵害之可言。**

第五節 （英國規定）職務著作不一定由雇用人出資；著作權法第 12 條之規定可直接適用法人

最高法院 92 年度台上字第 1508 號刑事判決

本件原判決以被告丙○○、甲○○、李察士拉格曼經合法傳喚雖未到庭，被告乙○○及李察士拉格曼之辯護人均到庭否認被告等有侵害上訴人之著作財產權情事，而經查斐頓公司與上訴人（**註：即正傳有限公司**）於八十三年十月十四日訂立系爭合約，授權上訴人就「**THE ART BOOK**」英文著作翻譯爲中文版，**費用由上訴人支付**，則上訴人並非斐頓公司之受雇人，則依著作權法第十條規定，著作人應爲上訴人。又依系爭合約書約定，**該合約以英國法律爲依歸**（第九條 i），則依涉外民事法律適用法第六條第一項之規定，自應以英國法律爲著作權民事關係之準據法。而依系爭合約書第六條 a 之約定：上訴人應採取所有必要之行動保護原著作、中文翻譯與中文版書籍之著作權，並爲該等著作權爲抗辯，且前開各著作之著作權在銷售地區仍屬斐頓公司所有，並由斐頓公司完全保留。系爭合約第一條 j 明定：所有合約未明白表示授予的權利，斐頓公司均絕對保留；第八條 e 又明定：合約中有關決定雙方權利義務之條款，於合約期滿或終止後仍應繼續有效，且未免爭議，合約第三條及第六條於任何情況下均應有效。**依據系爭合約，上訴人於完成翻譯後，必須寄回中文版藍圖予斐頓公司，由斐頓公司印刷，上訴人並無重製權（合約第一條 f），僅得依約向斐頓公司購買中文版書籍在台、星、港銷售（合約第二條 a）**。從而，系爭中文版之著作財產權依合約規定係屬斐頓公司所有，上訴人雖有著作人格權，但無著作財產權，斐頓公司就其享有著作財產權所爲之使用或處分行爲，自不構成著作財產權之侵害，則

斐頓公司人員與閣林公司人員依二公司間合約所為之行為，既係斐頓公司本於著作財產權所為之合法行使，自不成立著作權法第九十一條第二項之罪。因而維持第一審關於此部分諭知被告等無罪之判決，駁回上訴人在第二審之上訴，已詳其論斷理由，所為論斷亦有卷存證據資料可資覆按，從形式上觀察並無違背法令之情形存在。**查原判決係先說明上訴人為系爭中文版衍生著作人，依我國著作權法規定本應享有著作權，繼則說明依契約自由原則，系爭合約既約定上訴人無重製權，僅有在台、港、星之銷售權，則系爭中文版之著作財產權自屬斐頓公司所有，該公司依此權利與閣林公司訂約所衍生之行為並無侵害上訴人之著作財產權可言，所為論斷，並無理由矛盾、理由欠備及不適用法則之違法。**

第六節　非法人團體是否擁有著作人格權及著作財產權之能力？

臺灣高等法院 92 年度勞上字第 69 號民事判決

　　…至第 11 條規定為：「法人之受雇人，在法人之企劃下，完成其職務上之著作，以該受雇人為著作人。但契約約定以法人或其代表人為著作人者，從其約定。」、第 12 條規定為：「受聘人在出資人之企劃下完成之著作，除前條情形外，以該受聘人為著作人。但契約約定以出資人或其代表人為著作人者，從其約定。」換言之，第 111 條之立法意旨係在使已依修正施行前著作權法第 10 條及第 11 條規定取得著作權者，排除修正後第 11 條及第 12 條有關著作人規定之適用，而仍適用舊法之規定，避免著作人認定及著作權歸屬產生變動，以維法律秩序之安定性，故機關、學校或非法人團體於修正施行前完成之著作，依舊法第 11 條規定，以團體之名義為著作人並取得著作權者，得於修正施行後，仍適用舊法規定，繼續以團體之名義為著作人。**則反面解釋該立法意旨，非法人團體於 81 年 06 月 10 日著作權法修正施行後，因未被賦予上開特別權利能力，即回歸權利能力之原則規定，而不得以團體名義享有著作權。**（四）綜上，上訴人勞陣協會不能享有人格權，且其主張系

爭勞動政策白皮書係 88 年間著作完成，依 81 年 06 月 10 日修正公布之著作權法，其亦欠缺享有著作財產權之能力。

第七節　現行法之困境

智慧財產法院 101 年民著上易字第 5 號民事判決

　　系爭著作之著作人若非出資人礦油公會，即為受聘人嘉南科大，並非被上訴人，已如前述。查被上訴人執行系爭上開委託研究計畫為執行職務上之行為，為兩造所是認（見本院卷二第 123 頁），足認**系爭著作係被上訴人於職務上完成之著作，則縱依著作權法第 11 條第 1 項本文認定被上訴人為系爭著作之著作人，惟查嘉南科大與被上訴人間，就系爭研究計畫所作成之系爭著作之期中、期末報告，並未約定著作財產權之歸屬，有嘉南科大 102 年 5 月 8 日嘉研字第 1020003220 號函在卷可稽（見本院卷二第 109 至 110 頁），為兩造所不爭執（見本院卷二第 124 頁），依著作權法第 11 條第 2 項本文之規定，若系爭著作以受雇人為著作人，則其著作財產權歸雇用人即嘉南科大享有**，且本件嘉南科大與被上訴人間並未以契約約定系爭著作著作財產權歸受雇人即被上訴人享有，則依著作權法第 11 條第 1 項、第 2 項規定，系爭著作之著作財產權亦非屬被上訴人享有。是以，就此部分而言，被上訴人主張其享有之系爭著作著作財產權受侵害，而依著作權 法第 88 條第 1 項前段、第 3 項、民法第 184 條第 1 項前段規定，請求上訴人給付損害賠償，亦非有據。

參考書目

壹、中文

一、Jörg Reinbothe & Silke von Lewinski 撰，萬勇、相靖：《WIPO 因特網條約評注》（The WIPO Treaties 1996：The WIPO Copyright Treaty and the WIPO Performances and Phonograms treaty），中國人民大學出版社，2008 年 1 月。

二、Manfred Rehbinder 著，張恩民譯, 著作權法（Urheberrecht），法律出版社，2005 年 1 月。

三、WIPO，劉波林譯：羅馬公約和錄音製品公約指南（Guide to the Rome Convention（1961），International Convention for the Protection of Performers, Producers of Phonograms and Broadcasting Organizations），北京中國人民大學出版社，2002 年 8 月。

四、WIPO 撰，劉波林譯：《保護文學及藝術作品伯爾尼公約指南》（Guide to the Berne Convention for the protection of Literary and Artistic Works , Paris Act, 1971），中國人民大學出版社，2002 年 7 月。

五、丁麗瑛，知識產權法，廈門大學出版社，2002 年。

六、大陸最高人民法院民事審判第三庭編，大陸知識產權判例評解，財產法人資訊工業策進會科技法律中心，2001 年 12 月。

七、內政部印，「著作權法修正草案」，1990 年 12 月 20 日行政院送立法院審議稿。

八、內政部委託，蔡明誠譯：德國著作權法令暨判決之研究，1996 年 4 月。

九、王遷，著作權法學，北京大學出版社，2007年7月。

十、台北律師公會、中國比較法學會、附專利代理人協會中華民國總會著作權法修正草案之相對建議修正條文。

十一、立法院秘書處，著作權法案，法律案專輯，第八十二輯，內政（二十三），1985年9月。

十二、立法院秘書處編印，著作權法修正案，《法律案專輯》一五二集（上冊），1993年2月。

十三、全國人代會常務委員會法制工作委員會編，中華人民共和國著作權法釋義，法律出版社，2002年1月。

十四、李明德、許超，著作權法，法律出版社，2009年7月。

十五、李雨峰、王遷、劉有東，著作權法，廈門大學出版社，2006年8月。

十六、沈仁幹‧鍾穎科，著作權法概論，商務印書館，2005年修正版。

十七、沈仁幹主編，鄭成思版權文集，第一卷，中國人民大學出版社，2008年4月。

十八、施啓揚，民法總則，著者發行，1982年9月。

十九、唐德華、孫秀君主編，著作權法及配套規定新釋新解，人民法院出版社，2003年1月。

二十、孫遠釗，美國著作權法令暨判決之研究，經濟部智慧財產局，1998年12月30日。

二十一、徐東海、唐匯西、戈晨編著，著作權法實用指南，山西人民出版社，1992年2月。

二十二、秦瑞玠，著作權律釋義，上海商務印書館，民國元年七月初版。

二十三、馬原主編，著作權法分解適用集成，人民出版社，2003年3月。

二十四、張曉秦‧楊帆，著作權法概論，蘇州大學出版社，2007年9月。

二十五、梁書文、黃赤東主編，著作權法及配套規定新釋新解，人民法院出

版社，2000 年 4 月。

二十六、陳清秀，日本著作權法令暨判決之研究 —— 判決（1）。內政部，1996 年 4 月。

二十七、陳曉慧，受雇人著作之研究，台大法律研究所碩士論文，1996 年 6 月。

二十八、黃銘傑，日本著作權法令暨判決之研究，經濟部智慧財產局，2009 年 12 月 15 日。

二十九、經濟部智慧財產局編印，歷年著作權法規彙編專輯，2005 年 9 月。

三十、齊愛民、周偉萌等著，著作權法體系化判解研究，武漢大學出版社，2008 年 4 月。

三十一、劉稚主編，著作權法實務與案例評析，中國工商出版社，2003 年 8 月。

三十二、德利婭‧利普希克，著作權與鄰接權，聯合國教科文組織‧中國對外翻譯出版公司，2000 年 7 月。

三十三、鄭成思，版權法，中國人民大學出版社，1997 年 8 月 2 版。

三十四、蕭雄淋，著作權法逐條釋義，著者發行，1986 年 9 月修正再版。

三十五、蕭雄淋，著作權法修正條文相對草案，內政部，1990 年 3 月。

三十六、蕭雄淋，著作權法漫談（一），著者發行，1991 年 4 月。

三十七、蕭雄淋，著作權法漫談（二），著者發行，1993 年 4 月。

三十八、蕭雄淋編，著作權法裁判彙編（一），內政部，1994 年 7 月。

三十九、蕭雄淋，著作權法論，五南圖書公司，2015 年 2 月 8 版。

四十、蕭雄淋編，著作權法判解決議、令函釋示、實務問題彙編，五南出版公司，2001 年 10 月 3 版。

貳、外文

一、尾中普子、久々湊伸一、千野直邦、清水幸雄共著，全訂．著作権法，全訂版，学陽書房，1990 年 8 月 10 目。

二、大橋正春，平成著作権法改正ハンドブック，第 1 刷，三省堂，2002 年 3 月 1 日。

三、勝本正晃，日本著作権法，巖松堂，1940 年。

四、加戸守行，著作権法逐条講義，著作権情報センター，四訂新版，2003 年。

五、城戸芳彦，著作権法研究，新興音樂出版社，1943 年。

六、斉藤博，著作権法，第 3 版，有斐閣，2007 年 4 月。

七、佐野文一郎，新著作権法セミナー（第 3 回），ジュリスト，1971 年 1 月 15 日。

八、榛村專一，著作権法概論，巖松堂，1933 年。

九、千野直邦，法人著作の概念，民法と著作権法の諸問題—牛田正夫還暦紀念論集，法学書院，1993 年。

十、田村善之，著作権法概説，第 2 版，有斐閣，2003 年 2 月 10 日。

十一、中山信弘，著作権法，有斐閣，2007 年 10 月。

十二、日本著作權法令研究會，著作權關係法令集，著作權情報センター，2007 年。

十三、半田正夫，著作権法概説，第 13 版，法学書院，2007 年 6 月。

十四、半田正夫、紋谷暢男，著作権のノウハウ，新裝第 4 版，有斐閣，1990 年 10 月 30 日。

十五、半田正夫、松田政行，著作権法コンメンタール，第一冊，勁草書房，2009 年 1 月 30 日。

十六、文化庁，コソピュータ．プログラムに係る著作権問題に関する調査研究協力者会議報告書，民商 107 巻 4=5 号，1993 年。

十七、三山裕三，著作権法詳説，第 8 版第 1 刷，レクシスネクシス．ジャパン株式会社，2010 年 2 月。

十八、Correa , Carlos M., *Trade Related Aspects of Intellectual Property Rights, A Commentary on the TRIPS*, Oxford University Press, 2007.

十九、Goldstein, Paul, *Goldstein on Copyright*（*Volume* I）*, 3rd* Edition, 2008.

二十、*Goldstein, Paul, International Copyright- Principle, Law, and Practice* , Oxford University Press, 2001.

二十一、Nimmer, Melville B. & Geller, Paul Edward, *International Copyright Law and Practice*（*Volume 2*）, GER-55, Lexis Nexis, 2009.

二十二、Nimmer, Melville B. & Nimmer, David , *Nimmer on Copyright*, Matthew Bender, 2005.

二十三、Patry, William F., *Patry on Copyright*（*Volume 4*）, Thomson West, 2007.

二十四、Ricketson, Sam & Ginsburg, Jane C., *International Copyright and neighbouring Rights-The Berne Convention and Beyond* , Oxford University Press, 2006.

二十五、WIPO, *Guide to the Berne Convention for the Protection of Literary and Artistic Works*（*Paris Act, 1971*）, 1978.

參、網站

一、伯恩公約之譯文，參見經濟部智慧財產局網站，http://www.tipo.gov.tw/ct.asp?xItem=202399&ctNode=7014&mp=1。

二、Universal Copyright Convention，as revised at Paris on 24 July 1971. 譯文

參見經濟部智慧財產局網站：http://www.copyrightnote.org/statute/cc0005.
html。

http://www.tipo.gov.tw/ct.asp?xItem=202396&ctNode=7014&mp=1。

三、美國著作權法原文參見：http://www.copyright.gov/title17/92chap1.html。

四、德國著作權法參見：http://www.cric.or.jp/db/world/germany.html。

五、南韓著作權法參見：http://www.cric.or.jp/db/world/skorea.html。

六、香港著作權法全文，參見：http://www.legislation.gov.hk/blis_ind.nsf/Web
View?OpenAgent&vwpg=CurAllChinDoc*528*100*528.1#528.1。

國家圖書館出版品預行編目資料

職務著作之理論與實務 / 蕭雄淋著. —初版.
—臺北市：五南, 2015.06
　　　面；　公分.
含參考書目
ISBN 978-957-11-8141-7 (平裝)
1.著作權法　2.論述分析
588.34　　　　　　　　　　　104009467

4T78

職務著作之理論與實務

作　　者 — 蕭雄淋 (390)
發 行 人 — 楊榮川
總 編 輯 — 王翠華
主　　編 — 劉靜芬
責任編輯 — 張婉婷
封面設計 — 佳慈創意設計
出 版 者 — 五南圖書出版股份有限公司
地　　址：106 台北市大安區和平東路二段339號4樓
電　　話：(02)2705-5066　傳　　真：(02)2706-6100
網　　址：http://www.wunan.com.tw
電子郵件：wunan@wunan.com.tw
劃撥帳號：01068953
戶　　名：五南圖書出版股份有限公司
台中市駐區辦公室/台中市中區中山路6號
電　　話：(04)2223-0891　傳　　真：(04)2223-3549
高雄市駐區辦公室/高雄市新興區中山一路290號
電　　話：(07)2358-702　傳　　真：(07)2350-236
法律顧問　林勝安律師事務所　林勝安律師
出版日期　2015 年 6 月初版一刷
定　　價　新臺幣 400 元